JN175560

ルクセンブルク語の音韻記述

西出佳代❖著

北海道大学出版会

楡文叢書刊行にあたって

北海道大学文学研究科は、「楡(エルム)の学園」と呼ばれる美しいキャンパスで学び、文学研究科の専門研究員として一冊の書物にまとめあげた、その研鑽の成果を、永遠(とこしえ)に伝えるべく、楡文(ゆぶん)叢書を刊行する。

平成二十七年十一月

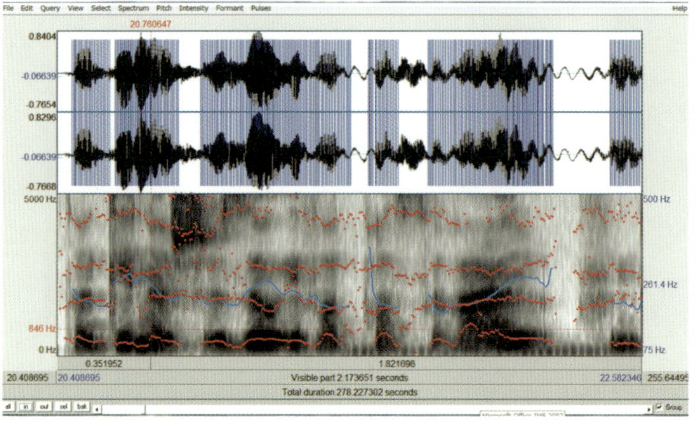

口絵 1　音響解析ソフト Praat による分析例

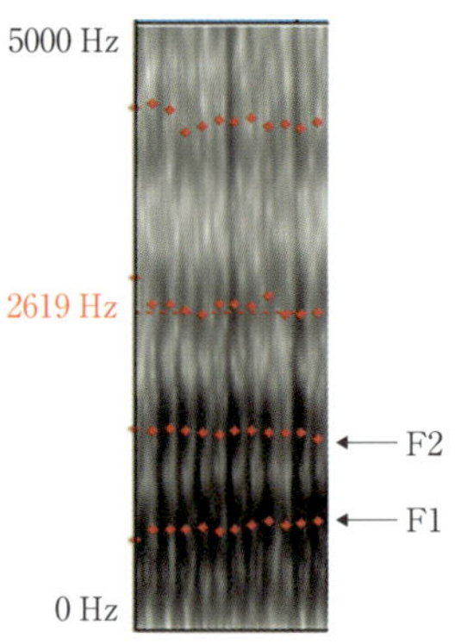

口絵 2　フォルマント 1(F1)とフォルマント 2(F2)

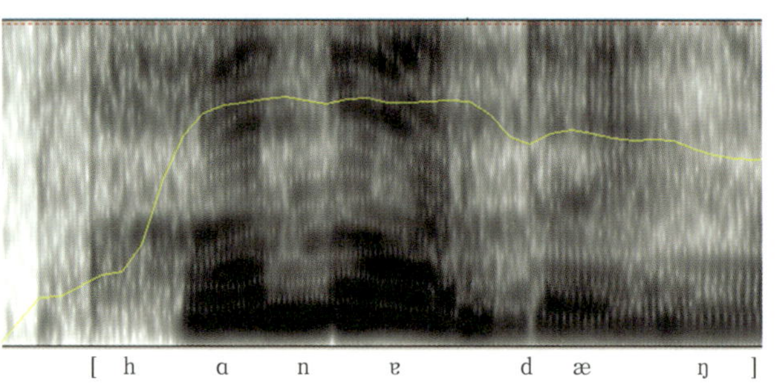

口絵 3　有声歯茎音が単独で現れる場合([d])(“hannert enger grousser Dänn” [hɑnɐdæŋɐgʀëʊsɐdæn])

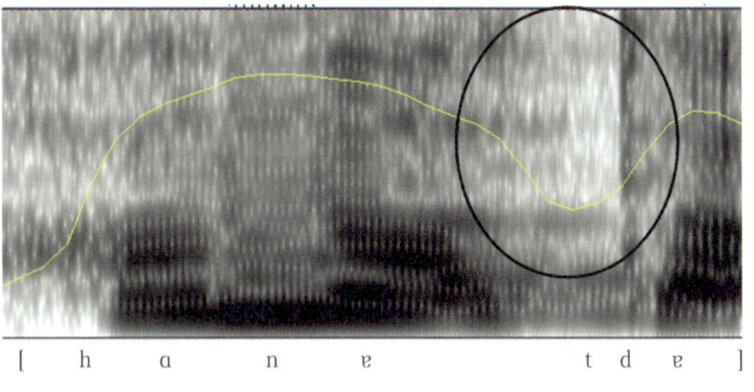

口絵 4　無声歯茎閉鎖音＋有声歯茎閉鎖音（[td]）（“hannert der Eisebunn” [hɑnɐtˋdɐʀɑɪzəbʊn]）

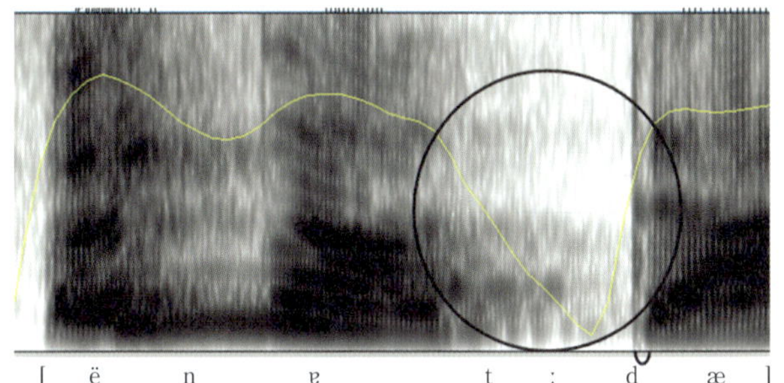

口絵 5　無声歯茎閉鎖音の長子音＋有声歯茎閉鎖音（[ttd]）（“ënnert d'Dänn” [ënɐt:dæn]）

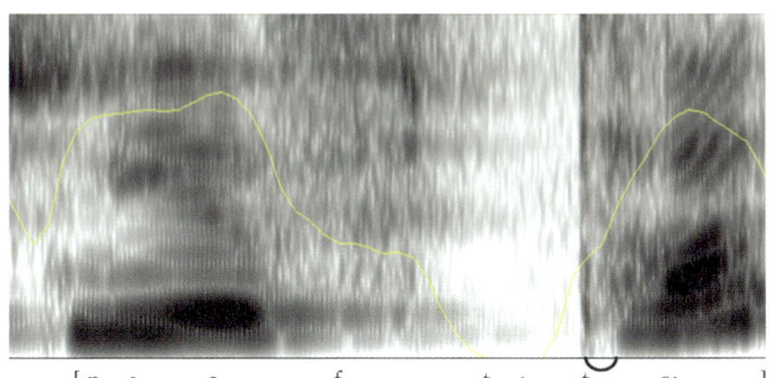

口絵 6　無声歯茎閉鎖音の長子音＋無声歯茎閉鎖音（[ttt]）（“nieft d'Tania” [nɪəft:ta:nɪa]）

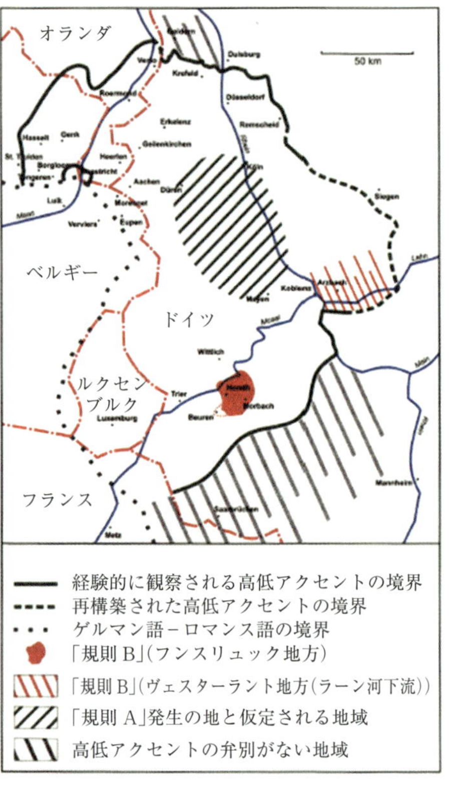

口絵 7　中部フランケン高低アクセント

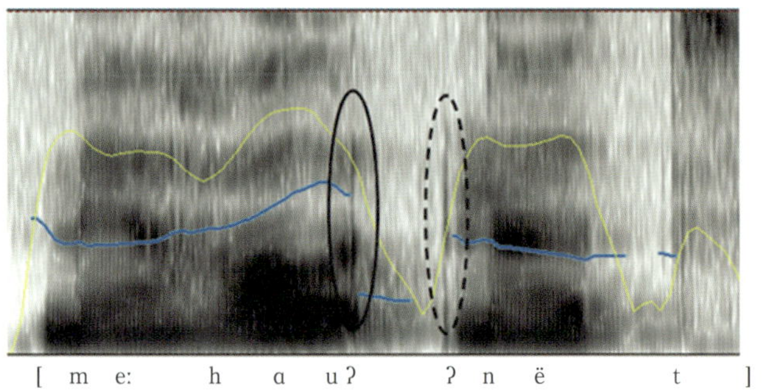

口絵 8　TA1 の例(„Mee haut net“)

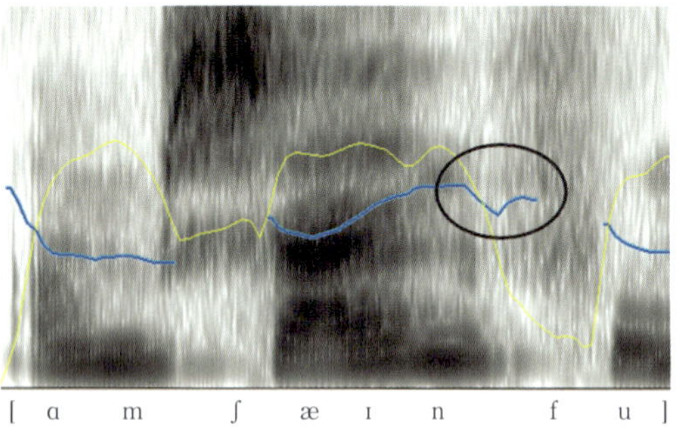

口絵 9　TA2 の例(„Am Schäin vum“)

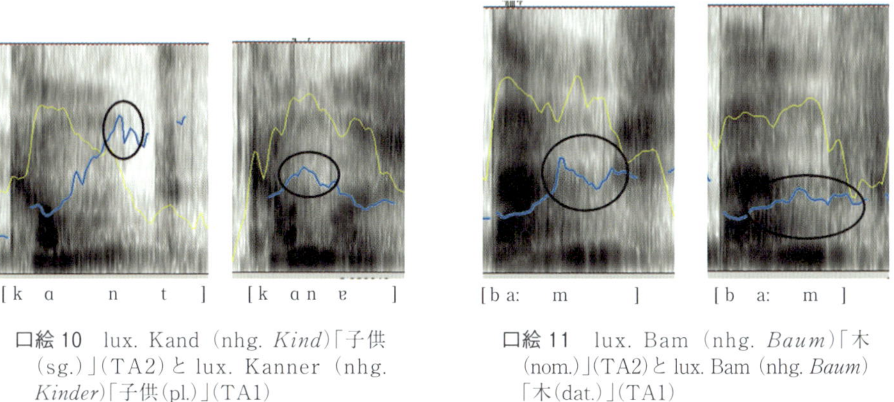

口絵 10　lux. Kand (nhg. *Kind*)「子供(sg.)」(TA2)と lux. Kanner (nhg. *Kinder*)「子供(pl.)」(TA1)

口絵 11　lux. Bam (nhg. *Baum*)「木(nom.)」(TA2)と lux. Bam (nhg. *Baum*)「木(dat.)」(TA1)

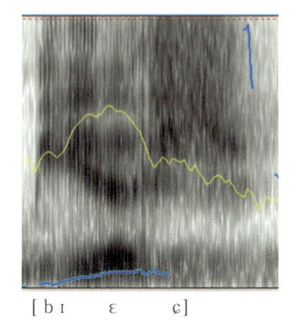

[b ɪ ɛ ɕ]

口絵 12　lux. Bierg (nhg. *Berg*)「山(dat.)」(TA1)

はじめに

本書は，筆者が長期的な目標としているルクセンブルク語体系記述の基盤となる領域，すなわち音韻記述を目指したものであり，2013年に北海道大学大学院文学研究科に提出した学位申請論文に基づいている。

ルクセンブルク語(Luxembourgish，lux. Lëtzebuergesch)は，ルクセンブルク大公国の「国語」で，話者数約40万人と見積もられる少数言語である。世界各地で交通網が発達し，ラジオやテレビ，インターネットが普及する今日，外界から完全に隔離された環境にある言語共同体を見つけるのは困難になりつつある。このような状況の中で，話者の少ない言語や社会的なプレステージが低い言語の多くは，大言語に圧倒され，絶滅の危機に瀕している(「危機言語」(“endangered languages”))。言語とは一つの共同体すなわち社会，文化の中で生じ，発展するものであり，その死滅は，貴重な文化財の一つが失われることと同義だと言っても過言ではない。少数言語研究の大きな意義の一つは，危機に瀕するこれらの言語を記述し，それを後世に残すことである。

文化の保護という意味での少数言語研究の観点は，しかしながら，現時点でのルクセンブルク語研究にはない。なぜなら，ルクセンブルク語は1984年言語法により，ドイツ語の一方言からルクセンブルク大公国の「国語」へと昇格した，いわば生まれて間もない言語であり，今も順調に成長を続ける右肩上がりの言語だからである。しかし，これは上記の「少数言語研究」に特有の意義がルクセンブルク語研究では該当しないということを示すだけであって，同言語の言語学的な研究価値を否定するものではない。むしろ，危機に瀕する少数言語が大多数である中で，方言から言語へと昇格し，成長を続けるルクセンブルク語のような例は非常に稀であり，まさにこの点において観察する価値があると言える。

方言から言語へと昇格したものを社会言語学用語で「拡充言語」(nhg. Ausbausprache)[1)]と呼ぶが，そもそも方言と言語は二項対立的に対置されるものではなく，その境界を定めるのは非常に難しい。「方言的な」言語変種からより「言語的な」言語変種へと発展するには，言語法の制定や辞書・正書法の作成，規範化，使用領域の拡大など，様々なプロセスを経る必要がある。ルクセンブルク語は，「方言的な」言語変種から「言語的な」言語変種へと向かう発達過程をアクチュアルに観察できる，非常に貴重な例なのである。

「方言」から「言語」への発達のプロセスの一つとして，言語の「国際化」という観点がある。ルクセンブルク語は，ルクセンブルク国内では，既述の言語法によって言語としての地位を確固たるものにしつつある。しかし，一歩国外に出れば，ルクセンブルク語の国際的な認知度は，まだまだ低いと言える。言語としてのさらなる発展のためには，外部からの認知という観点が不可欠なのである。本書の日本における出版は，ルクセンブルク語の国際化，ひいては言語としてのさらなる発展にも寄与するものである。

日本でのルクセンブルク語に関する記述は，長年，『言語学大辞典』(三省堂)における該当項目のものだけであった。近年，『ニューエクスプレス』(白水社)のシリーズ『ヨーロッパのおもしろ言語』の中で，他の言語と一緒に取り上げられたり(田村 2010)，単著『ルクセンブルク語入門』(大学書林)が出版されたりと(田原 2013)，出版物も増えつつある。しかし，近年出版されたこれらの文献が，語学参考書・文法書であるのに対し，本書は，ルクセンブルク語の言語学的な記述を目的とした日本では初の試みである。

言語の国際化の意識は，しかしながら，ルクセンブルク国内の母語話者の間では，まだ低いと言える。その背景には，ルクセンブルク語が法的に認められたことからくる安心感があるのかもしれず，この点において，言語法の功罪について，思いをめぐらさざるを得ない。しかし，この意識が現地の研

1) H. Kloss による社会言語学用語(Glück 2005: 71)。

究者にも欠けがちであることは，大きな問題であろう。ルクセンブルクでは，2003年にルクセンブルク唯一の大学ルクセンブルク大学が設立され，2006年にルクセンブルク言語文学研究室が，2009年にルクセンブルク学修士課程が続々と開設された。着々とルクセンブルク学研究の拠点となりつつあるルクセンブルク大学だが，そこでのこれまでの研究は，社会言語学的なテーマや個別現象の分析を行うものばかりで，体系記述を行うプロジェクトはない。現地の研究者は，母語話者としてある程度のルクセンブルク語の体系知識を有しているものが多く，それをもとに，ルクセンブルク語に特有の現象を単発的に分析する傾向にある。しかし，そのような研究ばかりでは，非母語話者である外国の研究者にルクセンブルク語研究の見通しを示すことができず，彼らの興味を今以上にひくことは難しいと考えられる。ルクセンブルク語研究をさらに発展させるためにも，この言語の体系記述は不可欠である。ルクセンブルク語の音韻に関わる問題を概観できる本書や，引き続き同言語の体系記述を目指す本研究は，ルクセンブルク語研究のさらなる発展にも貢献するものである。

もとはドイツ語の一方言であったルクセンブルク語の研究は，ゲルマン語研究の領域にも属する。ドイツ語圏やオランダ語圏における方言は，「高地ドイツ語子音推移」(High German Consonant Shift)と呼ばれる通時的な子音推移の進行度合いによって，南から上部ドイツ語(Upper German)，中部ドイツ語(Central German)，低地ドイツ語(Low German)に大別される。オーストリアドイツ語(Austrian German)やスイスドイツ語(Swiss German)などが属する上部ドイツ語や，オランダ語(Dutch)などが属する低地ドイツ語は，西ゲルマン語における方言連続の両端に位置することから，それぞれ独自の特徴を有するとされ，研究者の注目を集めてきた。それに対して，ルクセンブルク語が属する中部ドイツ語は，方言連続の中間に位置するため，通時的な言語変化のプロセスを共時的に観察できる領域として注目され，19世紀のドイツ語方言学萌芽期から研究が行われてきた(1.2参照)。一方，中間的な存在であるがゆえに，その独自の特徴が見落とされがちであったのも事実である。

本書での記述は，音韻論という一領域をとってみても，ルクセンブルク語がさらに研究と観察を続けるべき様々な特徴を有する言語であることを示すものである。西中部ドイツ語の中の一言語変種の記述ではあるが，それがルクセンブルク語研究のみならず，他の方言地域と比べて未だ後れをとる中部ドイツ語研究への足掛かりとなり，広くはゲルマン語研究に新たな視座を与え，その発展に貢献することができるならば幸いである。

本書は，音響音声学や歴史比較言語学の手法や理論を用いながら，ルクセンブルク語の音韻体系の記述を行っている。第1章ではルクセンブルク語の社会言語学的な背景や方言地理学的な位置づけ，今日までの言語資料，辞書などについて概観する。第2章では，本論を読み進めるにあたって必要な知識だと考えられる正書法について説明する。第3章では，本書執筆のために行った録音調査について，調査協力話者の言語的背景の情報や，調査の流れ，音響解析の方法について確認する。第4章から第6章までが本論である。第4章では，まずルクセンブルク語の音韻体系を母音と子音に分けてそれぞれ記述し，第5章では様々な音韻規則について記述する。第6章では，前の2つの章で共時的な記述を行った現代ルクセンブルク語の音韻体系の成立に関わる通時的な言語変化の記述を行う。また，巻末では，付録としてルクセンブルク語の形態を概説している。

本研究は，以下の奨学金や助成金を得て，ルクセンブルク大学(University of Luxembourg)及びルクセンブルクの大公国研究所(fr. Institut grand-ducal)において行った調査・研究に基づいている。

2009年10月-2010年9月
　ロータリー財団「国際親善奨学金」
2010年12月-2011年11月
　北海道大学「組織的な若手研究者等海外派遣プログラム」
2012年10月-2012年11月
　北海道大学クラーク記念財団「博士後期課程在学生研究助成」

また，2013年5月にルクセンブルクの放送局「ラジオ・テレビ・ルクセンブルク」(fr. Radio Télévision Luxembourg)の番組[2)]に出演した際に協力者を募集し，行った言語調査にも基づいている。

2) 2013年2月に北海道大学において行われたインタビューに基づいたルポルタージュ。番組のホームページに，例文の文法性などを問うアンケートを掲載していただき，言語調査への協力を募った。当番組は，5月に放送された他，数回にわたり再放送されており，100名を超える母語話者から，アンケートへの回答があった。

目　次

図表目次

略語一覧

acc.	accusative　対格
adj.	adjective　形容詞
anglsax.	Anglo-Saxon　アングロ・サクソン語(Old English 古英語)
arl.	Arler　ルクセンブルク語アーロン(Arlon)方言
brng.	Bernese German　ドイツ語ベルン方言
C	consonant　子音
clux.	Central Luxembourgish　ルクセンブルク語中央方言*
conj.	conjunction　接続詞
CP	complementizer phrase　補文標識句
dat.	dative　与格
def.art.	difinite article　定冠詞
dutch.	Dutch　オランダ語
echtn.	Echternacher　ルクセンブルク語エヒタナハ方言
elux.	East Luxembourgish　ルクセンブルク語東方言
engl.	English　英語
ex	extraprosodic segment　韻律外分節
f.	feminine　女性
fr.	French　フランス語
germ.	(Proto-)Germanic　ゲルマン祖語
goth.	Gothic　ゴート語
ie.	Indo-European　印欧祖語
ind.	indicative　直説法
ind.art.	indefinite article　不定冠詞
inf.	infinitive　不定詞
köl.	Kölsch(Cologinan)　ドイツ語ケルン方言
lat.	Latin　ラテン語
LLU	*Lexicon der Luxemburger Umgangssprache*　ルクセンブルク口語辞典

＊本論文では，断り書きがない場合はルクセンブルク語(lux.)という表現でルクセンブルク語中央方言を指すが，特に方言差に注意して記述を行う場合は，この表記を用いる。

lmhg.	Late Middle High German　後期中高ドイツ語
lux.	Luxembourgish　ルクセンブルク語
LWB	*Luxemburger Wörterbuch*　ルクセンブルク語辞典
m.	masculine　男性
mhg.	Middle High German　中高ドイツ語
mlat.	Middle Latin　中世ラテン語
mlg.	Middle Low German　中低ドイツ語
mlux.	Middle Luxembourgish　中期ルクセンブルク語
n.	neuter　中性
nhg.	New High German　新高ドイツ語
nlux.	North Luxembourgish　ルクセンブルク語北方言
nom.	nominative　主格
nösl.	Nordöslingisch (dialect in North Oesling/Ösling)　北エスリング方言
nrhfrk.-mslfrk.	North Rhine Franconian-Moselle Franconian　北ラインフランケン・モーゼルフランケン方言
ohg.	Old High German　古高ドイツ語
onorse.	Old Norse　古ノルド語
osax.	Old Saxon　古ザクセン語
perf.aux.	perfect auxiliary　完了の助動詞
pers.pron.	personal pronoun　人称代名詞
pl.	plural　複数
p.p.	past participle　過去分詞
prep.	preposition　前置詞
pres.	present　現在時制
pret.	preteritum　過去時制
refl.pron.	reflexive pronoun　再帰代名詞
rel.pron.	relative pronoun　関係代名詞
sbbg.	Siebenbürgisch (-Sächsisch) (Transylvanian Saxon dialect)　ジーベンビュルゲン方言
sg.	singular　単数
slux.	South Luxembourgish　ルクセンブルク語南方言
subj.	subjunctive　接続法
V	vowel　母音
vlat.	Vulgar Latin　平俗ラテン語
WLM	*Wörterbuch der luxemburgischen Mundart*　ルクセンブルク方言辞典
w(st)fr.	West Franconian　西フランケン語/族
wg.	West Germanic　西ゲルマン語
σ	syllable　音節

第1章　ルクセンブルクとルクセンブルク語

1.1　ルクセンブルク――国家の歴史と言語状況

ルクセンブルクは，面積約2586 km^2，人口約55万人で(2014年現在[1])，国境を東にドイツ，南にフランス，西にベルギーと接する大公国(grand duchy)である[2]。この国の国語(fr. langue nationale)，ルクセンブルク語は，ドイツ語の一方言である西モーゼルフランケン方言(West Moselle Franconian)から1984年の言語法により一つの言語として独立を果たした拡充言語(nhg. Ausbausprache)である[3]。同言語法は，他にフランス語とドイツ語の使用を定めている。

1984年2月24日言語制度に関する法律[4]

第1項―国語

ルクセンブルク人の国語はルクセンブルク語である。

第2項―法律言語

法律に関する公文書やそれらの施行規約は，フランス語で作成される。

---

1) http://www.statistiques.public.lu/fr/index.html(Le portail des statistiques. ルクセンブルクの国勢調査等の統計資料を公開するポータルサイト)

2) ルクセンブルクは，現存する唯一の大公国である。

3) H. Kloss による社会言語学用語(Glück 2005: 71)。

4) 以下では，「1984年言語法」として記述する。

[……]

第3項—行政及び司法言語

行政案件，訴訟もしくは非訴訟案件，また司法案件では，特定の案件に関わる特殊規定の不利益を被ることなく，フランス語，ドイツ語，ルクセンブルク語を用いることができる。

第4項—行政に関わる請願書

請願書がルクセンブルク語，フランス語，もしくはドイツ語で作成された場合，行政は可能な限り請願者が選択した言語で応じなければならない。

[……][5)]

ヨーロッパの中で多言語国家はさほど珍しくない。しかし，ルクセンブルクでは国内全土において上記の3言語を併用し，場面や状況に応じて使用言語を切り替える点において(ポリグロシア(polyglossia)[6)])，地域ごとに使用言語が定められているスイスやベルギーなどの国と異なっている。本書の目的は，ルクセンブルク語の音韻を記述することであるが，本論に入る前に，この言語をとりまく社会言語学的な状況について理解を深めておきたい。この節では，ルクセンブルクの歴史と，社会状況に応じて変遷する同国の言語状況について簡単に整理する(Nishide 2012 参照)。また，ルクセンブルク語とルクセンブルク人のアイデンティティの形成と発展，ドイツ語やフランス語に対する今日のルクセンブルク人の評価，これらにルクセンブルク語を加えた3言語の具体的な使用領域についてまとめる。

ルクセンブルクの国名が歴史上はじめて登場するのは，963年に聖マクシ

---

5) http://www.legilux.public.lu/leg/a/archives/1984/0016/a016.pdf(ルクセンブルク政府によるサイト“Legilux”(http://www.legilux.public.lu/)では，ルクセンブルクの法律文書が公開されている)

6) 社会における多言語併用をポリグロシア，個人による多言語併用をマルチリンガリズム(multilingualism)と呼ぶ(Glück 2005: 102-103, 145)。また，多言語併用話者による言語の切り替えをコードスイッチング(code switching)という。

ミン修道院(fr. abbaye de Saint-Maximin)からアルデンヌ伯ジゲフロイト(fr. Sigefroid, comte d'Ardenne)に「ルチリンブルフク」("Lucilinburhuc", engl. little bourg「小さな城塞(都市)」)を譲渡するとした協定書においてである(Trausch 1992: 21-22; Trausch et al. 2003: 95)[7]。建国当初のルクセンブルクは，本来ドイツ語圏，すなわち現在のルクセンブルク語圏とフランス語圏の2つの言語地域からなる国家であった。14世紀から15世紀にかけて，ルクセンブルクは神聖ローマ皇帝を次々と輩出し[8]，現在のチェコにまで広がる領土を支配するが(Trausch et al. 2003: 128-147)[9]，神聖ローマ皇帝でもあったヴェンセラス2世(Wenceslas II)が，借金の抵当として本土ルクセンブルクをモラヴィアのジョッス(Josse de Moravien)に受け渡して以来，1815年のウィーン会議に至るまで，この国はブルゴーニュ公国，スペイン・ハプスブルク朝，オーストリア・ハプスブルク朝，フランス・ブルボン朝，次いでフランス共和政，フランス第一次帝政政府に次々と支配される(Trausch et al. 2003: 149-207)。ブルゴーニュ公国による支配以降，強硬な言語政策がとられた第二次世界大戦中のナチス(国家社会主義ドイツ労働者党(nhg. Nationalsozialistische Deutsche Arbeiterpartei))政権による占領時を除き，フランス語は常にこの国の公用語としての地位を維持している(Fröhlich/Hoffmann 1997: 1159)[10]。

ナポレオンによる第一帝政の後，ヨーロッパの混乱を治めるために開かれた1815年ウィーン会議の結果，ルクセンブルクはオランダと同君連合[11]の

7)　13世紀の資料には，国名は「ルツェンブルフ」("Lucembourch")として残っている(Trausch et al. 2003: 128)。

8)　1346年カール4世の治世時に，ルクセンブルクは伯爵領(county)から公爵領(duchy)へと昇格する。

9)　1310年ジャン盲目王(fr. Jean l'Aveugle)が婚姻によりボヘミア王国を得る。

10)　「公用語」は，Fröhlich/Hoffmann(1997: 1159)における nhg. „offizielle Landessprache" の訳である。以下，本書における「公用語」という表現は official language を指すものである。

11)　オランダ王がルクセンブルク大公を兼ねる国家体制(fr. "union personnelle")。この同君連合体制は，1890年まで続く(Trausch 1992: 68)。

関係を結びながらも，大公国として再び独立させられる。この時期も，ルクセンブルクはドイツ語地域(fr. “quartier allemand”)[12]とフランス語地域(fr. “quartier français”)という2種類の言語地域からなる国であった(Trausch 1992: 69)。長期の他国支配が続く中で失われかけていたルクセンブルク人のアイデンティティは，大公国という名ばかりの国家として実質的にはオランダの支配下に入ることとなったウィーン会議の直後というよりは，オランダに対してベルギーが起こした独立革命(1830-1839年ベルギー独立革命)をきっかけに再び形成されたと言える。この革命時，首都のルクセンブルク市を除くルクセンブルクの全領土は，ベルギーの革命政権の支配下に入っていた。この革命の後に行われた1839年ロンドン会議の結果，ルクセンブルクは，そのフランス語地域全てとドイツ語地域の一部(アーロン(Arlon))をベルギーに割譲することとなるが，残りのドイツ語地域は独立国として残った。この時点をもって，ルクセンブルクはドイツ語地域，すなわち現在のルクセンブルク語が話される地域のみを残す，言語地域的には単一の国家となった。しかし，既述のようにその後もこの国では標準ドイツ語に加えて，フランス語も公用語であり続ける。さらに1984年ルクセンブルク方言が国語に昇格したことにより，同一地域での3言語の併用という現在のルクセンブルクの言語状況が成立したのである[13]。

今日のルクセンブルクの街中ではフランス語の使用が優勢であり，旅行などで同国を訪れると，まるでフランス語圏に来たかのような感覚を覚える。これには，ルクセンブルク経済の発展に大きく貢献した19世紀末の鉄鉱山の発見と，それに伴う外国人労働者の流入が大きく関係している。1870年代に南部のミネット(Minett)地方で製鉄業が発展したことにより，小国であったルクセンブルクは外国人労働者を大量に受け入れた。主要な外国人労

12) 現在のルクセンブルク語が話されている地域。

13) ただし，ルクセンブルク語が独立する以前から，ルクセンブルク人はフランス語と標準ドイツ語，そしてドイツ語「ルクセンブルク方言」と，実際には3種類の言語変種を併用していたと考えられる。ルクセンブルク語の国語への昇格は，「3言語」併用が公的に認められた出来事とも解釈できる。

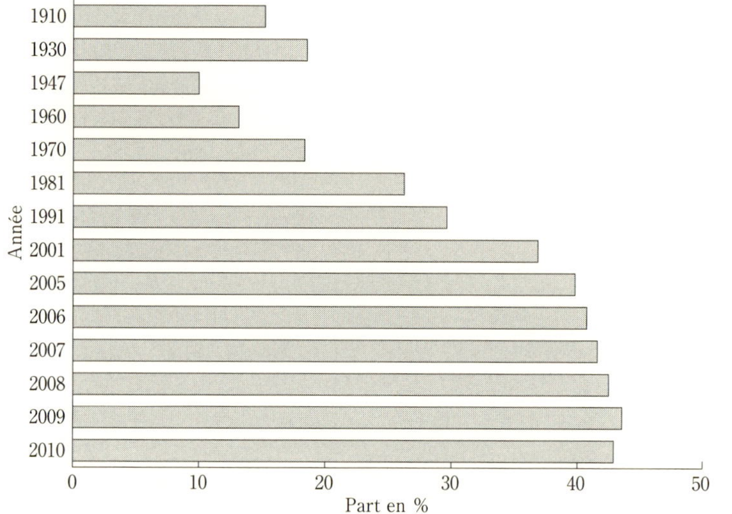

図 1-1　総人口に対する外国人の割合の変遷

出所）Statec より(http://www.statistiques.public.lu/catalogue-publications/regards/2010/PDF-3-2010.pdf)。上のグラフでは2010年までのデータしか示されていないが，2014年現在の外国人の割合は，45.3%である(http://www.statistiques.public.lu/stat/TableViewer/tableView.aspx)。

働者の国籍は，初めはドイツであったが(1875-1930年代)，次いでイタリア(1892-1950年代)，そしてポルトガル(1960年代以降)へと移った(Trausch et al. 2003: 227-229)。ルクセンブルクは鉄鋼業で得た資本をもとに，主に金融業で経済を発展させ，今日では世界でも有数の経済大国となっている。豊かなこの国を目指して入国してくる移民は，第二次世界大戦の時期を除いて着々と増え，ここ10年では総人口の4割以上を占め続けている(図1-1)。また，現在はポルトガル人の割合が圧倒的に高く，次いでフランス人，イタリア人，ベルギー人と，上位を占める外国人はロマンス語圏の出身者が多い(図1-2)。これらの外国人の中にはゲルマン語であるドイツ語やルクセンブルク語を話せないものも多い。街中でのフランス語の使用頻度が高いのは，こうした背景によるものと考えられる。

一方，ルクセンブルク語(方言)は，ベルギー独立革命の前後から注目を浴び始めた(1.4参照)。19世紀前半からルクセンブルク方言文学が盛んになっ

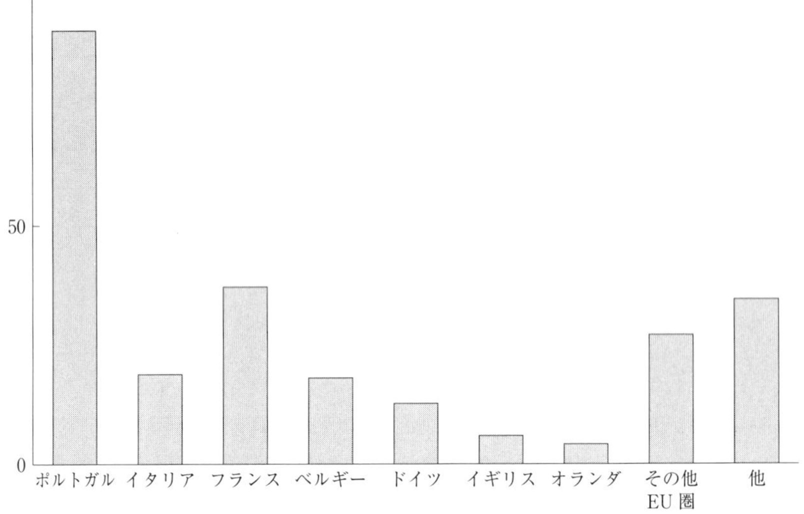

図 1-2 外国人の国籍内訳(×1,000 人, 2014 年)

出所) Statec より(http://www.statistiques.public.lu/stat/TableViewer/chartView.aspx)。

たことをきっかけに，この言語は 20 世紀に入る頃にはルクセンブルク人のアイデンティティの重要なシンボルとなっていた。当時，ルクセンブルク語はまだ方言であったにもかかわらず，1912 年ミシェル・ヴェルター(Michel Welter)議員は国会の場で 3 言語併用(„Trilinguism“)という表現を用い，ルクセンブルクでのフランス語，ドイツ語，そしてルクセンブルク語(方言)の使用について言及している(Trausch 1992: 109-110)。ヴェルターは，当時大公国の公用語とされていたフランス語とドイツ語がルクセンブルク人にとっては「外国語」であると述べ，学校教科書などにおける「ドイツ語は私たちの母語である」との記述が偽りで，ルクセンブルク人の母語はルクセンブルク語だと主張している(Trausch 1992: 110)。

ルクセンブルク方言がルクセンブルク人にとっての重要性を高めつつある中，ナチス政権が同国占領時に行った強硬な言語政策は激しい反感を買い，本来の意図とは裏腹に，ルクセンブルク人にそのアイデンティティを強く自覚させ，標準ドイツ語とは異なる「ルクセンブルク人の言葉」に対する彼ら

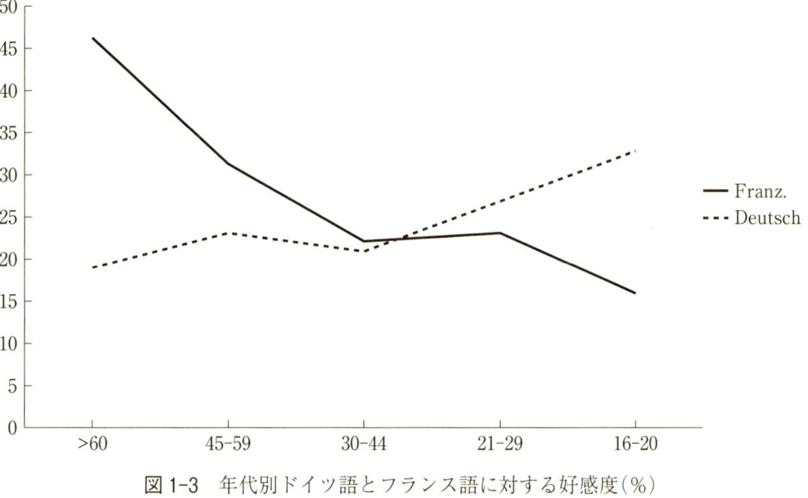

図 1-3　年代別ドイツ語とフランス語に対する好感度（%）

出所）Gilles et al. 2010: 73.

の意識を高めさせる結果となった。ドイツは，まずフランス語の使用を禁じ，フランス語で書かれた店の看板やフランス式の名字を改めさせるなどの言語政策を推し進めた。さらに1941年，ルクセンブルク人に対して国籍と母語，帰属民族を問うアンケートの実施を計画した。このアンケートは，質問に全て「ドイツ人/語」と答えさせることでルクセンブルク人に親独的な姿勢をとらせることを意図したものであったが，これを知ったルクセンブルク人の間で，瞬く間に「ルクセンブルク人/語と答えよう」とのスローガンが広がった。計画の失敗を悟ったドイツは，結局アンケート調査を中止した（Trausch et al. 2003: 249）。これは，当時のルクセンブルク人がドイツの圧力に屈さずに強い国民アイデンティティを示し，その抵抗が成功した重要なエピソードとして，ルクセンブルク人に認識されている。

戦後のルクセンブルク人の，ドイツ語やフランス語に対する言語評価に関する興味深い調査が，Gilles et al.(2010)で行われている（図1-3）。戦前や戦時中，また戦後すぐに生まれた60歳以上の世代では，フランス語に対する好感度が非常に高く，若い世代になるにつれて急激に下降している。それに対して，ドイツ語に対する好感度は，若い世代に向かって緩やかではあるものの徐々に上昇しており，20 代以下の世代でフランス語とドイツ語の好感度が逆転している。若い世代でドイツ語の好感度が上がっている背景には，やはり戦争の記憶が薄れたことがあると推測される。ルクセンブルク人が母語とするルクセンブルク語は，そもそもドイツ語と同系統のゲルマン語であるため，比較的習得が容易であり，親しみやすさを感じても不思議はない。これに対し，フランス語への好感度の明らかな低下は，非常に興味深い。この背景には，同国におけるフランス語のプレステージが，上下二方向に分離しつつあることが関係していると考えられる。フランス語は，既述のように，15 世紀半ばのブルゴーニュによる支配の時代から伝統的にこの国の公用語だった言語であり，現在も法律言語，行政言語として用いられるため，本来プレステージの高い言語である。しかし，今日では，社会的地位が比較的低いロマンス語圏出身の移民が使う言語としての側面もある。Fehlen(2011: 160)では，「お掃除おばさんの言葉なんか勉強したくない」という，フランス語の習得を嫌がる高校生のコメントが引用されている[14)]。法律言語としての非常に高いプレステージを有する一方で，移民の言語という正反対のネガティブなイメージをも有するのが，ルクセンブルクにおけるフランス語の社会言語学的な特徴と言える。40 代以上の世代でフランス語に対する好感度が高いのは，彼らの間で同言語の伝統的なプレステージがまだ保たれているということと，やはり戦争によるドイツへの反感が関係しているのではないかと推測される。若い世代では，ドイツ語に比べて習得が困難であるということと，「移民の言語」であるというネガティブなイメージが勝るため，好感度が落ちていると考えられる。

最後に，ルクセンブルクにおけるドイツ語，フランス語，そしてルクセンブルク語の使用領域について，言及する。既述のように，同国では場面に応じてこれらの 3 言語を切り替えるが，Gilles(2011)が以下の 4 つの基準を用い

14) "Je ne vais quand même pas apprendre la langue de ma femme de ménage!" (Fehlen 2011: 160)

てより具体的にまとめているため，以下で引用する。

<4つの基準>

1. 媒介：書き言葉 vs. 話し言葉
2. 概念：「書き言葉」的↔「話し言葉」的
3. 同時性：同時―ほぼ同時―非同時
4. 言語：ルクセンブルク語(L)―ドイツ語(D)―フランス語(F)

(Gilles 2011: 49)

通常「話し言葉」と「書き言葉」というときには，その媒介を指し，口頭コミュニケーションを「話し言葉」，文字によるコミュニケーションを「書き言葉」と呼ぶことが多い。しかし，複雑に入り組むルクセンブルクでの言語使用を理解する際には，これに概念上どちらのコミュニケーションに近いかという視点を持つ必要がある。例えば，インターネット上でのチャットやSMS(short message service)でのコミュニケーションは，媒介上は文字を用いた「書き言葉」であるが，実際の文体としては「話し言葉」に近く，概念上は「話し言葉」性が高いと判断される。あるいは，媒介上は「話し言葉」であっても，学会発表の場などで用いられる言葉は，概念上は「書き言葉」性が高いと判断できる。Gilles(2011)では，これに加えて同時性，もしくは即時性にも着目している。口頭コミュニケーションの話し言葉の方が，通常は同時性が高く，文字を用いる書き言葉の方が同時性は低いと考えられるが，例えば原稿を読み上げる形でのテレビ・ラジオ放送などは話し言葉であっても同時性は低く，チャットは文字を用いる書き言葉であっても同時性が高い。これらの基準に従って上記の3言語の使用領域を細分化し，まとめたのが表1-1である(Gilles 2011 参照)。

ルクセンブルク語は，媒介的に「話し言葉」として実現される領域であれば国会の議論の場などかなり公的な場面でも使用され，さらにたとえ媒介的には「書き言葉」であっても概念的に「話し言葉」的であれば，親密な相手とのチャットやメールなどで使用されることがわかる。しかし，あらたまっ

表 1-1　ルクセンブルク語の使用領域

概念上「話し言葉」的 ◀──							──▶ 概念上「書き言葉」的	
媒介：話し言葉	同時	日常会話(L)			宣伝(L)				
	非同時		留守番電話(プライベート)(L)	ラジオでの告知(L)	国会討論(L)	スピーチ(L/F)(教会での)説教(L)	RTL のニュース(L) 公的機関の電話窓口(F/D/E/L)	礼拝(F/D) 学術的な口頭発表(F/D)	
媒介：書き言葉	同時	チャット(親密な相手と)(L)		チャット(あらたまった相手と)(L/F)					
	非同時	SMS(プライベート)(L) SMS(挨拶)(L)	インターネットフォーラム(L)	E メール(親密な相手と)(L) 手紙(親密な相手と)(L/D/F) 旅行先からのハガキ(L)	報告書(L) 議員へのインタビューの書写(L)	広告(F/L) 新聞・雑誌(D/F)	政府のインターネットサイト(F)	諸テキスト，文書(F/D/L) ウィキペディア(L)	学術論文(F/E/D) 法律(F)

出所）Gilles 2011 参照。

た相手とのコミュニケーションでは，チャットでもフランス語が使用されることがあり，たとえ親密な相手でも紙媒体の手紙の場合は，ドイツ語やフランス語が使用されることがある。また，学術論文や学会発表など，概念的な「書き言葉」性が高い領域までは，ルクセンブルク語はその使用領域を拡げられずにいる。その背景には，次節で詳述するように，同言語の規範化が十分進んでおらず，正書法も母語話者の間に浸透していないことがあると考えられる。使用領域のさらなる拡大は，ルクセンブルク語の言語としての発展において，非常に重要な役割を果たす要因の一つである。

1.2　ルクセンブルク語とルクセンブルク内部の方言

本節(1.2)以降は主にルクセンブルク語に焦点をあて，同言語の方言地理学的位置づけ(1.2)，古い資料(1.3)，ルクセンブルク文学(1.4)，そしてルク

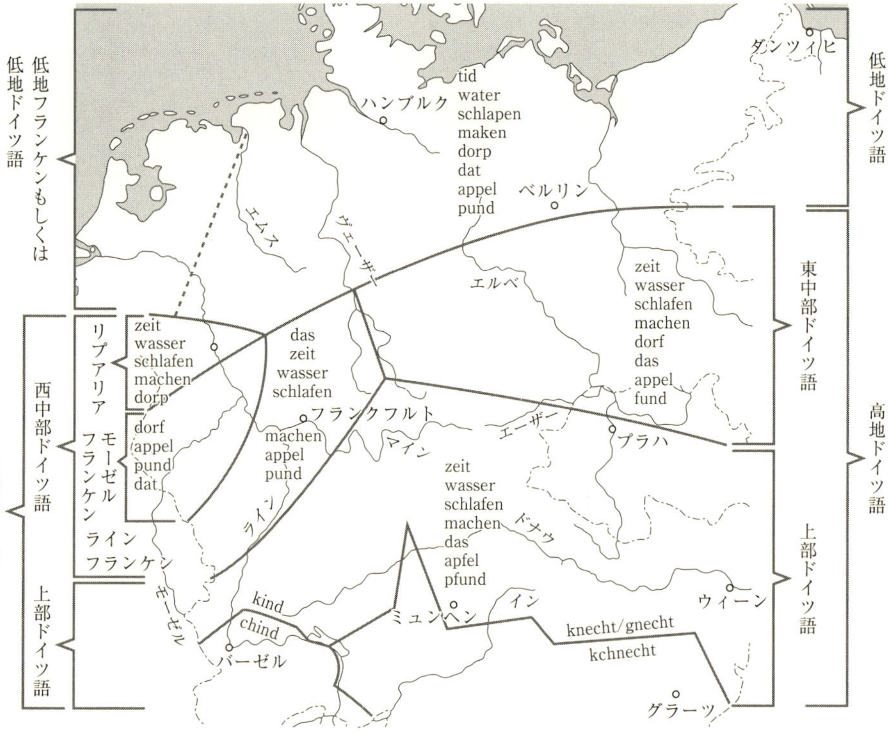

図 1-4　高地ドイツ語子音推移によるドイツ語方言区分

出所）König 1998: 64.

センブルク語辞典(1.5)について概観する。

本節では，まず西ゲルマン語方言地理学の枠組みの中でのルクセンブルク語の位置づけを確認し，次にルクセンブルク語内部で観察される方言差について言及する。そして，それらの中で最も「標準ルクセンブルク語」に近いと考えられる中央方言を本書の記述対象とすることを示す。

ドイツ語やオランダ語などが含まれる西ゲルマン語の諸方言は，高地ドイツ語子音推移(High German Consonant Shift；第二次子音推移(Second Consonant Shift))を基準にした等語線によって大まかに分類される(図 1-4)。同じく西ゲルマン語に分類されるルクセンブルク語は，西モーゼルフランケン方言(West Moselle Franconian)に分類される。ルクセンブルク大公国の人口は，2014年現在，約55万人で，そのうちルクセンブルク国籍を持つ人口は30万人ほどだが[15)]，ベルギーのルクセンブルク語地域(アーロン(図1-5))の話者や同言語を習得した外国人の話者なども含めて，話者数は約40万人とされており，UNESCOの「危機言語」(endangered languages)の基準によると，ルクセンブルク語は「脆弱な言語」(“vulnerable languages”，5段階中，最も軽度)に分類されている[16)]。

ルクセンブルク語が属する中部ドイツ語(Central German)の西半分，西中部ドイツ語(West Central German)は，ライン川流域の南北に等語線の扇を広げるため，「ライン扇状地」(nhg. rheinischer Fächer)とも呼ばれる。隣接する東中部ドイツ語(East Central German)と，この西中部ドイツ語を隔てる等語線は，„pund-fund“線である(nhg. *Pfund*「ポンド」)。上部ドイツ語(Upper German)の特徴である語頭での無声両唇閉鎖音 /p/ の /pf/ への破擦音化は[17)]，中部ドイツ語以北には達しておらず，低地ドイツ語と西中部ドイツ語では閉鎖音のまま残っている。これに対して，東中部ドイツ語では唇歯摩擦音 /f/ として現れている。

本書で取り上げるルクセンブルク語は，両唇閉鎖音 /p/ が残る地域に属するが(lux. Pond (nhg. *Pfund*)「ポンド」，lux. Planz (nhg. *Pflanze*)「植物」)，同言語ではこの音が現れる語彙だけでなく，東中部ドイツ語のように唇歯摩擦音 /f/ が現れる語彙も頻繁に観察される(lux. Feil (nhg. *Pfeil*)「矢印」，lux. Flicht (nhg. *Pflicht*)「義務」)。また，破擦音 /pf/ は語頭ではほとんど観察されないが，語中では観察される語彙もある(lux. dämpfen (nhg. *dämpfen*)「和らげる，蒸す」[18)])。こうした破擦音 /pf/ が現れる語は，ドイツ語からの比

15) Statecより(http://www.statistiques.public.lu/stat/TableViewer/tableView.aspx?ReportId=384&IF_Language=fra&MainTheme=2&FldrName=1)。

16) http://www.unesco.org/new/en/culture/themes/endangered-languages/

17) /pf/ は，共時的には両唇閉鎖音 /p/ と唇歯摩擦音 /f/ の子音連続と記述するのが適当だが，通時的な音変化の分析を行う上述の部分では，議論の都合上，「破擦音」という用語を用いている。

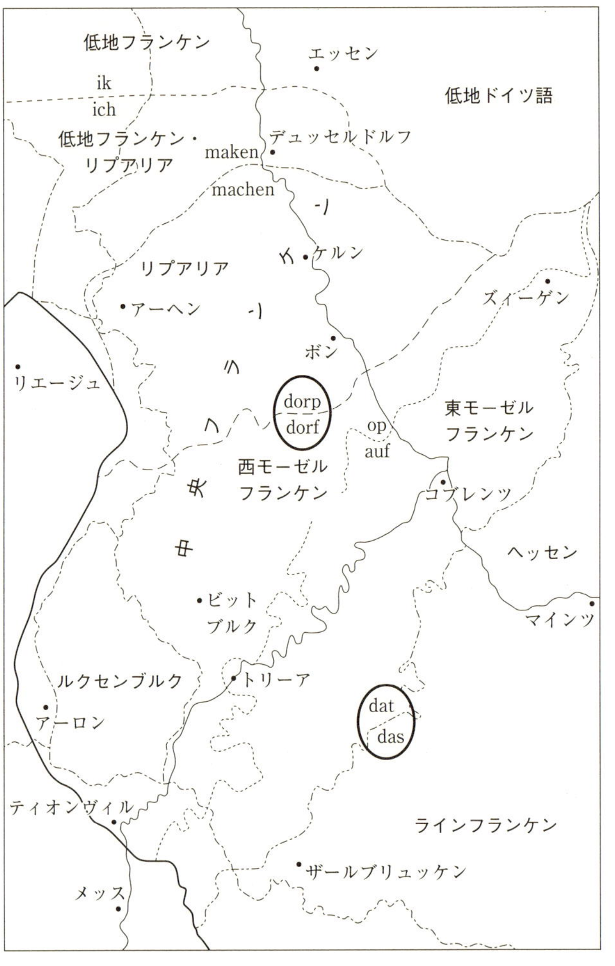

図 1-5　西中部ドイツ語の方言地図

出所）Newton 1996: 50.

18）ただし，閉鎖音を有する lux. dämpen (nhg. *dampfen*)「湯気を出す」という語彙もある。

較的新しい借用語である可能性がある。例えば lux. "dämpfen" (nhg. *dämpfen*) は，2008 年出版のルクセンブルク語とドイツ語の 2 言語辞典『ルクスディコ』(*Luxdico*) (Welschbillig et al. 2008) には見出し語として掲載されているが，最も大規模なルクセンブルク語辞典である『ルクセンブルク語辞典』(*Luxemburger Wörterbuch*) (1950–1977) (ドイツ語との 2 言語辞典) やそれ以前の辞典には記載がない[19]。また，先に挙げた lux. Pond (nhg. *Pfund*) と lux. Feil (nhg. *Pfeil*)，lux. Planz (nhg. *Pflanze*) と lux. Flicht (nhg. *Pflicht*) など，母音の前や同一の子音の前など，同じ音韻環境にあると考えられる場合に，閉鎖音と摩擦音が現れる例が観察されるため，いずれかは借用語である可能性が高い。少なくとも lux. Flicht [flɪçt] については，母音の長音化が起こるはずの音韻環境 (*/ht/ の前) でこれが起きていないため (*[fli:çt])，明らかに外来語であることがわかる (6.1.2 参照)。ルクセンブルク語は，西中部ドイツ語の中で最も西端に位置し，北のリプアリア方言 (Ripuarian) と南のラインフランケン方言 (Rhine Franconian) に挟まれた中間的な方言であるモーゼルフランケン方言 (Moselle Franconian) に属する。そのため，本書では同言語における本来の音は閉鎖音 /p/ であり，それ以外の音が現れる語彙は，他方言や標準ドイツ語からの借用語であると考える。

西中部ドイツ語内部では，北西から南東に向かって，順にケルン方言 (Colognian，nhg. Kölsch) などが属するリプアリア方言，ルクセンブルク語が属するモーゼルフランケン方言，プファルツ方言 (Pfaelzisch，nhg. Pfälzisch) やヘッセン方言 (Hessian，nhg. Hessisch) が属するラインフランケン方言が広がっている。これら 3 つの方言地域は，モーゼルフランケン方言を中心に，北の „dorp-dorf" 線 (nhg. *Dorf*「村」) と，南の „dat-das" 線 (nhg. *das*「それ (n.)」) で区切られている (図 1-5)。したがって，中間のモーゼルフランケン方言に属するルクセンブルク語におけるそれぞれの語彙は，語末で流音に後続する音韻環境で子音変化を起こした無声唇歯摩擦音 /f/ が現れる lux. Duerf と，語末で単独で現れる音韻環境で子音変化を起こさなかった無声歯茎閉鎖

19) ルクセンブルク語辞典については，1.5 で詳述。

音 /t/ が観察される lux. dat である。

このように，西中部ドイツ語は内部で高地ドイツ語子音推移が細かく段階的に観察される興味深い方言地域であり，この地域に着目した先行文献や研究プロジェクトは少なくない。例えば，図1-4の等語線の基準となる「ヴェンカーの例文」(„Wenkersätze“)を作成し[20]，大々的に方言調査を行ったゲオルク・ヴェンカー(Georg Wenker)はライン州(Rheinprovinz)出身であり，ライン川流域の方言についていくつかの文献を残している(Wenker 1877, 1881)。西中部ドイツ語に関する代表的な先行研究としては，Lerchner(1971)があり，詳細な方言地図としてはBellmann et al.(1994-2002)の『中部ライン方言地図(全5巻)』(*Mittelrheinischer Sprachatlas (Bd. 1-5)*)が挙げられる(Niebaum/Macha 2006)。

一方，ルクセンブルク語に焦点を絞った先行研究は，まだそれほど豊富ではない。そもそもルクセンブルク語の言語への昇格は，隣接する方言と一線を画す言語内的な特徴に起因するというよりも，むしろ国家の独立に伴う社会言語学的な，すなわち言語外的な要因によるところが大きい。したがって，大きな方言区分で見れば，ルクセンブルク語は西モーゼルフランケン方言の一部であり，隣接するトリーア方言(Trierisch)などと連続しているため[21]，言語に昇格するまで，ルクセンブルク方言をとりたてて記述する必要がなかったと考えられる。しかし，多くの方言が失われつつある今日，言語に昇格したルクセンブルク語は，西モーゼルフランケン方言の特徴を最も残す言語変種として記述の価値が高い。

一方で，より厳密に観察すれば，西モーゼルフランケン方言も単一の言語共同体ではなく，その内部に細かな方言差がある。トリーア方言とルクセンブルク語は連続しているものの，厳密には特徴を異にする言語変種であり，さらにルクセンブルク語内部にも細かな方言差が観察されるのである。ルク

20) ヴェンカーによる方言地図はデジタル化もされている(Digitaler Wenker-Atlas (DiWA) (http://www.diwa.info/))。

21) 後述のルクセンブルク語内部の方言差という観点から厳密に分析すると，トリーア方言と最も近いのはルクセンブルク語東方言である。

センブルク大公国内の方言については，ロバート・ブルッフ（Robert Bruch）らによって詳細な調査が行われている。その結果は方言地図としてまとめられており（『ルクセンブルク言語地図』（LSA：*Luxemburgischer Sprachatlas*）），現在はデジタル版も存在する（http://www.luxsa.Info/）（Gilles/Moulin 2008）。ルクセンブルク語北方言では，リプアリア方言と共通する「k の挿入」（k-Epenthesis）が観察され（図 1-6），南方言では，ロートリンゲン方言（Lorraine Franconian，nhg. Lothringisch）やアレマン方言（Alemannic German，nhg. Allemanisch）[22] に特徴的な「s の硬口蓋化」（s-Palatalization）が観察される（図 1-7）。また，都市化が進む中心部では，標準ドイツ語の影響を強く受けた形式が観察される一方で，南部や北部など都心部から離れた地域では，ルクセンブルク語本来の古い形式が残りやすい（図 1-8）。

ルクセンブルクの方言は，北方言（nlux.），南方言（slux.），東方言（elux.），中央方言（clux.）の 4 つに大別されるが（図 1-9）[23]，この 4 つの方言間でコミュニケーションに不都合を生じる場合もある。また，社会言語学的なプレステージの違いも存在するため[24]，Gilles（1999）は，ルクセンブルク語の言語としての独立以前から，それぞれの方言の特徴が相殺され，中和された超地域的（nhg. „überregional“）な言語変種が存在していたと考えている。今日では，ルクセンブルク社会への統合（integration）や国籍取得などの目的のために，ルクセンブルク語を学ぶ外国人が増えているが，彼らに教授されるルクセンブルク語は，この「超地域的な」言語変種であると考えられる。しかし，こ

22）上部ドイツ語の西部の方言で，スイスドイツ語などがこれに含まれる。

23）Gilles（1999: 59-63）によると，ルクセンブルク領土内部の方言地域は，北部（nhg. „Norden“），南部（nhg. „Süden“），中央（nhg. „Zentrum“），東部（nhg. „Osten“）に大別される。

24）母語話者の意見によると，特に北方言や南方言話者は自分の方言に劣等感を感じることが多いようである。各方言に対する母語話者の社会言語学的な評価が最もよく現れているのは，ミシェル・ロダンジュ（Michel Rodange（ルクセンブルク語表記で Méchel Rodange））によるゲーテの『ライネケ狐』へのオマージュ『燕尾服の狐レーナート』*Renert. De Fuuss am Frack an a Maansgréisst*（Rodange 2008）である（1.4 参照）。

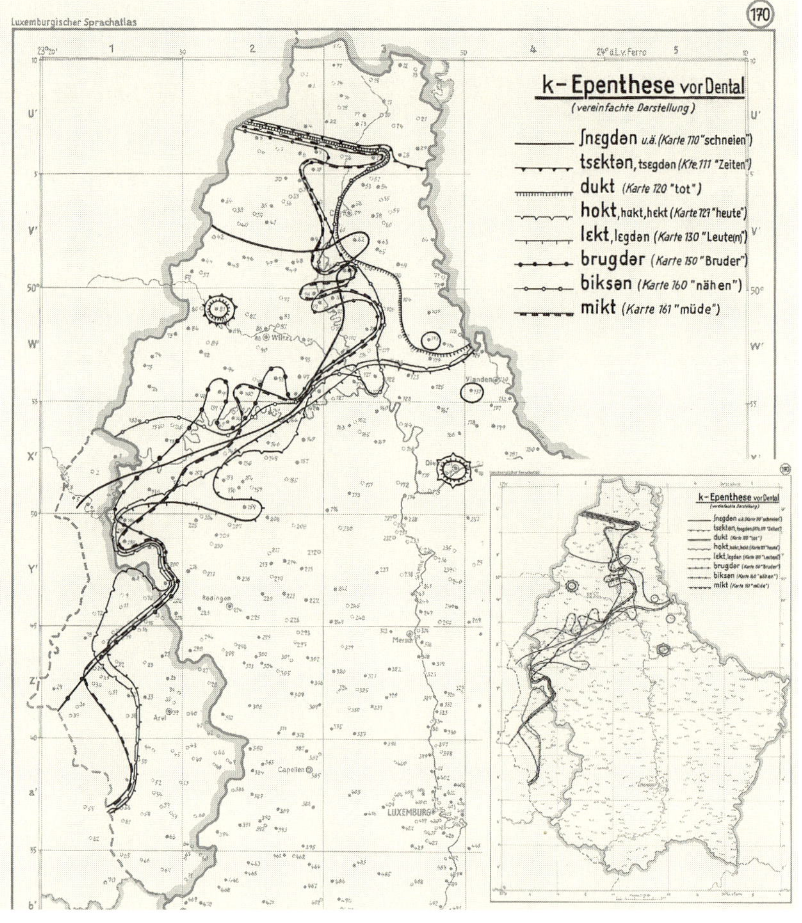

図 1-6 「k の挿入」

注）ルクセンブルク語北方言に特徴的な「k の挿入」（もしくは，有声音 [g] の挿入として観察される場合もある）の起こる地域について，語彙ごとに等語線を引いた地図。語彙は，上から順に nlux. "ʃnɛgdən"（clux. *schneien*, nhg. *schneien*, engl. *snow*「雪が降る」），nlux. "tsɛktən"（clux. *Zäiten*, nhg. *Zeiten*, engl. *times*「時間（pl.）」），nlux. "dukt"（clux. *dout*, nhg. *tot*, engl. *dead*「死んだ」），nlux. "hokt"（clux. *haut*, nhg. *heute*, engl. *today*「今日」），nlux. "lɛkt"（clux. *Leit*, nhg. *Leute*, engl. *people*「人々」），nlux. "brugdər"（clux. *Brudder*, nhg. *Bruder*, engl. *brother*「兄弟」），nlux. "biksən"（clux. *bitzen*, nhg. *nähen*, engl. *sew*「縫う」），nlux. "mikt"（clux. *midd*, nhg. *müde*, engl. *tired*「疲れた」）。右肩の数字は地図番号。

出所）LSA: 170.

図 1-7　clux. ësst（engl. *eats*「食べる」），clux. musst（engl. *must*「～しなければならない（2.pl.）」）

┈┈ must — muʃt
—·— əst — əʃt
出所）LSA: 166.

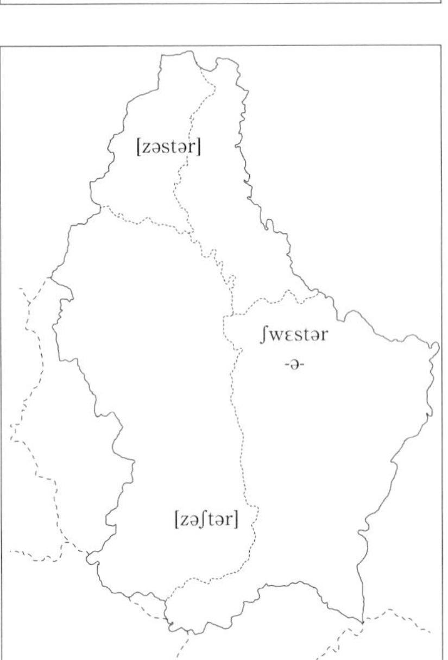

図 1-8　clux. Schwëster（nhg. Schwester, engl. *sister*「姉妹」）

出所）LSA: 164.

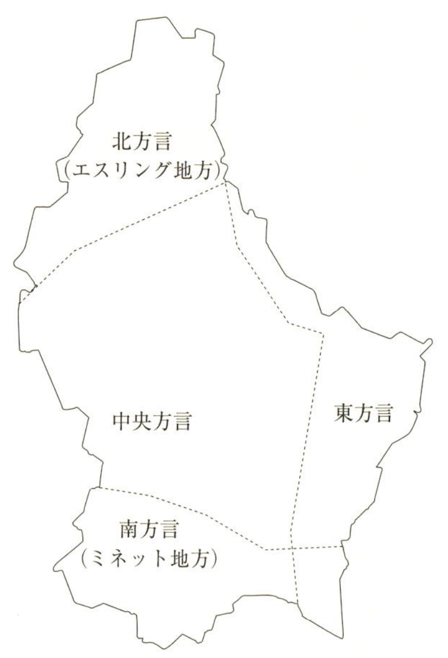

図1-9　ルクセンブルク語内部の方言

注）上の地図中では，各方言の最大領域(nhg. „Maximalausdehnung")が示されているため，東方言と南方言が一部重なっている。
出所）Gilles 1999: 62.

の言語変種の規範は完全に定まっているとは言えず，語彙的にも形態的，統語的にも揺れが大きい[25)]。ルクセンブルク語の先行研究及び言語調査は，このような状況の下で行われているため，内部の方言地域を細かく限定して行ったものが多く(Engelmann 1910a; Palgen 1931, 1954; Bertrang 1921)，「(標準)ルクセンブルク語」の記述とされるものは数少ない。その中で，方言差も含めて大公国で話される言語の体系記述を試みた最も重要な文献としてBruch (1954, 1973)が挙げられる。比較的新しいものでは，Gilles(1999)が，ルクセンブルク語内部の方言を詳細に比較し，上述の超地域的な言語変種の特徴やそ

25) 例えば，語彙(lux. Hues/Strëmp (nhg. *Strumpf*)「靴下」)，音韻(lux. maachen [ˈmaːxən]/man [maːn](nhg. *machen*)「作る，する」)，形態(lux. geféiert/gefouert (nhg. *geführt*)「導かれた(過去分詞)」)(Braun et al. 2005b)，統語(lux. datt ech dat soll maachen/maache soll.(engl. *that I that should do/do should*「私がそれをするべきであること」後者のlux. "maachen"では，音韻的な理由で語末の[n]が脱落している(「n規則」(n-Regel), 5.1参照))など。

の成立過程について論じている。それによると,「標準ルクセンブルク語」と考えられる言語変種は中央方言に近いが,東京方言をもとにした標準日本語などとは異なり,ルクセンブルクでは,中央方言が標準語として選択され,その規範化が進んだわけではないとされている。実際,ルクセンブルク市で話される言語変種を標準語とは別物とみなす話者もいる。筆者が言語調査の際に行った話者の言語的背景についてのアンケートには,「ルクセンブルク語の方言を話すか」という質問項目もあるが,それに対して「ルクセンブルク市方言(lux. Stadlëtzebuergesch/Stater)を話す」と回答する話者が散見された。これらの話者は標準語とルクセンブルク市で話される言語変種を区別していると考えられる。

大公国の国語となって以来,この言語を学ぶ外国人が増えるなどの事情から,「標準ルクセンブルク語」の規範化は,現在,ルクセンブルク語母語話者が取り組むべき最も重要な課題の一つと言える。しかし,少なくとも現段階で,ルクセンブルク語教育はこの国の学校教育の中にほとんど組み込まれておらず,母語話者自身の規範に対する意識はまだ低いと言える。ルクセンブルク語(もしくはルクセンブルク語/方言文学)は,小学校低学年で週1時間程度教えられるだけであり[26],正書法すら定着していないのが実情である。規範化が十分進んでおらず,「標準ルクセンブルク語」の定義があいまいな現状を受け,本書では,Gilles(1999)の「超地域的な言語変種」,もしくは外国人向けのルクセンブルク語教科書で記述される言語変種に最も近いと考えられる,首都ルクセンブルク市周辺の言語変種,すなわち,Gilles(1999)の記述に倣えばルクセンブルク語「中央方言」を記述の対象とする。以下,断りなしに「ルクセンブルク語」としている場合は,ルクセンブルク語中央方言を指すものとする。

26) "Mém. A — 178 du 22 août 2011, p2990" (Règlement grand-ducal du 11 août 2011 fixant le plan d'études pour les quatre cycles de l'enseignement fondamental. (http://www.legilux.public.lu/leg/textescoordonnes/compilation/code_education_nationale/CHAPITRE_2.pdf)).

1.3　現ルクセンブルク領及び その他のモーゼルフランケン方言地域の古い資料

本節では，現ルクセンブルク領やその他のモーゼルフランケン方言地域に残る8世紀から15世紀までの資料を概観する。その中のいくつかは，本書の第6章でルクセンブルク語の通時的な音韻変化の分析を行う際に参照している。

現ルクセンブルク領での最古の文字資料は，エヒタナハ(Echternach(イエシタナハ lux. Iechternach))に残る古高ドイツ語の時代の注釈書「マイヒンゲンの福音書」(‚Maihinger Evangeliar‘)(8世紀)である(Weimann 2012: 10; Glaser/Moulin 2009: 1257-1278; Meineke/Schwerdt 2001: 167; Schulte1993: 88-110)[27)]。ただし，この時代の文字資料は注釈や人名に限られており，まとまったテキストの形では残っていない。10世紀に書かれたとされる「トリーアの詔勅(勅書，布告)」(‚Trierer Capitulare‘)は，モーゼルフランケン方言で書かれたものと考えられているが，これは後の時代に書かれた写しの形でしか残っておらず，古い時代の言語資料としてはあまり参照の価値がない(Weimann 2012: 10-11)。

まとまった文字資料が残るのは，12世紀以降からである。以下では，12世紀から14世紀までの同地域に残る文献について，主にWeimann(2012: 11-17)を参照しながら概観する。12世紀の「アーンシュタインのマリアの祈禱書」(‚Arnsteiner Mariensgebet‘)で使用されている言語は，むしろ「北ライ

---

27)　698年アイルランド出身の宣教師ウィリブロート(Willibrord)がエヒタナハ修道院を建立したことを機に，この街は宗教的な中心地となる。エヒタナハの伝統的な宗教行事として現在まで伝えられ，世界遺産にも指定されている lux. “Sprangprësses-sioun”(lux. sprang-「飛び跳ねる」，lux. Prëssessioun「行列」)は，毎年，聖霊降誕祭(lux. Péngschten，engl. Pentecost)の火曜日に，ステップを踏みながらエヒタナハの街を練り歩く行事だが，ウィリブロートが埋葬される聖堂がその終着点となっており，この宣教師に因んだ行事とされている。

ンフランケン・モーゼルフランケン」方言(nhg. „nrhfrk.-mslfrk.“)と考えられている。本来モーゼルフランケン方言で執筆されたはずのランブレヒト神父(Pfaffe Lambrecht(Lamprecht))の作品は，全てモーゼルフランケン地方以外の地域に写本として伝わっている。そのうち「トビアス」(‚Tobias‘)は高地ドイツ語及び低地ドイツ語の特徴を示しており，「アレグザンダーの詩」(‚Alexanderlied‘)は，ヘッセン方言版「シュトラースブルクのアレグザンダー」(‚Straßburger Alexander‘)と，バイエルン方言版「フォーアアウのアレグザンダー」(‚Vorauer Alexander‘)として残っている。その逆に，本来モーゼルフランケン方言以外の方言で書かれたいくつかの資料(「エルンスト公爵」(‚Herzog Ernst‘)など)が，13世紀のモーゼルフランケン方言の写本として残っている。ただし，ここで使用されている言語が，純粋なモーゼルフランケン方言なのか，オリジナルの方言の特徴も残しているのかについては，議論の余地がある。

モーゼルフランケン方言で書かれた「キリストの誕生」(‚Christi Geburt‘)などの小詩集や「アルバヌス(Albanus)伝」の写本などは，13世紀の初頭から同世紀の半ば頃のものだと考えられている。13世紀末の資料としては，南アイフェル(Eifel)地方の「モーゼルフランケン地方のシトー会回顧録の祈禱書」(‚Gebetbuch moselfränkischer Zisterzienserinnen‘)などのテキストが残っている(Weimann 2012: 12)。同時代に書かれたとされる二行対韻詩(nhg. Reimpaardichtung)の「愛の宮廷」(‚Minnehof‘)，「ゲルハイムの戦い」(‚Schlacht bei Göllheim‘)，「ボヘミアの戦い」(‚Böhmenschlacht‘)，「馬上槍試合」(‚Turnier‘)，「騎行」(‚Ritterfahrt‘)，「騎士礼賛」(‚Ritterpreis‘)(編者不詳)などは，14世紀初頭の4つの写本に断片的に残っている。この中の「馬上槍試合」，「騎行」，「騎士礼賛」が含まれるデュッセルドルフ写本(nhg. Düsseldorfer Handschrift)のみがモーゼルフランケン方言で書かれたものとして残っており，他はフランクフルト写本(nhg. Frankfurter Handschrift)とケルンの断片的な写本資料(nhg. Kölner Fragment)がリプアリア方言，アムステルダムの断片資料(nhg. Amsterdamer Fragment)がラインフランケン方言で書かれた写しとして残っている。

13世紀半ばから13世紀末までのモーゼルフランケン方言の資料は多くなく，14世紀に入ってやっと少しずつ増えてくる。ルクセンブルク伯爵領において，公文書がいわゆる「民衆語」(nhg. Volkssprache)[28]で書かれるようになるのは，14世紀半ばになってからである。文学的なテキストとしては，14世紀にラインラント(nhg. Rheinland)でミンネレーデ(Minnerede)[29]が散見され始めるが，頻繁に観察されるようになるのは15世紀初頭の写本になってからである。Beckers(1989: 43)によると，その中にはモーゼルフランケン方言のテキストも散見されるとのことである。また，1400年前後の戯曲も残っている。14世紀のもので，ヴォルフラム・フォン・エッシェンバッハ(Wolfram von Eschenbach)の「ウィレハルム」(,Willehalm')など，上部ドイツ語の有名なテキストの写本のモーゼルフランケン方言版が完全な形で残っているが，もともとモーゼルフランケン地方で書かれた大部のテキストはない。

この他に，現ルクセンブルク領内の中世の資料の中で最も有名で，先行研究も多い文献として挙げられるのは，13世紀後半のヘルマン修道士(Bruder Hermann)による『フィアンデンのヨランダ』(*Yolanda von Vianden*)である。これは，現在のルクセンブルク領フィアンデンの領主(フィアンデン伯)の娘で聖女とされる修道女ヨランダの生涯を，ヘルマン修道士が綴ったものである(Bruder Hermann 2009; Berg 2001; Backes 2000; Newton/Lösel 1999)。現在のルクセンブルク領出身のヨランダに対して，ヘルマン修道士の言語的な背景には諸説あるが(Newton/Lösel 1999: 17-18)[30]，現ルクセンブルク領内に残る代表的な資料として，ここで言及しておく。

他に，14-15世紀のルクセンブルク市における会計簿を集めた資料として，

28) ラテン語に対して，その土地で話されるドイツ語(方言)を指す言葉。

29) 宮廷恋愛を歌ったミンネザング(Minnesang)の形式を引き継いだ，中世後期の韻文の文体。

30) ヘルマン修道士の言葉が，ケルンからトリーアの間の地方のものであるという説の他，マインツ方言のような特徴もあるとする説があり，同修道士の言語学的な背景については，まだ定説がない状態である。

Moulin(Hrsg.)(2007-2012)の『ルクセンブルク市会計簿』(*Die Rechnungsbücher der Stadt Luxemburg*)(全6巻)が出版されている。

1.4　ルクセンブルクにおける近現代文学の潮流

1.3で記述したように，現ルクセンブルク領やモーゼルフランケン方言地域の中世の時代の資料は，少しずつではあるが残っている。しかし，1984年の言語法によって言語へと昇格するまでは，ルクセンブルク語は一方言にすぎなかったため，16世紀から18世紀までの間の文字資料はあまり残っていない。19世紀に入ると，当時の社会状況を反映して「ルクセンブルク方言文学」が盛んになる。この節では，19世紀から現代に至るまでのルクセンブルク語もしくはルクセンブルク方言文学を概観する。また，それに伴って，ルクセンブルクの代表的な作家や作品を紹介し，「ルクセンブルク文学」の多様性についても言及する。

既述のように，「ルクセンブルク方言」で書かれた文学が19世紀から散見されるようになるが，この時代から1984年の言語法を経て現在に至るまで，ルクセンブルク語は書き言葉としての使用領域の拡大にはさほど成功しているとは言えない。今日のルクセンブルクにおいて消費される書籍や雑誌類は，外国から輸入したものとルクセンブルク人が執筆したものとを問わず，ドイツ語やフランス語，もしくは英語で書かれたものが圧倒的に多いのである。しかし，ルクセンブルク方言(1984年以降はルクセンブルク語)で執筆された文学自体は，強硬な言語政策がとられたナチス政権の占領下にあった時期を除いて地道な発展を続けている。

ルクセンブルク方言文学の祖とみなされているのは，数学教授でもあったアントワーヌ・マイヤー(Antoine Meyer，1801-1857)である。1829年に出版された彼の作品『ルクセンブルク語パルナソス詩の試作』(*E' Schreck ob de'Lezeburger Parnassus*)が，一般的には最初のルクセンブルク語(ルクセンブルク方言)文学とみなされている(Meyer 1829, 2004)。上記の著書が出版された時期は，ルクセンブルクでも独立の機運が高まるきっかけとなるベルギー

ミシェル・レンツ

エドモン・ド・ラ・フォンテーヌ(ディックス)

ミシェル・ロダンジュ

図1-10　ルクセンブルク3大詩人

独立革命(1830年)の直前である。その後の国民アイデンティティの高揚に合わせて，ミシェル・レンツ(Michel Lenz, 1820-1893)，エドモン・ド・ラ・フォンテーヌ(Edmond de la Fontaine, 1823-1891)，ミシェル・ロダンジュ(Michel Rodange, 1827-1876)ら，ルクセンブルク3大詩人と呼ばれる作家が続々と現れ，ルクセンブルク方言文学は19世紀に最初の繁栄を謳歌する。レンツは主に詩人として活躍した(Lenz 1980, 1981)。彼の詩「我らが祖国」(“Ons Heemecht”)は，現在のルクセンブルクの国歌にもなっている[31)]。彼は他に，ルクセンブルクで親しまれる民謡「羊の行進曲」(“Hämmelsmarsch”)[32)]の作詞も行っている。ディックス(Dicks)の筆名で知られるド・ラ・フォンテーヌは，戯曲を多く残しており，中でも『ゼイスおばさん』(*Mumm Séis*[33)]

31)　レンツの詩は，1895年ルクセンブルクの代表的な作曲家ジャン・アントワーヌ・ツィネン(Jean Antoine Zinnen)によって曲が付され，ルクセンブルクの国歌となった。

32)　中世最盛期のルクセンブルクの統治者であり，ルクセンブルク人から最も愛される統治者の一人ジャン盲目王(lux. Jang de Blannen)が1340年に始めたlux. Schueberfouer(教会開基祭(lux. Kiermes)における大市)で，祭りの景品の羊を連れて街を練り歩く際に演奏された行進曲。もともとメロディーのみの曲であったが，レンツによって詞が付けられた。

(Fontaine 1994))，『開基祭の客人』(*D'Kirmesgèscht*)[34]などが有名である(Goetzinger et al. 2009)。また，ルクセンブルクの伝説や民話を収集した功績も大きい(Fontaine 1989)。ロダンジュの代表作は，『燕尾服の狐レーナート』(*Renert. De Fuuss am Frack an a Maansgréisst*)(Rodange 2008)である。この作品はゲーテの『ライネケ狐』へのオマージュだが，登場するそれぞれの動物たちにルクセンブルク内部の方言を話させているため，結果として，今では廃れつつある各方言の貴重な資料となっている他，各方言の社会言語学的プレステージやイメージもよく表現されているため，言語学的な価値も非常に高い。近年，ロマン・ヒルジャート(Romain Hilgert)が，方言の使用に関する説明や当時の時代背景などの詳細な解説を付した版を出版している(Rodange 2008)[35]。

その後，ルクセンブルク語で執筆活動を行った作家としては，アンドレ・ドゥフシャー(André Duchscher, 1840–1911)[36](Duchscher 1939)，バッティ・ヴェーバー(Batty Weber, 1860–1940)[37](Weber 1933a, b, c)，イズィドア・ヨーゼフ・コーメス(Isidor Joseph Comes(筆名はイズィ・コーメス(Isi Comes), 1875–1960)(Comes 1998)，マックス・ゲルジェン(Max Goergen, 1893–1978)

33) ゼイス(Séis)は，ズザンナ(ズザンネ)(Susanna(-e))に由来するルクセンブルク語の女性名。題名の直訳は「ゼイス母さん」であるが，主人公のゼイスは独身の洗濯女である。母親の意味の "Mumm"(nhg. Mutter)が付されているのは，この洗濯女に対する一種の愛称であろうと考えられる。

34) 『ゼイスおばさん』と『開基祭の客人』の初版は，ともに1856年。

35) 注や前書きの部分も含め，全てルクセンブルク語で執筆されている。同文献は，内容的な面だけでなく，ルクセンブルク語が書き言葉の領域までその使用領域をなかなか拡げられずにいる現段階で，学術的な著作物であるにもかかわらずルクセンブルク語のみで執筆されている点においても注目に値する。

36) ルクセンブルク労働者文学作家を代表する一人。また，後述のように，ルクセンブルク語正書法の考案にも尽力した人物の一人である。著作はルクセンブルクのエヒタナハ方言(東方言に属する)で執筆されている。

37) ヴェーバーがルクセンブルクの文壇で果たした役割は大きく，この国の文学賞として，1987年より「バッティ・ヴェーバー賞」が設けられている。

ルクセンブルクの代表的な文学賞には，他に「セルヴェ財団賞」(Prix de la Fondation Servais)や，「全国文学コンクール」(Concours littéraire national)などがある。

(Goergen 1985a, b)が特に有名である。しかし，方言という地位に留まり，まだ正書法も定まっていなかった当時，読み物としてのルクセンブルク語の消費が盛んであったとは言い難い。そのため，上記の作家のうちドゥフシャー，ヴェーバー，ゲルジェンは，話し言葉としての受容が可能な戯曲作品を多く残している。

19世紀から20世紀初頭の作家には，アレグザンダー・ヴァイカー(Alexander Weicker, 1893-1983)(Weicker 1998)のように，ドイツ語で執筆を行うものがまだ多かった。また，フェリクス・ティエス(Félix Thyes, 1830-1855)(Thyes 1990)のように，フランス語を執筆言語とするものもいた。主にドイツ語で執筆活動を行ったルネ・エンゲルマン(René Engelmann, 1880-1915)は，作家としての業績だけでなく，ルクセンブルク方言研究者としての業績を多く残しており(Engelmann 1910a, b)，また後述のようにルクセンブルク語正書法の考案においても大きな役割を果たした[38)]。現代の作家と比べて，ドイツ語とフランス語の間での言語選択には，大公国の公用語が目まぐるしく変わった当時のルクセンブルクの社会状況がより反映されていたと考えられる。

20世紀半ば，ナチス政権の支配下では厳しい言語政策が行われ，フランス語だけでなくルクセンブルク語の使用も制限されたが，戦後になると，これらの言語の使用だけでなく，ルクセンブルク語(方言)文学も復興する。ルクセンブルク語で執筆を行う戦後の作家としては，ロジェ・マンダーシャイト(Roger Manderscheid, 1933-2010)，ジョーズィ・ブラウン(Josy Braun, 1938-2012)，ギィ・レヴェニシ(Guy Rewenig, 1947-)，ジェンプ・ホシャイト(Jhemp Hoscheit, 1951-)，ニコ・ヘルミンガー(Nico Helminger, 1953-)，クロディーヌ・ムノー(Claudine Muno, 1979-)などが有名である。マンダーシャイトやレヴェニシは数多くの賞を受賞しており，1998年に出版されたホシャイトの代表作『ペァルかピカか』(*Perl oder Pica*[39)] (Hoscheit

38) ヴェルター＝エンゲルマン(Welter-Engelmann)正書法(2.1参照)。

39) “Perl” と “Pica” は，それぞれ，主人公のノルビ(Norbi)少年の父親の店が扱っ

2005))は，ベストセラーとなり，「セルヴェ財団賞」を受賞した他，映画化もされ2006年にルクセンブルクの映画館で上映された[40]。これは，第二次世界大戦の爪痕がまだ残る1963年のルクセンブルク社会を主人公の12歳の少年ノルビ(Norbi)[41]の視点から描いた作品である[42]。ニコ・ヘルミンガーも，「バッティ・ヴェーバー賞」の受賞歴のある(2008年)代表的な作家の一人で，大文字を使わずに全て小文字で執筆するという特徴的な手法を用いる作家の一人である。ドイツ語の引用箇所などを除いて，ほぼ全編を小文字で書く手法は，もとはマンダーシャイトが始めた手法である(『シャコ・クラーク』(*schacko klak*)(Manderscheid 1988)[43]など)。文頭や名詞の頭文字などの大文字書きを避けることによって，視覚的な手掛かりを少なくするこの手法は，書き言葉としての使用よりも，圧倒的に話し言葉としての使用の方が多いルクセンブルク語の特徴を意識した表記法とされている。マンダーシャイトと交遊のあったレヴェニシは，通常は大文字書きの規則も含め，正書法に則った綴りで執筆する作家だが，マンダーシャイトへのオマージュとして執筆した戯曲『マンダーシャイト　静かな生活』(*manderscheid. ein stillleben*)(Rewenig 2010)では，全て小文字で執筆している。ブラウンは，他に挙げた作家に比べて純文学の分野での評価を受けることは少ないが，推理小説や教科書

ているタイプライターの字体。

40) この映画もまた「ルクセンブルク映画賞」を受賞し，2007年にDVD化もされている。

41) ノーバート(Norbert)に由来するルクセンブルクの男性名。

42) ホシャイトの少年時代の体験をもとにした作品である。

43) これも第二次世界大戦前後の時代を舞台としたルクセンブルク文学を代表する作品の一つ。lux. Schackoは，当時，ドイツの警察がかぶっていたシリンダー型ヘルメット，lux. Klakは何かを叩いたりぶつけたりしたときの大きな音である。タイトル全体の“schacko klak” [ʃa:kokla:k]は，fr. chapeau claque [ʃapoklak]「オペラハット(シルクハットの一種で，手で簡単に潰せる)」とかけられた造語で，反軍国主義を象徴している(Manderscheid 1997: 19)。ドイツ語の翻訳版Manderscheid(1997) *Tschako klack*も出版されているが，翻訳版では，地の文で大文字を使用しないというこの作品の特徴は踏襲されておらず，大文字・小文字の書き分けはドイツ語正書法に倣っている。

の読み物，戯曲や詩などを精力的に執筆し，ルクセンブルク語文学の大衆化に貢献した作家の一人である。また，ルクセンブルク語正書法の小冊子『私たちの言葉を正しく綴るには』(*Eis Sprooch richteg schreiwen*)(Braun 2009[16])の執筆や，外国人のルクセンブルク語学習者向けの教材 Braun et al.(2005a, b)の執筆に加わるなど，ルクセンブルク語教育に関する代表的な著書も多く残している。

クロディーヌ・ムノーは，比較的若い世代には属するものの，2004年に「セルヴェ財団賞」も受賞した(Muno(2003)『冷蔵庫』(*Frigo*))，ルクセンブルクを代表する作家の一人である。彼女は，主にルクセンブルク語で執筆する傍ら，作品によってドイツ語やフランス語，または英語でも執筆を行っている。多言語併用国家ルクセンブルクにおける作家たちの言語選択も興味深いテーマの一つである。先に挙げたニコ・ヘルミンガーの実弟にあたるギィ・ヘルミンガー(Guy Helminger, 1963-)は，主にドイツ語で執筆活動を行う文筆家の一人である。2011年のルクセンブルク大学での彼の講演によると，彼は初め，フランス語での文筆活動を試みたとのことである。しかしその後，ドイツ語を最も自己表現に適した言語として認めるようになり，それ以降はドイツ語での執筆を行っている。ルクセンブルク語については，やはり書き言葉としての普及率の低さから，読者層が限られるという短所があると語り，この言語での執筆は今後も行うつもりはないと述べた[44]。さらなるルクセンブルク語文学の発展のためにも，ルクセンブルク語の書き言葉としての使用領域の拡大が重要であることを感じさせるコメントである。

ルクセンブルクのドイツ語作家としては，ジャン・クリーア(Jean Krier, 1949-2013)が国際的な評価を受けている。彼の代表作『心臓の　欲求　遊び』(*Herzens Lust Spiele*)(Krier 2010)[45]は，2011年にルクセンブルクの「セルヴェ財団賞」を受賞する他，同年，ドイツ語非母語話者によるドイツ語文

44)　ギィ・ヘルミンガーは，執筆言語としてはドイツ語を選択しながらも，兄ニコ・ヘルミンガーやロジェ・マンダーシャイトのように，全て小文字で執筆する執筆形式をとっている。

45)　詩集。

学に対して授与されるアーデルベルト・フォン・シャミッソー(Adelbert von Chamisso)賞[46]を受賞している。

この他，ルクセンブルク文学の中で重要な位置を占めるのが移民文学であるため，ここで少し触れておきたい。大公国の人口の約半数近くを占める移民の中でも，比較的古い時代からの移民と言えるイタリア系移民3世の作家，ジャン・ポルタント(Jean Portante，1950–)[47]が移民文学作家の中で最も有名であり，評価されている。1994年に彼の代表作『ハロイ夫人もしくはクジラの記憶』(*Mrs Haroy ou la mémoire de la baleine*(原題通り))(Portante 1993, 1999, 2008)[48]が「セルヴェ財団賞」を受賞している。この作品は，哺乳類として肺呼吸を続けながらも海中で生きることを余儀なくされ，かといってヒレに変わってしまった四肢では陸上に戻ることもできないクジラの悲劇を[49]，ルクセンブルクに住む移民の姿と重ね合わせ，そのアイデンティティの揺らぎを表現した作品である。この作品はルクセンブルクの公用語の一つドイツ語に翻訳されている他(Portante 2007)，イタリア語やルーマニア語などにも翻訳されている。彼は他に，2011年に「ヴェーバー賞」を受賞する他，2003年にフランスの「マラルメ賞」を受賞している。また，2006年からアカデミー・マラルメ(Académie Mallarmé)の会員にもなっており，国際的に活躍している。

これらの文学作品の他に，キリスト教関連の文献のルクセンブルク語翻訳

---

46) 例えば，日本人の作品では，多和田葉子の *Talisman*（『タリスマン』）(Tawada 2008)が，1996年同賞を受賞している。

47) ポルタントはイタリア系移民だが，名字はフランス語風に発音されることが多い。

48) ポルタントは，本作のタイトルを1999年版で“*Mrs Haroy ou*”「ハロイ夫人もしくは」の部分を省いた“*La mémoire de la baleine*”「クジラの記憶」のみとしているが，2008年版では前半部を戻した1993年版と同じタイトルにしている。

49) 「……不幸なことに，クジラは海に入っても哺乳類であり続けたために，我々人間のような肺呼吸を余儀なくされた。水の中の魚と違い，海の中での肺呼吸は決して楽なものではない。一方で，クジラの四肢はヒレへと変わり，陸へ戻ることすらできなくなった。こうして，クジラは海にも陸にも自分の居場所を見いだせず，悲しい生を送っているのだ。」(Portante 1993: 162)(和訳は筆者)

としては，詩編(*D'Psalmen*)が1996年，新約聖書(*Evangeliar*)が2009年に出版されているが，あまり普及していないようである。

1.5　ルクセンブルク語辞典の歴史

最も古いルクセンブルク語辞典としては，1847年に出版されたジャン・フランソワ・ガングラー(Jean-François Gangler)による『ルクセンブルク口語辞典』(*Lexicon der Luxemburger Umgangssprache* (LLU))がある(Gangler 1847)。その後，1897年に設立された「第一次辞書委員会」(fr. la première Commission du Dictionnaire luxembourgeois)によって，1906年新たに『ルクセンブルク方言辞典』(*Wörterbuch der luxemburgischen Mundart* (WLM))が出版される。この後，1935年「大公国研究所」(Institut grand-ducal)に言語学・民族学・人名・地名学部門(fr. Section de linguistique, d'ethnologie et d'onomastique)が設立され，そこに所属する「第二次辞書委員会」(fr. la deuxième Commission du Dictionnaire luxembourgeois)によって，さらに大規模な辞書の作成が行われる(Schanen 1980: 12)。同委員会によって，1950年から1975年にかけて，4巻にわたる『ルクセンブルク語辞典』(*Luxemburger Wörterbuch* (LWB))が出版される。1977年には補足版(第5巻)が出版されており，LWBは現段階で最大のルクセンブルク語辞典となっている(ただし，ルクセンブルク語とドイツ語の二言語辞典)。同辞典は，ルクセンブルク語内部の方言に関する記述が充実している点でも非常に重要な文献だが，ユダヤ人やイスラム教徒に対する差別的な表現が多いなどの理由から，現在では絶版となっている。紙媒体での入手は困難となっているものの，上で挙げた3つの代表的な辞典については，ルクセンブルク大学で電子化されており，同大学のルクセンブルク言語文学研究室のサイト "Infolux" でオンライン版を利用することができる(http://Infolux.uni.lu/)。

今日では，ルクセンブルク語を学ぶ外国人向けに多くの多言語辞典が出版されている。フランソワ・シャネン(François Schanen)とジェローム・ルリング(Jérôme Lulling)(ドイツ語版ではさらにミリアム・ヴェルシュビリヒ

(Myriam Welschbillig))らによって編纂された*Luxdico*のシリーズは，ドイツ語版，フランス語版，英語版が出版されている(Welschbillig/Schanen/Lulling 2008; Schanen/Lulling 2009; Schanen/Lulling 2012)。また，ジャッキー・ツィマー(Jacqui Zimmer)による『9000語ルクセンブルク語辞典』(*9000 Wierder op Lëtzebuergesch* (Zimmer 2008))は，ルクセンブルク語の見出し語9000語について，フランス語，ドイツ語，英語，スペイン語，ポルトガル語，イタリア語の訳を付した辞典である。しかし，これらの辞典は，各見出し語に対応する語彙を載せているだけの，いわば語彙表にすぎず，詳しい説明や例文などは載せられていない。それに対し，『ドイツ語・ルクセンブルク語辞典』(*Deutsch-Luxemburgisches Wörterbuch*)(Derrmann-Loutsch 2004)と『フランス語・ルクセンブルク語辞典』(*Dictionnaire français-luxembourgeois*)(Derrmann-Loutsch 2006)とで対になっているシリーズでは，見出し語によっては例文や簡単な説明が掲載されている。しかし，このシリーズには，ルクセンブルク語を見出し語とするバージョンがなく，もっぱらルクセンブルク語非母語話者がルクセンブルク語作文をするときに用いるために編集された辞書と言える。オンラインの辞書としては，ルクセンブルク大学の研究室が提供している上記の辞書の他，ルクセンブルク文化省(Ministère de la Culture)による辞書『ルクセンブルク語オンライン辞典』(*Lëtzebuerger Online Dictionnaire* (LOD))がある(http://www.lod.lu/)。このオンライン辞典では，例文も比較的豊富に載せられており，また各見出し語について母語話者の発音を聴くことができる点でも利点がある。しかし，これもあくまでルクセンブルク語語学学習者を対象とした辞典であるため，専門性ではLWBに大きく劣る。LWBは，方言差も含めた詳しい説明と例文も多く記載されており，専門性の高い最も優れた辞典と言える。

このように，すでに複数のルクセンブルク語辞典が出版されているが，ルクセンブルク語のみで書かれた一言語辞典はまだ編纂されていない。ドイツ語方言から独立を遂げたルクセンブルク語にとって，LWBのような専門性の高い辞典の再編纂に加えて，ルクセンブルク語のみで書かれた一言語辞典を編纂することが，辞典に関わる今後の大きな課題と言える。

第2章　ルクセンブルク語の正書法

2.1　ルクセンブルク語正書法の歴史

ルクセンブルク語音韻記述の本論に入る前に，本章で正書法の規則を確認しておく。2.1で正書法制定の歴史について概観し，2.2で実際に例を挙げながら，現行の正書法の規則について確認する。

ルクセンブルク語がルクセンブルクの国語(fr. langue nationale)として法的に定められたのは1984年になってからだが，ルクセンブルク人が自分たちが話す言語に意識的になったのは，1830年から始まるベルギー独立革命の前後からである(第1章参照)。1.4で紹介したアントワーヌ・マイヤーは，文学作品を執筆する一方でルクセンブルク語正書法についても小冊子を執筆しており(Meyer(1854)『ルクセンブルク語正書法規則についての小冊子』(*Règelbüchelchen vum Lezeburger Orthoegraf*))，エドモン・ド・ラ・フォンテーヌ(ディックス)も正書法についての論考を執筆している(Fontaine(1855)『ルクセンブルク・ドイツ語方言正書法についての試論』(*Versuch über die Orthographie der luxemburger deutschen Mundart*))。ルクセンブルク方言文学の登場は，それまで話し言葉としてしか使用されてこなかったルクセンブルク語が，書き言葉としてその使用領域を拡げる第一歩であった。正書法の問題は，この言語(当時は方言)の書き言葉としての使用の始まりとともに必然的に生じた問題と言える。

1897年に設立された第一次辞書委員会によって『ルクセンブルク方言辞

典』(WLM)が編纂される中，アンドレ・ドゥフシャー(1.4参照)はカスパー・マティアス・シュポー(Caspar Mathias Spoo，1837–1914)らとともにエドモン・ド・ラ・フォンテーヌの正書法に修正を加え，それをもとに正書法の最初の均質化を図った(Schanen 1980: 12)。1906年のWLMから1950年『ルクセンブルク語辞典』(LWB)出版までの間には，ニック・ヴェルター(Nik Welter，1871–1951)と作家兼方言学者のルネ・エンゲルマン(1.4参照)によるドイツ語のものをモデルにした正書法(1910年「ヴェルター＝エンゲルマン正書法」(Welter-Engelmann-Orthographie))や，ニコラ・マルグ(Nicolas Margue，1888–1976)とジャン・フェルテス(Jean Feltes，1885–1951)による音声表記の忠実さを重視した正書法(1946年「マルグ＝フェルテス正書法」(Margue-Feltes-Orthographie))が考案された。この間，ルクセンブルクは2つの世界大戦を経験するが，第二次世界大戦時には，ドイツからの侵略を受けている。ドイツ式の正書法ではなく，忠実な音声表記を目指した「マルグ＝フェルテス正書法」は，当時のルクセンブルク人の反独感情の表れとも考えられるが，本書ではその詳細な議論には触れず，上の紹介のみにとどめる。いずれにせよ，この正書法は音声学の素養のない一般の話者には受け入れられにくく，普及しなかった。その反省点を活かして考案されたのが，LWBでの正書法である(1975年正書法)。これに改訂が加えられたものが，1999年以来の現行の正書法である(Schanen/Lulling 2003; Braun 2009)。

2.2　1999年正書法

本節では，まず表記と発音の対応関係について，実際にいくつかの語彙を例示しながらまとめる(2.2.1)。そして，特に注意が必要な母音の長短についての綴りの規則や(2.2.2)，用法が複雑な文字 <ë> について説明する(2.2.3)。これらの他に，「n規則」(lux. n-Regel)も正書法に反映される重要な音韻規則である。この規則の詳細は5.1で扱うこととする。

2.2.1　表記と発音

ルクセンブルク語では，ドイツ語の正書法と同様，基本的に文頭[1]と名詞の頭文字は大文字で綴る。以下では，表記と発音の対応関係についてまとめる。当該の綴りは太字で示している。

(1)　単母音

綴り	発音	説明・例
<a>	[ɑ]	子音字2つ以上の前で。**a**ll [ɑl]「全ての」，D**a**mm [dɑm]「婦人」，k**a**schten [ˈkɑʃtən]「(費用が)かかる」
	[aː]	当該の母音字で終わるか，後ろに子音字が1つのみ続く場合。**A** [aː]「目」，k**a**fen [ˈkaːfən]「買う」，**a**l [aːl]「古い」
	[a]	強勢を伴わない音節で。**A**k**a**demie [akadeˈmiː]「学術協会」
<ä>	[æ]	**Ä**ddi [ˈædi]「じゃあね」(別れの挨拶)，Fl**ä**sch [flæʃ]「瓶」
<aa>	[aː]	子音字2つ以上の前で。m**aa**chen [ˈmaːxən]「する，作る」，Br**aa**tsch [bʀaːtʃ]「ビオラ」，G**aa**rt [ˈgaːɐ̯t]「庭」
<äe>	[ɛː]	子音字2つ以上の前で，かつ /ʀ/ に先行して。d**äe**rfen [ˈdɛːɐ̯fən]「～してよい」，gebl**äe**rt [gəˈblɛːɐ̯t]「うなった」
<e>	[æ]	子音字2つ以上の前で。**E**nn [æn]「終わり」，B**e**cher [ˈbæɕɐ]「コップ，杯」
	[ɛ]	強勢を伴わない音節で。z**e**rvéieren [tsɛɐ̯ˈvɛɪʀən]「提供する」
	[eː]	後ろに子音字が1つのみ続く場合。S**e**gel [ˈzeːʐəl]「帆」，R**e**gel [ˈʀeːʐəl]「規則」
	[e]	強勢を伴わない音節で。Ch**e**mie [ɕeˈmiː]「化学」
	[ə]	強勢を伴わない音節で。Änd**e**l [ˈfændəl]「旗」
	ϕ[2]	二重母音に後続し，/ʀ/ に先行する場合。léi**e**ren [ˈlɛɪʀən]「学

1）ただし，中性(非)人称代名詞 lux. et の接語形 lux. 't が文頭に現れる際は，小文字書きで文を始める(lux. 't/*'T reent. (nhg. Es regnet.「雨が降っている。」))。

2）発音されないことを表す記号。

		ぶ」，Ou**e**ren [ˈëʊʀən]「耳(pl.)」
<é>	[e]	M**é**ck [mek]「ハエ」，k**é**ng [keŋ]「大胆な」
<ë>	[ë]	g**ë**schter [ˈgëʃtɐ]「昨日」，st**ë**ll [ʃtël]「静かな」
<ee>	[e:]	M**ee** [me:]「5月」，G**ee**scht [ge:ʃt]「精神」，B**ee**n [be:n]「脚」
<i>	[i]	開音節もしくは両音節的(ambisyllabic)な子音の前で，かつ子音字2つ以上の前で。f**i**llen [ˈfilən]「感じる」，K**i**chen [ˈkiçən]「台所」
	[ɪ]	閉音節で子音字2つ以上の前で。m**i**dd [mɪt]「疲れた」，g**i**nn [gɪn]「与える/なる」
	[i:]	当該の母音字で終わるか，後ろに子音字が1つのみ続く場合。Sk**i** [ʃi:]「スキー」，B**i**gel [ˈbi:ʑəl]「アイロン」
	[i]	強勢を伴わない音節で。Bom**i** [ˈbo:mi]「おばあちゃん」
<ii>	[i:]	子音字2つ以上の前で。f**ii**cht [ˈfi:çt]「湿った」
<ie>	[i:]	外来語において。Demokrat**ie** [demokʀaˈsi:]「民主主義」
<o>	[ɔ]	子音字2つ以上の前で。H**o**nd [hɔnt]「犬」，D**o**ft [dɔft]「香り」
	[o:]	当該の母音字で終わるか，後ろに子音字が1つのみ続く場合。M**o** [mo:]「胃」，St**o**l [ʃto:l]「鋼鉄」
	[o]	強勢を伴わない音節で。Pan**o**rama [panoˈʀa:ma]「パノラマ」
<oo>	[o:]	子音字2つ以上の前で。M**oo**ss [mo:s]「尺度」
<u>	[u]	開音節もしくは両音節的な子音の前で，かつ子音字2つ以上の前で。N**u**mmer [ˈnumɐ]「番号」，w**u**nnen [ˈvunən]「住む」
	[ʊ]	閉音節で子音字2つ以上の前で。g**u**tt [gʊt]「良い」，Z**u**ch [tsʊx]「電車」
	[u:]	当該の母音字で終わるか，後ろに子音字が1つのみ続く場合。d**u** [du:]「君」，B**u**d [bu:t]「屋台」
	[u]	強勢を伴わない音節で。Man**u**skript [manuˈskʀɪpt]「原稿」
<uu>	[u:]	子音字2つ以上の前で。K**uu**scht [ku:ʃt]「外皮」

(II)　二重母音[3]など

<ai>　[ɑɪ]　Geb**ai** [gəˈbɑɪ]「建物」，sch**ai**men [ˈʃɑɪmən]「泡立つ」

<äi>　[æɪ]　**Äi**s [æɪs]「氷」，Z**äi**t [tsæɪt]「時間」

<au>　[ɑʊ]　h**au**t [hɑʊt]「今日」，D**au**f [dɑʊf]「ハト」

　[æʊ]　**au**s [æʊs]「外で/に」，S**au** [zæʊ]「雌豚」

<ei>　[ɑɪ]　**ei**del [ˈɑɪdəl]「空の」，sch**ei** [ʃɑɪ]「内気な」

<éi>　[ɛɪ]　l**éi**eren [ˈlɛɪʀən]「学ぶ」，Schn**éi** [ʃnɛɪ]「雪」

<ie>　[ɪə]　g**ie**l [gɪəl]「黄色い」，w**ie**n [vɪən]「だれ」

<oi>　[ɔj]　これは二重母音ではないが(4.1.2参照)，2つの母音字で綴られる音として，ここで二重母音とともに扱っておく。m**oi**es [ˈmɔjəs]「朝に」，M**oi**en [ˈmɔjən]「朝」

<ou>　[ëʊ]　K**ou** [këʊ]「雌牛」，B**ou**f [bëʊf]「少年」

<ue>　[ʊə]　**ue**wen [ˈʊəvən]「上方で/に」，Z**ue**l [tsʊəl]「数」

(III)　子　音

<b>　[b]　**B**éier [ˈbɛɪɐ]「ビール」，**B**omi [ˈbo:mi]「おばあちゃん」

　[p]　語末で。o**b** [ɔp]「～かどうか」，Kue**b** [kʊəp]「カラス」

<bb>　[b]　語中で短母音に後続して。kra**bb**elen [ˈkʀɑbələn]「這う」

　[p]　語末で短母音に後続して。Cli**bb** [klɪp]「クラブ(pl.)」

<ch>　[ɕ]　héi**ch** [hɛɪɕ]「高い」，**Ch**ina [ˈɕi:na]「中国」

　[x]　語頭以外で広母音や後舌母音に後続して。Ka**ch** [kax]「コック，料理人」，Luu**ch**t [lu:xt]「光」

<ck>　[k]　短母音に後続して。dé**ck** [dek]「厚い」，Ra**ck** [ʀɑk]「ワンピース」

　＊子音字を重ねて綴る際は，*<kk> ではなく，<ck>。

---

3)　二重母音は，厳密には，補助記号[̯]を用いて[ɑɪ̯]などと記述すべきであるが，ルクセンブルク語における二重母音は全て前半部が音節主音の降り二重母音であるため，音節主音がどこにあるのか殊更に表示する必要がない。そのため本書では煩雑さを避けて，補助記号を割愛する。

		＊子音字を重ねる綴りは，前の母音が短母音であることを示すものであるため，語頭では現れない。
<d>	[d]	**D**ësch [dëʃ]「机」，**d**räi [dʀæɪ]「3」
	[t]	語末で。Bu**d** [bu:t]「屋台」，Schie**d** [ʃɪət]「損害(pl.)」
<dd>	[d]	語中で短母音に後続して。bi**dd**en [ˈbidən]「提供する」
	[t]	語末で短母音に後続して。mi**dd** [mɪt]「疲れた」
<f>	[f]	**F**ësch [fëʃ]「魚」，Bréi**f** [bʀɛɪf]「手紙」
<ff>	[f]	短母音に後続して。Jo**ff**er [ˈʑɔfɐ]「未婚の女性」
<g>	[g]	語頭で。**G**aart [ga:ɐ̯t]「庭」，**g**rouss [gʀëʊs]「大きい」
	[ɣ]	語中で広母音や後舌母音に後続して。Du**g**end [ˈdu:ɣənt]「徳」，La**g**en [ˈla:ɣən]「情勢(pl.)」
	[x]	語末で広母音や後舌母音に後続して。klu**g** [klu:x]「賢い」，Da**g** [da:x]「日」
	[ʑ]	語中で上記以外の音に後続して。Fli**g**er [ˈfli:ʑɐ]「飛行機」，Re**g**el [ˈʀe:ʑəl]「規則」
	[ɕ]	語末で上記以外の音に後続して。Al**g** [ɑlɕ]「海藻」
<h>	[h]	語頭のみ。**H**and [hɑnt]「手」，**h**ien [hɪən]「彼」
<j>	[ʑ]	語頭のみ。**j**idder [ˈʑidɐ]「おのおの」，**J**eeër [ˈʑe:ɐ]「狩人」
	[j]	語頭のみ。**J**ugend [ˈju:ɣənt]「青少年期」
	[ʒ]	外来語において。**J**eans [ʒi:n(t)s]「ジーンズ」
<k>	[k]	**K**éier [ˈkɛɪɐ]「～回」，Wier**k** [vɪək]「作品」
<l>	[l]	**L**ag [la:x]「情勢」，gie**l** [gɪəl]「黄色い」
<m>	[m]	**m**éi [mɛɪ]「より多くの」，Dra**m** [dʀa:m]「夢」
<mm>	[m]	短母音に後続して。Ma**mm** [mɑm]「母」
<n>	[n]	**N**umm [nʊm]「名前」，Wo**n** [vo:n]「車」
<nn>	[n]	短母音に後続して。gi**nn** [gɪn]「与える」
<ng>	[ŋ]	語頭以外で。Fa**ng**er [ˈfɑŋɐ]「指」
<nk>	[ŋk]	語頭以外で。Ra**nk** [ʀɑŋk]「指輪」
<p>	[p]	**P**éng [peŋ]「痛み」，Häi**p** [hæɪp]「小屋」

<pp>	[p]	短母音に後続して。Ma**pp** [mɑp]「地図」
<r>	[ʀ][4]	音節開始部で。**R**ous [ʀëʊs]「バラ」，z**r**éck [tsʀek]「戻って」
	[ɐ̯]	音節末尾で。Bu**r** [buːɐ̯]「泉」，di**r** [diːɐ̯]「君たち」
	ϕ	あいまい母音 [ə] に後続する音節末尾で。ただし，あいまい母音は [ɐ] として発音される。Béie**r** [ˈbɛɪɐ]「ビール」，**er**-liewen [ɐˈlɪəvən]「体験する」
<s>	[s]	語末で。Bewei**s** [bəˈvɑɪs]「証拠」，Hal**s** [hɑls]「首」
	[z]	語頭や語中で。**s**oen [ˈzoːən]「言う」，ro**s**en [ˈʀoːzən]「荒れ狂う」
	[ʃ]	/t/，/p/ の前で。**S**téck [ʃtek]「欠片」，**S**peck [ʃpæk]「脂身」
<sch>	[ʃ]	**sch**éin [ʃɛɪn]「美しい」，Dë**sch** [dëʃ]「机」
<ss>	[s]	短母音に後続して。Flo**ss** [flɔs]「川」 語中で無声音であることを示して。moo**ss**en [ˈmoːsən]「測る」
<t>	[t]	**T**oun [tëʊn]「音」，Knue**t** [knʊət]「結び目」
<ts><tz>	[ts]	短母音に後続して。Sä**tz** [zæts]「文(pl.)」 ＊子音字を重ねて綴る際は，*<zz> ではなく <ts><tz>。
<tt>	[t]	短母音に後続して。flo**tt** [flɔt]「素敵な」
<v>	[f]	**v**éier [ˈfɛɪɐ]「4」，**v**irun [fiˈʀʊn]「前に/へ」
<w>	[v]	**W**äin [væɪn]「ワイン」，ue**w**en [ˈʊəvən]「上方に」
	[w]	音節開始部で子音に後続して。sch**w**ätzen [ˈʃwætsən]「話す」，z**w**ee [tsweː]「2(数詞(n.))」
	[f]	語末で。Léi**w** [lɛɪf]「ライオン」
<z>	[ts]	**Z**äit [tsæɪt]「時間」，Sa**z** [zaːts]「文」

4) 口蓋垂摩擦音 [ʁ] もしくは接近音として発音されることが多いが，本書では [ʀ] で統一する（詳細については 4.2.5 参照）。

2.2.2　母音の長短

ルクセンブルク語では長母音と短母音の対立がある。本節では，母音の長短の綴り分けの規則について説明する。

基本的に，母音字の後ろに何も続かないか子音字が1つだけ続く場合，当該の母音は長母音として発音され，それ以外の場合は短母音として発音されることを表している。しかし，当該の音節が強勢を伴わない場合は音が短縮化されるため，母音字の後ろに何も続かないか子音字が1つだけ続く場合でも，短母音として発音される。このとき，母音の音質は長母音のときの音質となる。また，強勢を伴わないあいまい母音は長母音として発音されることはない。

lux. **A** [aː]「目」，lux. M**o** [moː]「胃」，lux. n**o** [noː]「近い」
lux. T**ut** [tuːt]「袋」，lux. S**az** [zaːts]「文」，lux. Br**ot** [bʀoːt]「焼き肉」
lux. Monn**i** [ˈmɔni]「おじ」，lux. D**e**m**o**kr**a**tie [demokʀaˈsiː]「民主主義」
lux. b**e**hal**en** [bəˈhaːlən]「保つ」，lux. Bierg**er** [ˈbɪəʑɐ]「市民」

長母音が2つ以上の子音字に先行する場合，当該の母音字を2度重ねて綴り，長母音であることを示す。標準ドイツ語のように，<h> が長母音を示す用途で用いられることはない。

lux. **Aa**scht [aːʃt]「枝」，lux. F**uu**ss [fuːs]「キツネ」，
lux. Spr**oo**ch [ʃpʀoːx]「言語」

また，<ie> という綴りは，標準ドイツ語では長母音の /iː/ を表すが，ルクセンブルク語では外来語（lux. Chem**ie** [ɕeˈmiː]「化学」など）を除いて二重母音 /ɪə/ を表すため，長母音を表記するにはもっぱら重ね書きの <ii> を用いる。

lux. **rie**ts [ʀɪəts]「右に」, lux. Sch**ie**t [ʃɪət]「影」,
lux. K**ii**scht [ki:ʃt]「サクランボ」, lux. B**ii**scht [bi:ʃt]「ブラシ」

短母音が本来１字で綴る子音に先行する場合，後ろの子音字を２度重ねて綴ることで，当該の母音が短母音であることを示す。

lux. a**ll** [ɑl]「全ての」vs. lux. a**l** [a:l]「古い」
lux. da**tt** [dɑt]「（補文標識）」
　vs. lux. da**t** [da:t]「それ，その（指示代名詞／指示冠詞）(n.nom./acc.)」
lux. Zi**ll** [tsɪl]「煉瓦」vs. lux. Zi**l** [tsi:l]「目的」
lux. kro**mm** [kʀɔm]「曲がった」vs. lux. Kro**m** [kʀo:m]「がらくた」

ただし，当該の子音が [k] もしくは [ts] である場合には，同じ子音字は重ねず（*<kk>，*<zz>），それぞれ <ck>，<tz> と綴る。

lux. Sä**ck** [zæk]「袋（pl.）」vs. lux. Sa**k** [za:k]「袋（sg.）」
lux. Bä**ck**er [ˈbækɐ]「パン屋」
　vs. lux. ba**k**en [ˈba:kən]「（オーブンで）焼く」
lux. Plä**tz**chen [ˈplætsɕən]「ちょっとした場所」
　vs. lux. Pla**z** [pla:ts]「場所」
lux. Sä**tz** [zæts]「文（pl.）」vs. lux. Sa**z** [za:ts]「文（sg.）」

単独の音素であっても，複数個の子音字で綴られる場合は複数個分として数えられるため，それに先行する母音は短母音として発音される。

lux. Lo**ng** [lɔŋ]「肺」, lux. Dë**sch** [dëʃ]「机」, lux. Ka**ch** [kɑx]「コック，料理人」

/e:/ に関してのみ上の規則が当てはまらない語が多く，母音字の後ろに何も続かないか子音字が１つのみ続く場合でも，<ee> と重ねて綴る語が大半を占める。<e> は，あいまい母音など様々な音を示す文字であるため，混乱を避けて発音を明確に示す傾向にあると考えられる。

lux. allerl**ee** [ɑlɐˈleː]「様々な」
lux. D**ee**l [deːl]「部分」，lux. H**ee**m [heːm]「自宅」

母音の長短に関するこの規則は動詞や形容詞の屈折の際にも反映され，屈折語尾が母音で始まるか子音で始まるかによって，語幹の長母音の綴りが変わる場合がある。

lux. m**o**len [ˈmoːlən]「描く（inf.）」
vs. lux. m**oo**ls [moːls]「描く（2.sg.）」
lux. st**a**men [ˈʃtaːmən]「出身である（inf.）」
vs. lux. st**aa**ms [ʃtaːms]「出身である（2.sg.）」
lux. déi k**a**l Zopp [dɛɪ kaːl tsɔp]「冷たいスープ（f.）」
vs. lux. dat k**aa**lt Waasser [daːt kaːlt ˈvaːsɐ]「冷たい水（n.）」
lux. déi femin**i**n Substantiven [dɛɪ femiˈniːn ˈzupstɑntiːvən]「女性名詞（pl.）」
vs. lux. dat femin**ii**nt Substantiv [daːt femiˈniːnt ˈzupstɑntiːv]「女性名詞（n.sg.）」

ただし，派生語などにおける非強勢の音節では，長母音であっても２つ以上の子音の前で重ね書きされることはない。

lux. déi wonnerb**a**r Carrière [dɛɪ ˈvɔnɐbaːɐ̯ ˈkɑʀiɛːʀ]「素晴らしい経歴」
vs. lux. dat wonnerb**a**rt/*wonnerb**aa**rt Bild [daːt ˈvɔnɐbaːɐ̯t bɪlt]「素晴らしい絵」
lux. déi gemeins**a**m Meenung [dɛɪ ɡəˈmɑɪnsaːm ˈmeːnʊŋ]「共通の意見」

vs. lux. dat gemeins**a**mt/*gemeins**aa**mt Zil [daːt gəˈmɑɪnsaːmt tsiːl]
「共通の目的」

また，派生語や屈折語尾における非強勢のあいまい母音は，後ろに続くのが子音字1つのみであっても長母音として発音されることはない[5)]。

lux. wicht**eg** [ˈvɪɕtəɕ]/*[ˈvɪɕtəːɕ]「重要な」
lux. sang**en** [ˈzɑŋən]/*[ˈzɑŋəːn]「歌う」

これに対して複合語では，基本的には通常の長短の綴り分けの規則が適用されるが，語彙化が進み，形態素がもとの形式を残していないものについては適用されないことがある。

lux. eem**ol** [ˈeːmoːl]「一度」vs. lux. villm**ools** [ˈfɪlmoːls]「何度も」
lux. Véier**el** [ˈfɛɪʀəl]/*[ˈfɛɪʀəːl]「4分の1」
(nhg. *Viertel* < mhg. vierteil (vier「4」+teil「部分」))

<ö>，<ü>，<y> として綴られる前舌円唇母音は，本来，ルクセンブルク語の音素ではないが，長母音の場合にのみ外来語の中で観察される[6)]。したがって，綴りは外来語の形を踏襲したものが多く，上の母音の長短の規則に当てはまらないものが多いが，特に <ö> と <ü> で，上記のルクセンブルク語正書法規則に則った長短の綴り分けと，そうでない綴りの2種類が認められているものがある[7)]。

---

5)　少なくともルクセンブルク語のあいまい母音に長短の対立はない。

6)　ドイツ語で <ö> として綴られる短母音 [œ] は，ルクセンブルク語では基本的に非円唇化を起こしており，<ë> と綴られ，[ë] として発音される（例．lux. Bev**ë**lkerung [bəˈfëlkɐʀʊŋ] (nhg. *Bevölkerung*)「人口」，lux. **ë**ffentlech [ˈëfəntləɕ] (nhg. *öffentlich*)「公の」）。2種類の綴りを有する語もあるが，発音はあくまでも非円唇化したものと考えられる（例．f**ö**rderen/f**ë**rderen [ˈfëɐ̯dəʀən] (nhg. *fördern*)「助成する」）。

lux. nerv**ö**st/nerv**öö**st [nɐˈvøːst]「神経質な(n.)」
lux. **ü**blech/**üü**blech [ˈyːpləɕ]「普通の」

<ä> で示される長母音 [ɛː] について，Schanen/Zimmer(2006b: 44-45)では，実際にこの長母音が現れるのは /ʀ/ の前以外ではほとんどないとされており，/ʀ/ の後ろにさらに子音字が 1 つ以上続く場合は <äer> と綴って母音が長母音であることを示すと記述されている(*<äär>)。

lux. erkl**är**en [ɐˈklɛːʀən]「説明する(inf., 1.sg./pl., 3.pl.)」
vs. lux. erkl**äert** [ɐˈklɛːɐ̯t]「説明する(2.pl., 3.sg.)」
lux. f**äerd**eg [ˈfɛːɐ̯dəɕ]「終えた」
lux. P**äerd** [pɛːɐ̯t]「馬」

しかし，数は少ないものの /ʀ/ の前以外でも長母音 [ɛː] が観察される語はある。その後ろに子音字が 2 つ以上続く場合は <ää> と綴られる(*<äe>)。

lux. f**ä**eg [ˈfɛːəɕ]「有能な」
lux. pr**äg**en [ˈpʀɛːʑən]「～を特徴づける」
vs. lux. gepr**äägt** [gəˈpʀɛːɕt]「特徴づけられた」

長母音であることを示すために，ドイツ語のように <h> を用いず，母音を重ねて綴る点で，ルクセンブルク語正書法はオランダ語の正書法に似た印象を受ける。しかしながら，オランダ語の正書法は，開音節か閉音節であるかによって母音の長短の綴り分けが決まる点で，ルクセンブルク語のものと

7) Schanen/Zimmer(2006b: 29)では，重ね書きをしない綴りの方が見た目が良いとして推奨している(fr. En raison du principe visuel, nous recommandons de ne pas redoubler «ö», «ü», «y»…)。

異なっている。オランダ語では，母音字の後ろに子音字が1つのみ続く場合も，それが閉音節であれば基本的に短母音であることを示すのに対し，ルクセンブルク語では，母音字に続く子音字が1つのみの場合には，それが閉音節か開音節かを問わず長母音であることを示す。ルクセンブルク語で特に短母音であることを示す場合には，後続する子音字を重ねて示す。オランダ語では，開音節の短母音の場合にのみ，後ろの子音字を重ねて綴る。

dutch. m**an** [mɑn]「男の人」
dutch. n**aam** [na:m]「名前」
dutch. **Ass**en [ˈɑsən]「アッセン(地名)」
lux. m**an** [ma:n](lux. maachen [ma:xən] の変種)「する/作る」
lux. M**ann** [mɑn]「男の人」

前置詞などの強勢を置かずに発音されることが多い語(機能語であることが多い)では，この規則が当てはまらないものもある。

lux. op [ɔp]/*[o:p]「～の上で/に」，lux. an [ɑn]/*[a:n]「～の中で/に」

機能語の中でも，代名詞の基本形[8)]やこれに由来する接続詞などでは，通常の綴りの規則が適用されるが，複数個の音節からなる接続詞には例外もある。弱形では，母音は長短を弁別しないあいまい母音として発音されるため(注5参照)，規則は当てはまらない。

8) ルクセンブルク語の人称代名詞の体系では，基本形，弱形および接語形の3つの形式が観察される。本書では，あいまい母音以外の母音を有し，強勢を伴いうるものを基本形，強勢を伴わずあいまい母音を有するものを弱形，母音を有さないものを接語形とする(例. lux. hatt [hɑt](基本形)，lux. et [ət](弱形)，lux. 't [t](接語形)(いずれも n.nom./acc. の人称代名詞))。ただし，全ての代名詞がこれら3つの形式を備えているわけではない。

lux. d**at** [da:t]「それ，その(指示代名詞，指示冠詞)(n.nom./acc)」
vs. lux. d**att** [dɑt]「(補文標識)」
lux. **fir**wat [fɪɐ̯ˈva:t]/*[fi:ɐ̯ˈva:t]「なぜ」
lux. **ob**wuel [ɔpˈvʊə̯l]/*[o:pˈvʊə̯l]「～にもかかわらず」
lux. d**en** [dən]「(定冠詞(m.nom./acc.; pl.dat.))」
lux. d**er** [dɐ]「(定冠詞(f.dat.))」

2.2.3 綴り字 <ë> と中舌母音

綴り字 <ë> は，2.2.1 で例示しているように，基本的には強勢を伴う中舌母音 [ë] を表す。

lux. g**ë**schter [ˈgëʃtɐ]「昨日」，lux. M**ë**nsch [mënʃ]「人間」

しかし，場合によってはあいまい母音もこの文字で表記されることがあるため，この節で用法を確認しておく。あいまい母音は，通常 <e> として綴られるが，同じく <e> で綴られる他の音素(/æ/，/e:/ など)や他の母音と前後する場合，音節境界(もしくは形態素境界)を明確にするために，<ë> と綴る。

lux. Fänd**e**l [ˈfændəl]「旗」
lux. **e**n [ən]「彼(人称代名詞 lux. hien の弱形)」
lux. g**ë**engt [gəˈæŋt]「狭められた」
lux. lee**ë**n [ˈle:ən]「横たえる」
lux. g**ë**iergert [gəˈɪəʐɐt]「腹を立てた」

フランス語からの外来語は，複数形形成の際に語尾 lux. -en を伴う場合が多い。しかし，「n 規則」(5.1)のために屈折語尾末尾の [n] が脱落する場合，単数形や女性形形成語尾などの他の要素との判別ができなくなるので，複数形の語尾のあいまい母音を <ë> と綴る。

lux. D'Vendeuse zervéiert d'Cliente mat Héiflechkeet.
　[tvɑ̃dø:z tsɛɐ̯vɛɪɐt tkliɑ̃t mɑt hɛɪflək̹ke:t]
　「店員は女性客(f.sg.)に丁寧に応対した。」
lux. D'Vendeuse zervéiert d'Clientë mat Héiflechkeet.
　[tvɑ̃dø:z tsɛɐ̯vɛɪɐt tkliɑ̃ə mɑt hɛɪflək̹ke:t]
　「店員は客(m.pl.)に丁寧に応対した。」
lux. D'Vendeuse zervéiert d'Clienteë mat Héiflechkeet.
　[tvɑ̃dø:z tsɛɐ̯vɛɪɐt tkliɑ̃tə mɑt hɛɪflək̹ke:t]
　「店員は女性客(f.pl.)に丁寧に応対した。」

上の例において，lux. Cliente [ˈkliɑ̃t] は，lux. Client [ˈkliɑ̃](fr. client)「客」に女性形形成語尾 lux. -e が付された形である。これに対して，lux. Clientë [kliɑ̃ə] は lux. Clienten [ˈkliɑ̃ən](< lux. Client(m.)+ 複数形形成語尾 lux. -en)の語末の [n] が，lux. Clienteë [kliɑ̃tə] は lux. Clienteën [ˈkliɑ̃tən](< lux. Cliente(f.)+ 複数形形成語尾 lux. -en)の語末の [n] が「n 規則」により脱落した形式である。後者の lux. Clienteën [ˈkliɑ̃tən] については，女性形形成語尾と複数形形成語尾との形態素境界を示すため，語末の [n] の脱落が起こらない場合でも <ë> を用いて綴られる。

以上のような綴り字 <ë> の複雑な用法は，4.1.1 で詳述するように，ルクセンブルク語における中舌音 /ë/ があいまい母音と同じ位置で調音されることとも関係していると考えられる。

第3章　2011年録音調査

本書では，筆者が現地で独自に行った録音調査の資料をもとに，まずは第4章で音響音声学的な分析を行い，そこからルクセンブルク語の音韻体系の記述へと発展させている。本章では，まずルクセンブルク語の音声記述に関する先行資料や文献の問題点を挙げ，独自の録音調査の必要性について述べる(3.1)。次いで，調査協力者の言語的背景についての情報(3.2)や調査方法(3.3)，音響解析のために用いたツールについて説明する(3.4)。ただし，3.2の調査協力者の情報については，個人を特定できるような情報の示し方を避けている。

3.1　先行資料及び文献の問題点

現段階でルクセンブルク語の発音辞典はまだ出版されていないが，各見出し語に発音記号が付された唯一のルクセンブルク語辞典 Zimmer(2008)が出版されている。しかしながら，音韻記述の際に参照するには，その記述には問題が多い。例えば，辞典の始めの数ページでまとめられている個々の音と，各見出し語で示される発音が食い違う(lux. kafen「買う」の語幹の母音について“[ɑː]”(p. 10)/“[aː]”(p. 192)；op「～の上で/に」の母音について“[o]”(p. 10)/“[ɔ]”(p. 268))，実際の発音と明らかに異なる記号を付している(lux. jidder「各々の」について，“[ˈjidər]”(p. 188)と記述。本書の見解では[ˈʑidɐ]という記述が適当)など，枚挙にいとまがない。他に，ルクセンブルク語の正書法を扱った Schanen/Zimmer(2006b)や，文法の概説書 Braun et al.(2005a)

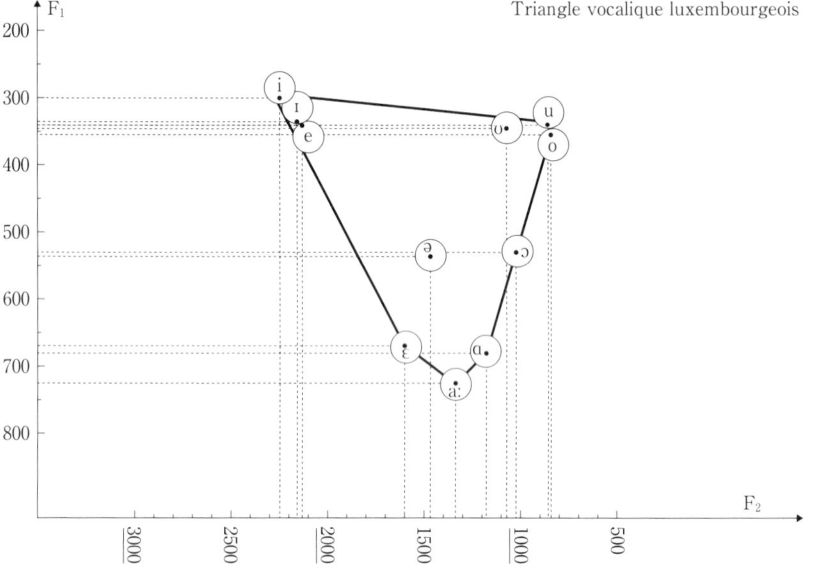

図 3-1　Keiser-Besch(1976: 96)におけるルクセンブルク語の母音

などにも発音についての記述があるが，どちらの文献でも，低舌化の結果，[a] にかなり音質が近づいた母音 [æ] を [ɛ] と記述するなど，実際の音からかけ離れた記述をしている。

ルクセンブルク語の母音を，録音データをもとに音響音声学的に分析し，その分布を示した先行研究としては，Keiser-Besch(1976)がある。

Keiser-Besch(1976)の録音調査は，フランスのストラスブール大学において，3 人の男性のルクセンブルク語母語話者に対して行ったものである。Keiser-Besch(1976)の記述の中で最も問題なのは，[ɑ] と開口度が同程度の低舌の母音 [æ] を，一段階高い舌の位置を示す発音記号 “[ɛ]” を用いて記述している点である。同文献の本文中では，英語の [æ] の発音に近いという記述も見られるだけに，なぜこの発音記号を用いて [æ] と記述しなかったのか疑問である。発音記号から想定される音質と実際の音質があまりにもかけ離れている場合，その記述は，非母語話者の研究者にとって調査の妨げになる，もしくは誤解を生む原因にもなりうる。また，同文献で示されているのは単母音のグラフのみであり，二重母音については具体的なデータが示されておらず，実際の音質がわからない。そもそも録音データ自体が40年近くも前のデータであることから，改めて今日のルクセンブルク語のデータをとって情報を更新する必要もあると考えられる。

本書が扱う音韻論は，本来，音声学とは別の研究領域である。しかしながら，これまでの先行文献の音声記述に上記のような無視できない問題が多いため，音韻記述を行う前に改めて録音調査を行い，それによって得られたデータの音響音声学的な分析をすることによって，音韻記述に進むための足掛かりを作る必要があると判断した。

それをふまえ，筆者は2011年10-11月にルクセンブルク大学において録音調査を行った[1)]。本書では，主にこの録音データとその分析結果をもとに議論を進めているが，さらに補助的な音声資料として，各見出し語の発音を聴くことができる『ルクセンブルク語オンライン辞典』(LOD)(http://www.lod.lu/lod/)の音声資料も参照している。本書で示している発音記号は，特に断り書きがない限り，これらの資料による音響解析結果をもとに，筆者が全て独自に付したものである。

この他に，6.1.3で扱う中部フランケン高低アクセント(nhg. Mittelfränkischer Tonakzent)に関する録音調査を，2012年に行った[2)]。当該の現象や録音調査については，6.1.3で改めて言及する。以下では，2011年に行った録音調査について説明する。

3.2　調査協力話者について

本書はルクセンブルク語中央方言の音韻記述を目的としているため(1.2参照)，2011年の録音調査では，首都ルクセンブルク市周辺出身の話者である

1)　2010-2011年に北海道大学大学院文学研究科の「組織的な若手研究者等海外派遣プログラム」の助成を受け，ルクセンブルク大学で現地調査を行った。

2)　この調査は，「北海道大学クラーク記念財団」の助成を得て行った。

ことを条件に協力者を募集し，合計 11 人の母語話者に調査協力を依頼した。

このように，募集の段階では出身地を限定して行ったものの，1.1 で述べたように，ルクセンブルクではその総人口の約 45%を外国人が占めており，さらに首都のルクセンブルク市ではその割合が約 6 割にものぼる。そのため，ルクセンブルク語母語話者と一口に言っても，家庭環境や職場環境など，その言語的な背景は多種多様である。さらに，1.2 で言及したように内部の方言差も観察される。これらの他に男女差や社会階層の違いなどに起因する差も考慮し，録音調査を行う際，各協力者にその言語背景に関するアンケートへの記入をお願いした。

アンケートで確認した項目は，性別，職業，現在の居住先とそこでの居住年数，3 歳から 15 歳までの間に過ごした地域，両親の出身地，及び現在家庭で話す言語である。家庭でルクセンブルク語を使用すると答えた話者については，方言色の強い言語変種で話すかどうかについても質問した。ただし，最後の質問は，あくまでも話者の自己評価によって回答されているため，「標準ルクセンブルク語(lux. Standardlëtzebuergesch)を話す」と答えた話者の中にも，明らかな南方言訛りが観察される話者がいた[3)]。この話者は，子供のときから現在に至るまでずっとルクセンブルク市周辺に在住しているとのことだったが，両親は南部出身であるとのことだった。したがって，両親の母語の影響を強く受けているか，もしくは友人や職場の同僚などの影響がある可能性も考えられる。いずれにせよ，非母語話者の筆者にも聞き取れる明らかな訛りが確認されたため，その話者のデータは本書の分析からは除外している。したがって，本書で使用しているデータは，その話者のものを除く残り 10 人のものである。

---

3) 中央方言には，二重母音は前半部に音節主音のある降り二重母音しかないが，この話者の発音には，中央方言以外で観察される昇り二重母音が観察され(clux. Kaart [ˈkaːɐ̯t]「カード」を [ˈku̯a(ːɐ̯)t]/[ˈkwa(ːɐ̯)t] と発音するなど)，また南方言の特徴の一つである閉鎖音(特に [t]，[k])の前での [s] の [ʃ] への硬口蓋化が語頭以外でも観察された(テキスト朗読において，<Muska>(固有名詞)と綴られた語彙を [ˈmʊʃka] と発音する(他の話者は全て [ˈmʊska] と発音した))。

調査協力者の年齢は，20代から70代までとばらつきがある。これは，そもそもルクセンブルク市に在住しているルクセンブルク国籍所有者の人口が多くなく，各年代別に一定の調査協力者を募るのが難しかったためである。また，ルクセンブルクでは，大学生や就労している年代のルクセンブルク人は，留学しているか国外で仕事に就いている割合が高く，ルクセンブルク市に残っている年代は，退職後の高齢者や大学入学前の若年者層に偏っている。各年代で一定数の協力者を得るのが困難だった事情の一つにこうした年代別の人口の偏りもある。

また，男女の比率を見ると，本書で参照する10人の話者のうち男性の話者が1人のみと，かなり偏りがある。これは，録音のためにルクセンブルク大学構内の施設を利用したため，夜間や休日の調査ができず，フルタイムでの就労者が多い男性話者の協力を仰ぐのが難しかったためである。

以下で，各話者の言語背景について行ったアンケート結果をまとめる。協力者の両親の出身地について，中央方言の地域以外の街の出身である場合には，どの方言地域の街出身なのかについて追記している。

表3-1　調査協力者の言語的背景

話者1	20代女性，学生(法学部)。 現在の居住先(居住年数)：ルクセンブルク市(21年) 3歳～15歳の居住地域：ルクセンブルク市 両親の出身地：ともにルクセンブルク市 家庭での使用言語：ルクセンブルク語[1)]
話者2	60代女性，主婦。 現在の居住先(居住年数)：ビッセン[2)](Bissen[3)])(38年) 3歳～15歳の居住地域：ヴァルファーダンジュ(Walferdange) 両親の出身地：父：ベレルダンジュ(Bereldange) 母：アッセルボァン(Asselborn)(北) 家庭での使用言語：ルクセンブルク語 ※目立った北部訛りは観察されない。
話者3	20代男性，学生(法学部)。 現在の居住先(居住年数)：ルクセンブルク市(出生以来ずっと) 3歳～15歳の居住地域：ルクセンブルク市 両親の出身地：父：ベットンブール(Bettembourg)(南) 母：デューデランジュ(Düdelange)(南) 家庭での使用言語：ルクセンブルク語(ルクセンブルク市方言と南方言が混ざった言葉)

	※強い訛りは感じられない。話者の自己評価でも，訛りは少ないとのことである。
話者 4	40 代女性，非母語話者に対するルクセンブルク語語学教師。 現在の居住先（居住年数）：ウーゼルダンジュ（Uselange[4)]）（18 年） 3 歳～15 歳の居住地域：0 歳～13 歳：ルクセンブルク市 13～18 歳：クラウテム（Crauthem）（南） 両親の出身地：父：ルクセンブルク市 母：カイエ（Kaye）（ベルギー） 家庭での使用言語：現在の家庭では「標準」ルクセンブルク語。 父親は常にドイツ語を使用。
話者 5	50 代女性，美術教師。 現在の居住先（居住年数）：ボーネヴェーク（Boneweg）（23 年） 3 歳～15 歳の居住地域：ヴァルファーダンジュ 両親の出身地：父：ディファーダンジュ（Differdange）（南） 母：オーバーコァン（Oberkorn）（南） 家庭での使用言語：中立的な（neutral）ルクセンブルク語 ※自己評価によると，南方言は少ししか話せないとのことである。実際，南方言の特徴は観察できない。
話者 6	20 代女性，博士課程院生（心理学専攻）。 現在の居住先（居住年数）：ルクセンブルク市（3 年） 3 歳～15 歳の居住地域：ロイラント（Reuland）（東） 両親の出身地：父：エッシュ・シュール・アルゼット（Esch-sur-Alzette）（南），ディーキァヒ（Diekirch）（東），ドメルダンジュ（Dommeldange）を転々と 母：ルクセンブルク市 家庭での使用言語：「標準」ルクセンブルク語 ※話者の自己評価によると，訛りは一切ない。
話者 7	70 代女性，主婦（退職前は社会福祉士）。 現在の居住先（居住年数）：ルクセンブルク市（37 年） 3 歳～15 歳の居住地域：エッシュ・シュール・アルゼット（南） 両親の出身地：父：メァシュ（Mersch） 母：デレン（Dellen）（北） 家庭での使用言語：ルクセンブルク語 ※自己評価によると，北方言はほとんど話せないとのこと。
話者 8	50 代女性，主婦。 現在の居住先（居住年数）：ルクセンブルク市（31 年） 3 歳～15 歳の居住地域：ルクセンブルク市 両親の出身地：父：ミッシュラウ（Michelau）（北） 母：ウートランジュ（Oetrange） 家庭での使用言語：ルクセンブルク語
話者 9	60 代女性，主婦（退職前は銀行員）。 現在の居住先（居住年数）：ルクセンブルク市（40 年以上） 3 歳～15 歳の居住地域：0 歳～11 歳：ブーヴァンジュ・シュール・アタァト（Boevange-sur-Attert）

	12歳～18歳：ルクセンブルク市 両親の出身地：父：イタリア 母：フランス 家庭での使用言語：フランス語 ※話し方に多少の特徴はあるが，出生以来ずっとルクセンブルクで暮らしており，イタリア語，フランス語訛りは特に感じられない。ルクセンブルク語音韻では，母音で始まる語や形態素の前での子音の有声化(5.3.1参照)などの音韻現象において他の話者とは異なる発音をするが，母音の音質に関しては比較的標準的なものとみなせるため，母音の音響解析データの中に加えている。
話者10	30代女性，研究者(教育学)。 現在の居住先(居住年数)：ビッセン(出生以来ずっと) 3歳～15歳の居住地域：ビッセン 両親の出身地：父：ビッセン 母：ベレルダンジュ 家庭での使用言語：「ビッセン方言」 ※大別すると中央方言の地域に属するが，同話者によると「ルクセンブルク市方言」や「標準ルクセンブルク語」とは異なる「ビッセン方言」があるとのこと。この地方では，clux. net [nët]「～ない」を [nɪk]，clux. néng [neŋ]「9(数詞)」を [nɪŋ] と発音するとのことで，北方言(あるいは西方言)の特徴を示しているが，テキスト朗読時の母音の音質は他の話者と大差はないため，母音の音響解析データの中に加えている。

1)　ここでは，話者の自己判断による回答をそのまま載せている。特に詳細な記述がない場合は，ルクセンブルク語中央方言，もしくは超地域的な言語変種にあたる言語変種を念頭において回答していると考えられる。

2)　ルクセンブルクの地名には，ドイツ語名，フランス語名，ルクセンブルク語名がある。アンケートではルクセンブルク語名での回答が得られたが，上記の表では，国際的に最も知られていると考えられるドイツ語名もしくはフランス語名を挙げている。

3)　ルクセンブルク市よりは北部に位置するが，北方言の領域には入っておらず，中央方言の領域内の街。

4)　細別すれば「西方言」の領域に属するが，同方言は南，北，東方言に比べて独自の特徴が少なく，Gilles(1999)では中央方言に属するものとして記述されている。本書でもその記述に倣い，中央方言と西方言とを区別していない。

Keiser-Besch(1976)と比較した本調査の利点は，主にデータの新しさと調査協力者の数と質にある。Keiser-Besch(1976)では，3人の話者の録音データをとっているのに対し，本書では10人の話者のデータをとっている。また，この先行研究では，録音をストラスブール大学で行っていることもあり，ストラスブール大学の学生から，任意の協力者を募っている。これに対し，本書では協力者の出身地をルクセンブルク語中央方言の使用地域に制限しているため，より均一な言語変種のデータが収集できた。また，日常的にフランス語を使用するストラスブール在住の学生のデータよりも，ルクセンブルク語を日常的に使用する環境にあるルクセンブルクで調査を行っている2011年のデータの方が，フランス語など他言語からの影響が少ないと考えられる。

3.3 録音調査の概要

2011年の録音調査で各協力者に依頼したのは，事前に用意した2種類のテキストの朗読と，ドイツ語の例文のルクセンブルク語への翻訳，及びそれらの例文の音読である。テキスト朗読は，複数の話者による同一の音韻環境での発音のデータを一定量収集することを目的としたものである。ドイツ語例文のルクセンブルク語訳は，テキスト朗読だけでは観察できない音韻現象についての補足資料とするため，調査に加えている[4)]。

テキスト朗読は，ルクセンブルク語で観察される各音の音質の特定と，ある程度の長さの文章を発話する中で観察される音韻現象の観察を目的として行った。主に前者を目的としたテキストとして，ルクセンブルク語で書かれた絵本を用意した(Staudt 2007)[5)]。テキスト朗読の際には，「子供に読み聞かせるように丁寧にゆっくりと」読むよう指示を出した(lentoの速さでの朗読)。主に後者を目的としたもう一方のテキストは，ルクセンブルク語でのラジオ放送のテキストを用い(Graf 2010: 76-78)[6)]，こちらは普通の速度で読んでもらった(allegroの速さでの朗読)。順序としては，普通の速度で読む後者のテキストの後に，ゆっくりはっきりと発音する前者のテキストを朗読してもらい，録音を行った。

テキスト朗読の際の最も大きな問題は，ルクセンブルク語母語話者が学校教育でルクセンブルク語の正書法を勉強していないことである。若い世代に

---

4) ドイツ語例文のルクセンブルク語訳は，主に任意に起きる音の脱落や挿入などを観察するために行った。

5) 絵本全体では長すぎるため，筆者が一部省略，また変更を加えたテキストを用いた。

6) “De bloen Hirsch bei de Rotonden” (S. 76-78)全テキスト。

は，小学校低学年で週に1コマ設けられたルクセンブルク語の授業時間に，同言語のテキストを「読み物」として読んだことがあるという話者もいた。しかし，そこで扱われるテキストは，19世紀の方言文学の時代からの様々なテキストであり，必ずしも現行の正書法(第2章参照)で書かれたものとは限らない。そのため，現行の正書法でのテキストを読むのは初めてという話者も多かった。また，特に高い年齢層では，そもそも書き言葉としてのルクセンブルク語自体に不慣れであるため，流暢に朗読できない話者も多かった。さらに高齢の話者になると視力の問題もあり，流暢な朗読は難しいようだった。これらの問題は，調査前から想定されるものであったが，同一の音韻環境での複数のデータをとるという上記の目的を優先し，この手法をとることとした。

また，コードスイッチングによる影響を防ぐため，アンケートや録音調査の方法の説明など，調査協力者との一連の会話は，終始ルクセンブルク語で行った。

3.4　音響解析の方法

録音資料の音響解析には，アムステルダム大学のパウル・ブルスマ(Paul Boersma)とダヴィット・ウェーニンク(David Weenink)によって作成されたソフトウェア“Praat”[7]を用いている(口絵1，口絵2)。

母音の音質の分析には，図中の赤い点で示されているフォルマント(formant)を参照している。下から1列目のフォルマント1(formant 1: F1)は開口度を示し，値が大きいほど開口度が高いことを意味する。下から2列目のフォルマント2(formant 2: F2)は舌の位置を示し，値が大きいほど前舌寄り，値が小さいほど後舌寄りであることを意味する。

母音の音響解析をもとに作成した散布図では(4.1参照)，F1を縦軸に，F2を横軸にとって母音の分布を示している。なお，散布図の作成にあたっては，

7)　http://www.fon.hum.uva.nl/praat/ からダウンロードが可能。

東京外国語大学中川裕研究室で開発されたExcelのマクロを使用させていただいている[8)]。

第4章と第5章では，基本的にこの章で説明した2011年録音調査のデータとその分析結果をもとに音韻体系の記述や音韻規則の分析を行う。第6章では通時的な音韻変化を扱っているため，現代ルクセンブルク語の共時的な録音データはほとんど用いないが，既述のように6.1.3の中部フランケン高低アクセントについての議論では，部分的に，上記の調査とは別に2012年に行った録音調査でのデータをもとに考察を加える(詳細は6.1.3参照)。

8)　日本学術振興会科学研究費　基盤研究A「聴覚音声学と音韻構造の相互関係」研究代表者：中川裕，課題番号20242008。

第4章　現代ルクセンブルク語の音韻体系

本章では，大きく母音の節(4.1)と子音の節(4.2)に分けて，ルクセンブルク語の音韻体系の記述を行う。両者のうち特に母音は，先行文献において使用される発音記号そのものに問題が多い。そのため，まず音響解析ソフト“Praat”(3.4)での分析結果をもとに散布図を作成し，より適切と考えられるIPA[1)]記述を提示する。その上で，ルクセンブルク語における音素を記述し，必要なものについては異音とそれが現れる音韻環境を記述する。先行文献でのIPA記述に問題が少ない子音については，基本的に音素と異音の記述のみを行う。ただし，特に注意が必要な歯茎・硬口蓋摩擦音の記述に際しては，音響音声学的な分析を取り入れながら記述を行う。

4.1　母　　音

本節では，ルクセンブルク語における，単母音(短母音と長母音)(4.1.1)と二重母音(4.1.2)の分布を観察する。

まず，それぞれの母音について“Praat”を使用して測定した値をもとに散布図を作成する。その際，開口度を表すF1を縦軸に，舌の位置を表すF2を横軸にとる。これによって得られた音の分布に従って，各母音に適当な発音記号(IPA)を割り当てる。ただし，本章の目的上，厳密な音声記述(narrow transcription)ではなく，ルクセンブルク語の音韻体系の把握によ

1)　International Phonetic Alphabet(国際発音記号)。

り適当と考えられる音声記述をとる場合がある。

音声記述を行った後，隣接する音同士のミニマルペアを示し，音素を特定する。それぞれの音素について綴りとその例を示し，必要なものについては異音の記述を行う。

4.1.1 単 母 音

ルクセンブルク語は母音に長短の対立がある言語である。そのため，以下では単母音(monophthong)を短母音と長母音に大別して記述を進める。強勢を伴いうる短母音は，以下の6種類である：/i/，/ë/，/æ/，/ɑ/，/ɔ/，/u/。また，常に非強勢のあいまい母音は /ə/ である。ルクセンブルク語における長母音は，以下の6種類である：/iː/，/eː/，/ɛː/，/aː/，/oː/，/uː/。非強勢の長母音はない。

図4-1で，ルクセンブルク語における単母音をまとめる。斜線(/　/)で括っているのが音素，カギ括弧([　])で括っているのがそれらの異音である。

ルクセンブルク語は，前舌寄りの広母音 /aː/ と後舌の広母音 /ɑ/ を有するため，標準ドイツ語のような母音三角形ではなく，母音台形を形成する言語と考えられる。ただし，/aː/ の開口度が /ɑ/ よりも高いため，音声の分布を示した散布図では，ほぼ三角形を形成する分布となる(図3-1，図4-2)。

ルクセンブルク語における非後舌母音は，全て非円唇母音である。後舌母音では，広母音の /ɑ/ のみが非円唇母音で，それ以外は円唇母音である。

標準ドイツ語では，広母音 [a]，[aː] や前舌母音 [ɛ]，[eː]，[ɛː] などの一部の母音を除いて，長母音が張り([+tense])，短母音が緩み([−tense])母音である。これに対して，ルクセンブルク語では広母音(/aː/ [+tense]，/ɑ/ [−tense])と半狭・半広後舌母音(/oː/ [+tense]，/ɔ/ [−tense])でのみ，長母音が張り母音，短母音が緩み母音という同様の対立が観察されるが，それ以外の母音ではこれは観察されない(例．/iː/ [+tense]，/i/ [+tense])。

また，あいまい母音(schwa)と同じ調音位置で発音される中舌母音 /ë/ が強勢を伴いうる音素であることは，ルクセンブルク語における母音体系の大きな特徴と言える。

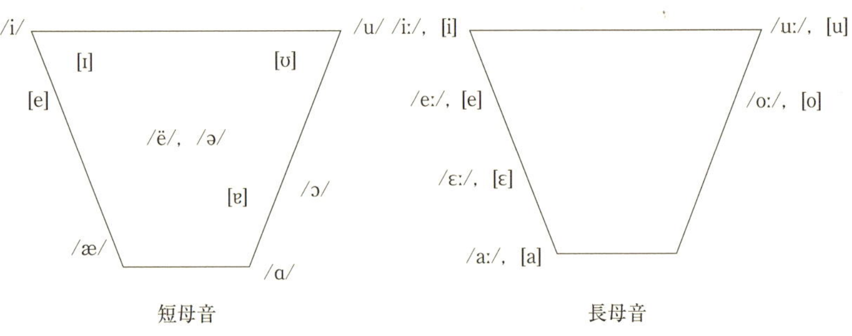

図 4-1　ルクセンブルク語における単母音

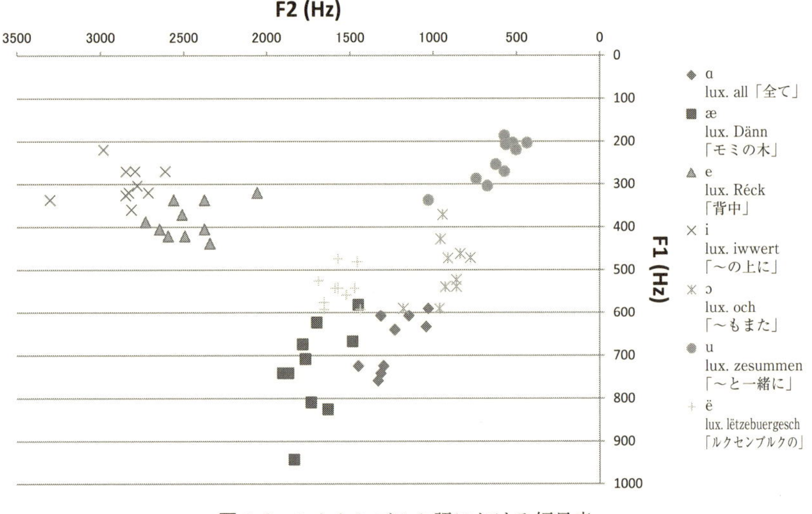

図 4-2　ルクセンブルク語における短母音

前舌の短母音 /æ/ など，標準ドイツ語では観察されない音素もあるが，その一方，/ɛ/ など，標準ドイツ語にはあるがルクセンブルク語では観察されない音素もある。

長母音の /e:/ は，標準ドイツ語でもルクセンブルク語でも観察される。より開口度の高い /ɛ:/ は，標準ドイツ語においても周辺的な音素だが，ルクセンブルク語ではさらにその傾向が強く，/ʀ/ の前以外ではほとんど観察されない（nhg. Mädchen [ˈmɛ:tçən] vs. lux. Meedchen [ˈme:tɕən]「女の子」）。

(I) 短 母 音

図4-2では，強勢を伴う6つの短母音と，/ë/ の異音[e]の分布を示している(/i/ と /u/ の異音[ɪ]，[ʊ]については，図4-5，図4-6参照)。

2011年の録音データでの母音の分布を観察すると，Keiser-Besch(1976)のものより全体的に周波数が高めの値を示している(図3-1，図4-2参照)。これには，録音データにおける男女の割合が関係していると考えられる。Keiser-Besch(1976)では，その調査協力者が全て男性であり，2011年の録音調査ではそのほとんどが女性である。男性と比較して，女性の周波数は10–15%ほど高い値を示す(Keiser-Besch 1976: 95)。

以下では，主な先行文献であるKeiser-Besch(1976)，Schanen/Zimmer(2006b)，Zimmer(2008)での記述に特に問題があると考えられる母音を取り上げ，より適当な発音記号を提示する。

・[ë]： Schanen/Zimmer(2006b)では[œ]，Keiser-Besch(1976)では[œ]もしくは[ə]と記述される音である。この母音は，少なくとも今日のルクセンブルク語では唇の丸めを伴わない母音であり，さらに，中舌のあいまい母音と明らかに同一の位置で調音される音である。Zimmer(2008)では，同音を発音記号“[ə]”を用いて記述しているが，本書では常に非強勢のあいまい母音との区別を明確にするため，中舌化の補助記号[¨]を用いて発音記号[ë]をあてる。

当該の中舌音とあいまい母音の音質は同一であるが，2つを区別するのは，強勢を伴いうるかどうかという特徴である。強勢はIPAの補助記号[ˈ]によって表すこともできるため，Gilles/Trouvain(2013)が行っているように，音声学的には強勢を伴いうる中舌音もあいまい母音と同様に[ə]とする記述が可能である。しかし，複合語や派生語などにおいて，当該の中舌音が第一強勢を伴わない場合，別の音素であるあいまい母音(以下で示すミニマルペアを参照)と表記上の区別がつかなくなるのは，音韻論的には問題がある。さらに，後述のように，当該の音とあいまい母音とではそれぞれが有する異音

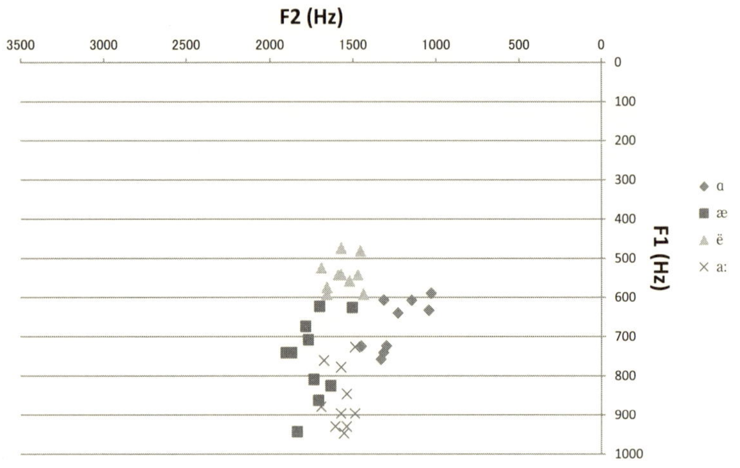

図 4-3　ルクセンブルク語における低舌母音及び中舌母音

が異なる。したがって本書では，音声記述の際もあいまい母音と区別した記号 [ë] を用いることとする。

lux. w**ë**tzeg [ˈvətsəɕ] → [ˈvëtsəɕ]「気の利いた，滑稽な」

lux. virw**ë**tzeg [ˈfɪɐ̯vətsəɕ] → [ˈfɪɐ̯vëtsəɕ]「出しゃばりな，詮索好きな」

・[æ]：Keiser-Besch（1976）や Schanen/Zimmer（2006b），Zimmer（2008）では [ɛ] と記述されている音である。実際にはかなり低舌の音で，開口度は長母音の /aː/ と同程度になることもある。さらに中舌化も起こしており，/aː/ との調音位置の重なりが観察される（図 4-3）。そのため，英語などで観察される [æ] よりも開口度が高く，[a] に近づいて聞こえるが[2]，ルクセンブルク語における /æ/ と /aː/ は長短という素性

2）ルクセンブルク語を学ぶ外国人の間で，<ä> と綴るべきところを *<a> と綴る等の誤りも散見される（例：*“Addi”　正しくは，lux. Äddi [ˈædi]（nhg. *Auf Wiedersehen*）「さようなら」など）。

において異なっており，ミニマルペアも観察されるため別の音素だと考えられる(lux. S**ä**tz [zæts]「文(pl.)」vs. S**a**z [za:ts]「文(sg.)」)。

長短の違いだけでなく，それらに後続する摩擦音の異音の分布が異なるため(lux. we**ch** [væɕ]「離れて」vs. lux. maa**ch**en [ma:xən]「作る」)(4.2.4で詳述)，当該の音は音韻的には前舌母音([+front])の一つと考えるべきである。したがって，本書では同音を中舌母音の /a/ ではなく，前舌母音の /æ/ であると考え，発音記号もこれに倣って [æ] と記述する。

・[ɑ]： Schanen/Zimmer(2006b)や Braun et al.(2005)では，この音を [a] と記述しているが，Keiser-Besch(1976)では後舌広母音の [ɑ] として記述している。本書でも後者と同様 [ɑ] とするのが適当と考える。

・[ɐ]，[ɐ̯]：[ɐ̯] は，/ʀ/ が母音化した音で音節末尾(coda)を占めるが，音質は [ɐ] と変わらないため，ここで一緒に扱う。これらの音は，標準ドイツ語で [ɐ]，[ɐ̯] と記述される音よりもかなり後舌寄りの分布を示すため(図 4-4 参照)，厳密には，後舌寄りであることを示す IPA 補助記号 [̠] を用いて [ɐ̠] などと記述するのが適当だが，ルクセンブルク語においては [ɐ] と [ɐ̠] の間の対立がなく表記し分ける必要がないため，本書では煩雑さを避け，[ɐ]，[ɐ̯] として記述する。

次に，分布が隣接する音のミニマルペアやそれに準ずる例を挙げ，音素を特定する。

・/i/ vs. /ë/：

lux. d**i**nn [dɪn]「する(lux. doen の変種，inf., 1.sg./pl., 3.pl.)」
vs. lux. d**ë**nn [dën]「薄い」

lux. W**i**ck [vɪk]「(ろうそくなどの)芯」vs. lux. W**é**ckel [ˈvekəl]「湿布」

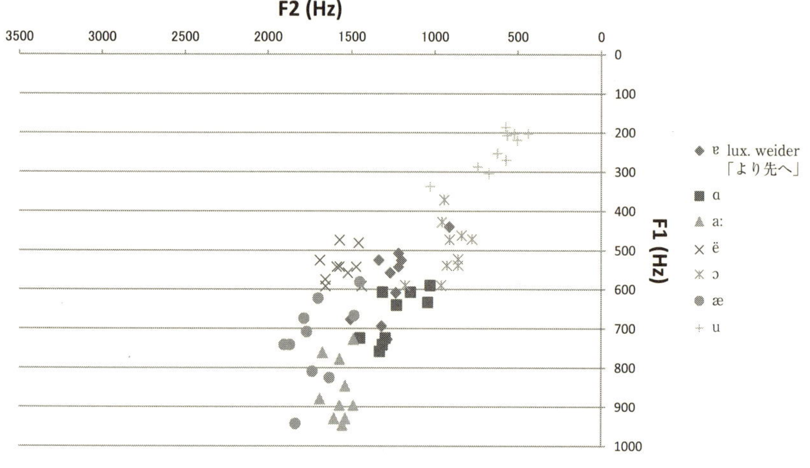

図 4-4　ルクセンブルク語における [ɐ] の分布

以下で記述するように，/ë/ は 2 つの異音 [ë] と [e] を有するため，ここではそれぞれの場合のミニマルペアを挙げている。ただし，[i] と [e] の完全なミニマルペアを見つけるのは非常に難しいため，上では，それに準ずる例を挙げている。/i/ も 2 つの異音 [i] と [ɪ] を有するが，やはりミニマルペアを見つけるのが困難であるため，緊張度の高い異音 [i] と [ë]/[e] とのミニマルペアは省略する。

/ë/ は /i/ などの狭母音が通時的に低舌化を起こし，次いで中舌化を起こした音素である（/i/ > /e/ > /ë/，6.1.1 で詳述）。語彙によっては，今日のルクセンブルク語でもこれらの変化が起こっていないものもあり，『ルクスディコ』(*Luxdico*) には，/i/ が含まれる形式と /ë/ ([ë]/[e]) が含まれる形式の両方が載せられているものがある (lux. king [kɪŋ]/kéng [keŋ]「大胆な」)。また，『ルクセンブルク語辞典』(LWB) (Bd. 2: 332) では，lux. king [kɪŋ]/kéng [keŋ] に関して，/i/ が含まれる形式が大公国の西半分の地域の地方変種であると記述されているため，変化の進行度に方言差があることが推測される。Zimmer (2008) や『ルクセンブルク語オンライン辞典』(LOD) には，/i/ を含む形式は掲載されていないため，今日の中央方言では /e/ を含む形式 lux.

k**é**ng [keŋ] が優勢になっていると考えられる。

・/æ/ vs. /ë/：

lux. **E**nn [æn]「終わり」vs. **Ë**nn [ën]「タマネギ」

lux. str**e**cken [ˈʃtʀækən]「伸ばす」vs. lux. str**é**cken [ˈʃtʀekən]「編む」

/i/ vs. /ë/ の場合と同様，ここでも /æ/ と /ë/ の２つの異音 [ë]/[e] とのミニマルペアを挙げている。

・/ë/ vs. /ə/：

lux. St**é**ch [ʃteɕ]「刺すこと」，lux. s**é**cher [ˈzeɕɐ]「確かに」

vs. lux. s**e**ch [zəɕ]「自分を（refl.pron.3.sg./pl.）」，

lux. B**é**ckl**e**k [ˈbeklək]「丁寧なお辞儀」

上では，/ë/ の異音 [e] とあいまい母音 [ə] のミニマルペアに準ずる例を挙げている。前舌母音 [e] は，舌背音（dorsal: [g]，[k]，[ʑ]，[ɕ]，[ŋ]）の前で現れる /ë/ の異音だが（lux. Stéch [ʃteɕ]，lux. sécher [ˈzeɕɐ]; lux. Béck- [bek]），/ə/ は同音を異音として持たないため，同じ音韻環境でも中舌音の [ə] として発音される（lux. sech [zəɕ]，lux. -lek [lək]）。

・/æ/ vs. /ɑ/：

lux. **E**nn [æn]「終わり」vs. lux. **a**n [ɑn]「〜と，〜の中で/に」

・/ɑ/ vs. /ɔ/：

lux. D**a**mm [dɑm]「婦人」vs. lux. d**o**mm [dɔm]「馬鹿な」

・/ɔ/ vs. /u/：

lux. gew**o**nnen [gəˈvɔnən]「勝った（lux. gewannen の p.p.）」

vs. lux. w**u**nnnen [vunən]「住む」

lux. G**o**tt [gɔt]「神」vs. lux. g**u**tt [gʊt]「良い」

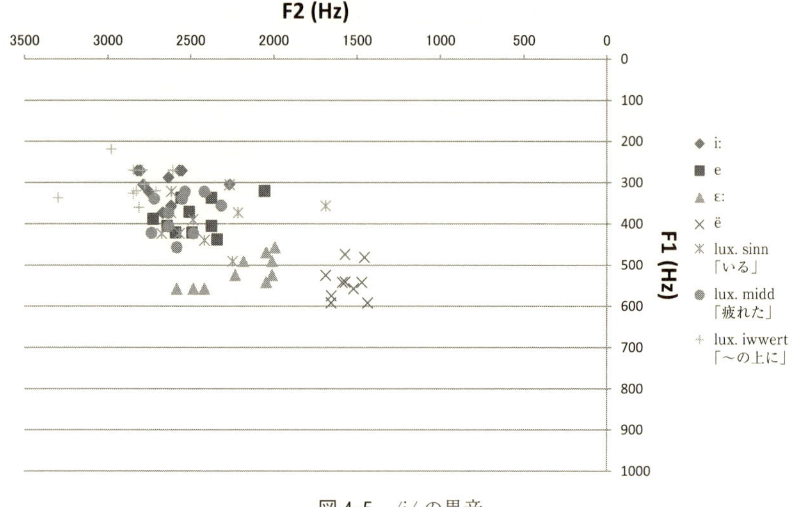

図 4-5　/i/ の異音

以下では，各音素と，必要があればそれらの異音について記述し，綴りごとに例を示す。

(1) /i/：強勢を伴いうる前舌狭母音。

<i> [i]：

lux. K**i**chen [ˈkiɕən]「台所」, lux. z**i**dderen [ˈtsidəʀən]「震える」,

lux. z**i**llen [ˈtsilən]「育てる」, lux. H**i**mmel [ˈhiməl]「空」

/i/ は，2 つの異音を有し，開音節[3]で緊張度の高い異音 [i] が現れ，閉音節では緊張度の低い異音 [ɪ] が現れる。例えば，図 4-5 で示す lux. s**i**nn [zɪn]「いる/ある」や lux. m**i**dd [mɪt]「疲れた」における閉音節の /i/ は，lux. **i**wwert [ˈivɐt]「〜の上方で/に」における開音節のものより，若干中舌寄りで開口度も高めになっている。

3) 本書では，両音節的(ambisyllabic，訳は筆者) な子音の前の場合も含めて「開音節」として記述する。

以下は，緊張度の低い異音 [ɪ] が現れる例である。

<i> [ɪ]：

lux. **i**nn を含む例: lux. g**i**nn [gɪn]「与える/なる」，lux. d**i**cht [dɪɕt]「密接した」，
lux. d**i**cksen [ˈdɪksən]「ぶつける」，lux. B**i**ld [bɪld]「絵」

Keiser-Besch(1976: 95)では，ルクセンブルク語においても緊張度の高い長母音 /iː/ と緊張度の低い短母音 /ɪ/ という標準ドイツ語と同様の対立があると記述されており，緊張度の高い短母音 [i] についての記述がない。これに対して，Zimmer(2008: 10)では，緊張度の高い [i] しか記述されておらず，緊張度の低い [ɪ] についての記述がない。Schanen/Zimmer(2006b: 115)では，緊張度の高い [i] が観察される開音節での例と，緊張度の低い [ɪ] が観察される閉音節での例とが挙げられており，本書での観察と最も近い記述と言える。しかし，同文献は音韻論を扱った専門書ではなく，正書法規則について書かれた一般向けの参考書であるため，音素や異音などの音韻論的な概念には触れられていない。本書ではそれを補い，短母音 /i/ を，開音節で緊張度の高い異音 [i]，閉音節で緊張度の低い異音 [ɪ] を有する音素として記述する。

(2)/ë/：強勢を伴いうる中舌母音。強勢を伴いうる中舌母音 [ë] は，前舌半狭母音 [e] と相補分布を示すため[4]，両者は異音の関係にあると考えられる。

---

4)　[ë] と [e] の相補分布の例外のように見える例が lux. Ëchel(綴り通りに発音すると [ˈëɕəl])「フクロウ」である。この語彙は，2011 年の調査の際に使用した朗読用テキストの中にも含まれているが，調査協力者の中には，この形式に疑問を覚えるものも多かった。同語彙は，*Luxdico* のシリーズなど，新しい辞典では掲載があるものの，LWB では “Echel”[ˈæɕəl] として記述されているため，中舌音を含む lux. Ëchel は新しい形式である可能性がある。実際の話者の発音を “Praat” で確認すると，同語彙の第一音節の母音は [ë]，[ɛ(ː)]，[e(ː)] と発音され，ばらつきが観察された。また，この母音に後続する摩擦音は，後部歯茎音 [ʃ] の周波数を示す音として発音される場合が多かった。現在のルクセンブルク語では，舌端化の結果 /ɕ/ と /ʃ/ の弁別があいまいになりつつあるが(6.2.3)，同語彙ではその影響で /æɕəl/ から /ëʃəl/ へと基底の形式そのものが変化しつつある可能性がある。この他に，数人の母語話者の意見によると，先に挙げた lux. sécher [ˈzeɕɐ] を [ˈzëɕɐ] と発音するものが，若い世代で増えて

前舌半狭母音 [e] は，軟口蓋音([k]，[g]，[ŋ])や歯茎・硬口蓋摩擦音([ɕ]，[ʑ])の前，したがって，舌背音(dorsal)の前に現れるため(図 4-2)，[ë] よりも制限された音韻環境で現れると言える。また通時的な観点も加えれば，同音素には前舌母音だけでなく後舌母音 *u に由来する音も含まれるため(lux. ëm [ëm] (nhg. um, ohg. umb(e) cf. Pfeifer 2005: 1483)「～の周りに」)，音素を前舌母音の /e/ ではなく，中舌母音の /ë/ として立てるのが適当だと考えられる。

<ë> [ë]：

lux. g**ë**schter [ˈgëʃtɐ]「昨日」，lux. M**ë**nsch [mënʃ]「人間」，

lux. st**ë**ll [ʃtël]「静かな」，lux. Z**ë**mmer [ˈtsëmɐ]「部屋」

<é> [e]：

lux. k**é**ng [keŋ]「大胆な」，lux. str**é**cken [ˈʃtʀekən]「編む」，

lux. M**é**ck [mek]「蚊」，lux. St**é**ch [ʃteɕ]「刺すこと」

(3)/æ/：強勢を伴いうる前舌半広母音。綴り字には <e> と <ä> の2種類があるが，標準ドイツ語と同様，語源的に *a がウムラウトを起こした語において，後者の綴りを用いることが多い。

<e> [æ]：

lux. k**e**ng [kæŋ]「(否定冠詞)」，lux. str**e**cken [ˈʃtʀækən]「伸ばす」，

lux. B**e**cher [ˈbæɕɐ]「コップ，杯」，lux. **E**nn [æn]「終わり」

<ä> [æ]：

lux. g**ä**ng [gæŋ]「流通している」，lux. B**ä**cker [ˈbækɐ]「パン屋」，

lux. Fl**ä**sch [flæʃ]「瓶」，lux. Z**ä**nn [tsæn]「歯(pl.)」

(4)/ɑ/：強勢を伴いうる後舌広母音。

<a> [ɑ]：

lux. M**a**nn [mɑn]「男」，lux. P**a**pp [pɑp]「父親」，

いるとのことである。これらの問題は，母音ではなく，むしろそれに後続する子音 /ɕ/ の舌端化による影響，すなわち，同子音が [+dorsal] から [-dorsal] へと変化した結果起きているものと考えられる(6.2.3 参照)。

lux. K**a**ch [kɑx]「コック」, lux. D**a**nz [dɑnts]「ダンス」

(5)/ɔ/：強勢を伴いうる後舌半広母音。

<o> [ɔ]：

lux. Br**o**ch [bʀɔx]「破損」, lux. D**o**ft [dɔft]「香り」,
lux. M**o**nd [mɔnt]「口」, lux. Z**o**ng [tsɔŋ]「舌」

(6)/u/：強勢を伴いうる後舌狭母音。

<u> [u]：

lux. k**u**cken [ˈkukən]「見る」, lux. b**u**chen [ˈbuxən]「予約する」,
lux. Bl**u**mmen [ˈblumən]「花(pl.)」, lux. w**u**nnen [ˈvunən]「住む」

前舌狭母音 /i/ と同様, 後舌狭母音 /u/ も 2 つの異音を有し, 開音節で緊張度の高い異音 [u] が, 閉音節で緊張度の低い異音 [ʊ] が現れる。例えば, 図 4-6 で示す lux. v**u**m [fʊm]「～から/の」や lux. g**u**tt [gʊt]「良い」における閉音節の母音は, lux. zes**u**mmen [tsəˈzumən]「一緒に」における開音節のものより, 若干中舌寄りかつ開口度が高めになっている。長母音の [oː] がかなり開口度の低い音であるため(図 4-7), [ʊ] は [oː] よりも中舌寄りで開口度が高くなることがある。

以下では, 緊張度の低い異音 [ʊ] が現れる例を示す。

<u> [ʊ]：

lux. Z**u**ch [tsʊx]「電車」, lux. St**u**ll [ʃtʊl]「椅子」,
lux. M**u**tt [mʊt]「勇気」, lux. Kr**u**pp [kʀʊp]「軟骨」

前舌狭母音 /i/ の場合と同様, Keiser-Besch(1976: 95)では, 緊張度の高い長母音の /uː/ と緊張度の低い短母音 /ʊ/ が対置されており, 緊張度の高い短母音 [u] についての記述がない。これに対して, Zimmer(2008: 10)では, 緊張度の高い [u] しか記述されておらず, 緊張度の低い [ʊ] についての言及がない。Schanen/Zimmer(2006b: 115)では, 開音節で緊張度の高い [u] が現れる例が, 閉音節で緊張度の低い [ʊ] が現れる例が挙げられており, やはり本書での観察と近い。本書では, 短母音 /u/ を, 開音節で緊張度の高い異音

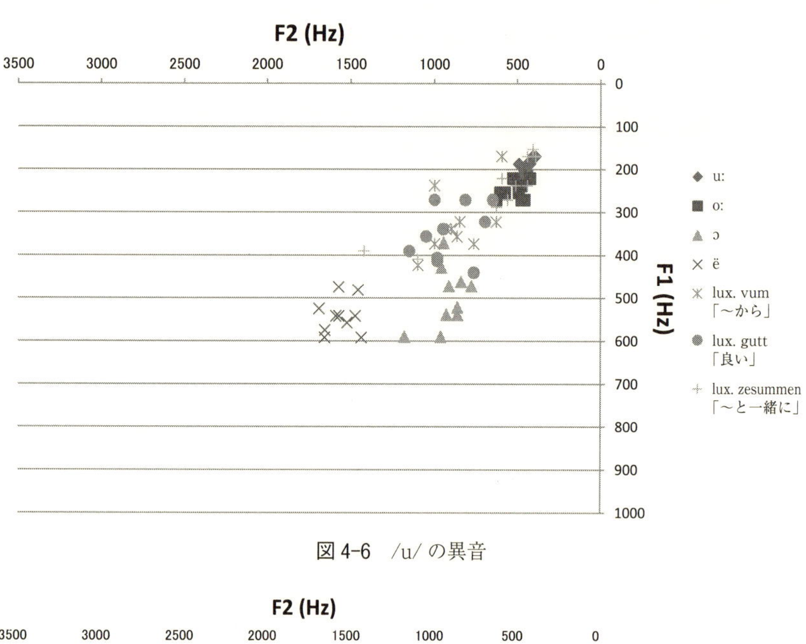

図 4-6　/u/ の異音

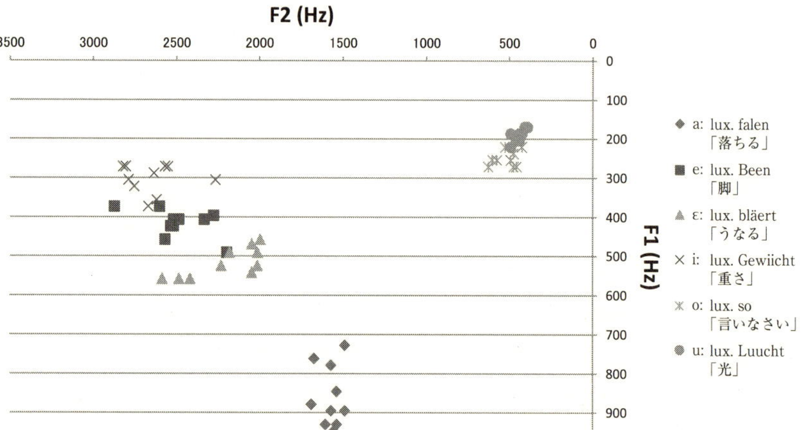

図 4-7　ルクセンブルク語における長母音

[u]，閉音節で緊張度の低い異音 [ʊ] を有する音素として記述する。

(7) /ə/：常に非強勢のあいまい母音。基本的に <e> で綴られるが，<ë> と綴られることもある(2.2.3 参照)。

<e> [ə]：

lux. B**e**ruff [bəˈʀʊf]「仕事」，lux. G**e**dold [gəˈdɔlt]「忍耐」，

lux. Ow**e**nd [ˈoːvənt]「晩」，lux. hal**e**n [ˈhaːlən]「保つ」

<ë> [ə]：

lux. lee**ë**n [ˈleːən]「横たえる」，lux. Clientе**ë**n [ˈkliɑ̃tən]「女性客(pl.)」，

lux. Chanc**ë**gläichheet [ˈʃɑ̃səglæɪɕheːt]「機会均等」，

lux. beig**ë** Mantel [ˈbɛːʒə ˈmɑntəl]「ベージュのコート」

lux. lee**ë**n では，動詞の語幹 lux. lee- と不定詞の語尾 lux. -en との境界を明示するために，語尾のあいまい母音を <ë> として綴っている(lux. Clienteën の語形成については，2.2.3 参照)。lux. Chanc**ë**gläichheet では，複合語前半部の基底の形式 lux. Chanc**en**- [ˈʃɑ̃sən]「機会」における形態素末の [n] が，「n 規則」(5.1)により脱落し，それが綴りにも反映される。その結果，あいまい母音を伴わない形式 lux. Chance [ˈʃɑ̃s]「機会(sg.)」と同じ綴りになるため，あいまい母音の存在を明示する目的で綴り字 <ë> を用いている。上記の例で観察される lux. "beige" [ˈbɛːʒə](< lux. beigen [ˈbɛːʒən])は，男性の屈折語尾 lux. -en の末尾の子音 [n] が「n 規則」で脱落した例である。この語彙はフランス語からの借用語と考えられるが，屈折語尾を伴わない形式では，語末音の無声化が起こるため(4.2)，ルクセンブルク語化が進んだ語彙と考えられる：lux. bei**ge** Täsch [bɛːʃ tæʃ]「ベージュのバッグ」。女性主格の形容詞の屈折語尾はゼロ語尾である。語末の綴り <e> は，フランス語の綴りの名残であり，このあいまい母音は発音されない。上の例では，綴り <ë> によって，あいまい母音の存在が明示されている。

あいまい母音は，同一音節内で /ʀ/ に先行する場合に異音の [ɐ] として発音される。また，その場合 /ʀ/ は脱落する(4.2.5)。

<e> [ɐ]：

lux. Brud**der** [ˈbʀudɐ]「兄弟」, lux. Sum**mer** [ˈzumɐ]「夏」,

lux. Bäc**ker** [ˈbækɐ]「パン屋」, lux. Déi**er** [ˈdɛɪɐ]「動物」

/ʀ/ が，後続する音節の開始部(onset)を占める場合，この子音の脱落は起きない。また，後続する音節があいまい母音以外の強勢を伴いうる母音を核とする場合，あいまい母音は [ɐ] として発音される。後続する音節があいまい母音を核とする場合は，[ə] として発音される。

<e> [ɐ]/[ə]：

lux. Bevël**ker**ung [bəˈfëlkɐʀʊŋ]「人口」,

lux. Muse**ker**in [ˈmuzəkɐʀɪn]「音楽家(f.)」,

lux. Grom**per**en [ˈɡʀɔmpəʀən]「ジャガイモ(pl.)」,

lux. séch**er**en [ˈzeɕəʀən]「保障する」

(II)　長　母　音

長母音は，短母音に比べて先行文献の IPA 記述に問題のあるものは少ない。以下では中舌広母音のみを取り上げ，より適当な発音記号を提示する。

・/aː/：Schanen/Zimmer(2006b)では，IPA にない記号を用いて“αː”と記述されており，どのような音が意図されているのか明らかでない[5)]。Keiser-Besch(1976)と Zimmer(2008)では，この長母音を後舌音の“ɑː”として記述しているが，図 4–3 から，この音は明らかに短母音の [ɑ] とは音質が異っているため，別の発音記号を用いて記述すべきことがわかる。本書では同音を中舌母音の [aː] として記述する。

以下では，隣接する音同士のミニマルペア，もしくはそれに準ずる例を挙げる。

・/iː/ vs. /eː/：

5）これに対し，短母音は [ɑ] と記述されている。

lux. Ges**ii**cht [gəˈziːɕt]「顔」vs. lux. S**ee**chen [ˈzeːɕən]「伝説」

短母音 [i] と [e] の場合と同様，[iː] と [eː] のミニマルペアを見つけるのは非常に難しいが，両者の間に明確な相補分布は観察されない。上では，ミニマルペアに準ずると考えられる例を挙げている。

・/eː/ と /ɛː/：

lux. f**ee**ën [ˈfeːən]「掃く」vs. lux. f**ä**eg [ˈfɛːəɕ]「能力のある」

/ɛː/ が観察される語彙が非常に限られているため，ミニマルペアを見つけるのが難しい。上ではそれに準じると考えられる例を挙げている。

・/ɛː/ vs. /aː/：

lux. f**ää**lt [fɛːlt]「落ちる(3.sg.)」vs. lux. f**aa**lt [faːlt]「折る(3.sg.)」

・/aː/ vs. /oː/：

lux. R**a**t [ʀaːt]「ネズミ」vs. lux. R**o**t [ʀoːt]「助言」

・/oː/ vs. /uː/：

lux. Bl**o**s [bloːs]「泡」vs. Bl**u**s [bluːs]「ブラウス」

Keiser- Besch(1976: 95-97)では，同言語の 3 頂点[6]の母音について，母音の長短を区別した記述を行っている一方(「長い i」(fr. "i long")/「短い ɪ」(fr. "ɪ bref")，「長い ɑː」(fr. "ɑː long"[7])/「短い ɑ」(fr. "ɑ bref")，「長い u」(fr. "u long")/「短い ʊ」(fr. "ʊ bref"))，中間の母音に関しては，長短ではなく開口度を区別した記述となっており，記述に一貫性がない(「狭い e」(fr. "e fermé")/「広い ɛ」(fr. "ɛ ouvert")，「狭い o」(fr. "o fermé")/「広い ɔ」(fr. "ɔ ou-

6) Keiser-Besch(1976)は，広母音を音質に違いがなく長短でしか異ならない /ɑ/, /ɑː/ と記述しているため，ルクセンブルク語を，母音三角形を形成する言語として記述していると考えられる。

7) 原文通り。"ɑː" にのみ長音記号 [ː] が付されており，"i"，"u" には付されていない。

vert"))。ルクセンブルク語の母音体系には，長短の対立があることを考慮に入れた上で一貫した記述をすべきである。

以下では，調音位置の近い長母音と短母音のミニマルペアもしくはそれに準ずる例を挙げる。

・/iː/ vs. /i/：
lux. Z**i**ler [ˈtsiːlɐ]「目的(pl.)」vs. lux. Z**i**llen [ˈtsilən]「煉瓦(pl.)」

・/eː/ vs. /ë/ ([e])：
lux. S**ee**chen [ˈzeːɕən]「伝説」vs. lux. s**é**cher [ˈzeɕɐ]「確かに」

・/aː/ vs. /æ/：
S**a**z [zaːts]「文(sg.)」vs. lux. S**ä**tz [zæts]「文(pl.)」

・/aː/ vs. /ɑ/：
lux. D**aa**ch [daːx]「屋根」vs. lux. d**a**ch [dɑx]「だが(副詞)」

・/oː/ vs. /ɔ/：
lux. W**o**n [voːn]「車」vs. lux. W**o**nn [vɔn]「傷」

・/uː/ vs. /u/：
lux. M**uu**ssen [ˈmuːsən]「ネコちゃん(pl.)」
vs. lux. m**u**ssen [ˈmusən]「しなければならない(inf.)」

以下では，各音素とその異音について記述し，綴りごとに例を示す。

(1)/iː/：前舌狭母音。子音字2つ以上の前で，長母音であることを示すために2度重ね書きされる(<ii>)。また，外来語で <ie> と綴られることがある(2.2.2参照)。

<i> [iː]：

lux. **I**gel [ˈiːʑəl]「ハリネズミ」, lux. Fl**i**ger [ˈfliːʑɐ]「飛行機」,

lux. St**i**l [ʃtiːl]「文体」, lux. s**i**wen [ˈziːvən]「7」

<ii> [iː]：

lux. B**ii**scht [biːʃt]「ブラシ」, lux. Ges**ii**cht [ɡəˈziːɕt]「顔」,

lux. r**ii**chten [ˈʀiːɕtən]「向ける」, lux. Kr**ii**bs [kʀiːps]「ザリガニ，癌」

<ie> [iː]：

lux. Demokrat**ie** [demokʀaˈsiː]「民主主義」, lux. Chem**ie** [ɕeˈmiː]「化学」

非強勢の位置で短縮化した異音 [i] が現れる。また，非強勢の音節の母音は，重ね書きされることはない(2.2.2参照)。

<i> [i]：lux. akt**i**véieren [ɑktiˈvɛɪʀən]「活性化する」

(cf. lux. akt**i**v [ɑkˈtiːf]「活発な」)

(2) /eː/：前舌半狭母音。単独の綴り <e> で長母音を表すこともあるが，重ね書き <ee> が用いられることが多い。

<e> [eː]：

lux. S**e**gel [ˈzeːʑəl]「帆」, lux. R**e**gel [ˈʀeːʑəl]「規則」

<ee> [eː]：

lux. **ee**mol [ˈeːmol]「いつか，かつて」, lux. B**ee**n [beːn]「脚」,

lux. D**ee**g [deːɕ]「日 (lux. Dag の pl.)」, lux. Z**ee**chen [ˈtseːɕən]「記号」,

lux. Br**ee**t [bʀeːt]「幅」

/ʀ/ の前で開口度のより高い異音 [ɛː] が現れる。この音は，子音字1つの前で <ä>，子音字2つ以上の前で，<äe> と綴られる。重ね書きの *<ää> が用いられることはない。

<ä> [ɛː]：

lux. H**är** [hɛːɐ̯]「紳士，〜さん」(cf. nhg. Herr),

lux. St**är** [stɛːɐ̯]「星」(cf. nhg. Stern)

<äe> [ɛː]：

lux. P**äer**t [pɛːɐ̯t]「馬」(cf. nhg. Pferd),

lux. W**äe**rt [vɛːɐ̯t]「価値」(cf. nhg. Wert)

非強勢の位置で短縮化した異音 [e] が現れる。また，非強勢の音節の母音は，重ね書きされることはない(2.2.2参照)。

<e> [e]：lux. Ch**e**mie [ɕeˈmiː]「化学」

(cf. lux. ch**e**mesch [ˈɕeːməʃ]「化学的な」)

(3)/ɛː/：前舌半広母音。限られた語彙や屈折の際にのみ観察される，周辺的な音素である。Schanen/Zimmer(2006b: 44)では，ルクセンブルク人にとってこの半広音が「田舎くさく響く」[8]ため，より開口度の低い [eː] として発音され，またそのように綴られると記述されている(lux. M**ee**dchen [ˈmeːtɕən] vs. nhg. M**ä**dchen [ˈmɛːtçən]「女の子」)。この半広音は主に /ʀ/ の前で半広音 [ɛː] として保たれているものの，それ以外の音韻環境では，半狭音の音素 /eː/ に統合されていると考えられ，通時的に高舌化の傾向にある音素と考えられる。母音体系の観点から考えても，後舌の長母音の音素が /uː/ と /oː/ の2種類であるのに対し，前舌の長母音の音素が /iː/，/eː/，/ɛː/ と3種類存在する現在の非対称的な体系は有標だと考えられる(“structural asymmetries” Hume 2011: 92–93)。そのため，/ɛː/ の /eː/ への統合は，今後さらに進む可能性があると推測される。

この音は，母音字や子音字1つの前では <ä> として綴られるが，子音字2つ以上の前では，基本的に <ää> として綴られる。ただし，/ʀ/ を含む2つ以上の子音字の前では，<äe> として綴られる。

<ä> [ɛː]：

lux. pr**ä**gen [ˈpʀɛːʑən]「特徴づける」，lux. f**ä**eg [ˈfɛːəɕ]「能力のある」

<ää> [ɛː]：

lux. gepr**ää**gt [gəˈpʀɛːɕt]「特徴づけられた(lux. prägen の p.p.)」

<äe> [ɛː]：

lux. B**äe**rt [bɛːɐ̯t]「ひげ(lux. Baart の pl.)」

8) “«ä» long [...] est ressenti comme provincial [...]” (Schanen/Zimmer 2006b: 44).

非強勢の位置で短縮化した異音 [ɛ] が現れると考えられる。短母音の音素 /e/ や /æ/ は，/i/ や /u/ と異なり，開音節か閉音節かで相補分布を示す異音を持たず，[ɛ] として発音されることがない。そのため，非強勢の位置で現れる同音を，本書では /ɛː/ の異音として記述する。

また，非強勢の音節の母音は，重ね書きされることはない(2.2.2 参照)。

<ä> [ɛ]：lux. P**ä**dagog [pɛdaˈgoːk]「教育者」

(4) /aː/：中舌広母音。前舌寄りであるため，前舌化の補助記号 [̟] を用いた厳密な記述 [a̟ː] も可能だが，ルクセンブルク語においては [aː] と [a̟ː] の対立がないため，本書では煩雑さを避けて補助記号を割愛する。母音字の後ろに何も続かないか子音字 1 つが続く場合は <a>，子音字 2 つ以上が続く場合は <aa> と綴られる。

<a> [aː]：

lux. **A** [aː]「目」，lux. k**a**fen [ˈkaːfən]「買う」，

lux. b**a**l [baːl]「まもなく」，lux. St**a**d [ʃtaːt]「街」

<aa> [aː]：

lux. l**aa**nscht [laːnʃt]「〜に沿って」，lux. G**aa**rt [ɡaːɐ̯t]「庭」，

lux. m**aa**chen [ˈmaːxən]「作る，する」，lux. b**aa**ng [baːŋ]「不安な」

非強勢の位置で短縮化した異音 [a] が現れると考えられる。短母音の音素 /ɑ/ は，/i/ や /u/ と異なり，開音節か閉音節かによって相補分布を示す異音を持たず，[a] として発音されることはない。そのため，非強勢の位置に現れる同音を，本書では /aː/ の異音として記述する。

また，非強勢の音節の母音は，重ね書きされることはない(2.2.2 参照)。

<a> [a]：lux. **A**k**a**demie [akadeˈmiː]「学術協会」

(5) /oː/：後舌半狭母音。母音字の後ろに何も続かないか子音字 1 つが続く場合は <o>，子音字 2 つ以上が続く場合は <oo> と綴られる。

<o> [oː]：

lux. M**o** [moː]「胃」，lux. W**o**n [voːn]「自動車」，

lux. D**o**t [doːt]「行為」，lux. Kr**o**m [kʀoːm]「がらくた」

<oo> [oː]：

lux. B**oo**tsch [boːtʃ]「パンのみみ」，lux. l**oo**ssen [ˈloːsən]「〜させる」，

lux. Str**oo**ss [ʃtʀoːs]「道」，lux. Br**oo**ch [bʀoːx]「休閑地」

非強勢の位置で短縮化した異音 [o] が現れると考えられる。短母音の音素 /ɔ/ もまた，/i/ や /u/ と異なり，開音節か閉音節かによって相補分布を示す異音を持たず，[o] として発音されることはない。そのため，非強勢の位置に現れる同音を，本書では /oː/ の異音として記述する。また，非強勢の音節の母音は，重ね書きされることはない(2.2.2参照)。

<o> [o]：

lux. D**o**män [doˈmɛːn]「領域」，lux. Pan**o**rama [panoˈʀaːma]「パノラマ」

(6)/uː/：後舌狭母音。母音字の後ろに何も続かないか子音字1つが続く場合は <u>，子音字2つ以上が続く場合は <uu> と綴られる。

<u> [uː]：

lux. B**u**d [buːt]「屋台」，lux. d**u** [duː]「君」，

lux. Bl**u**s [bluːs]「ブラウス」，

lux. kr**u**t [kʀuːt]「得た(lux. kréien)の pret.」

<uu> [uː]：

lux. B**uu**ch [buːx]「本」，lux. F**uu**ss [fuːs]「キツネ」，

lux. L**uu**cht [luːxt]「光」，lux. K**uu**scht [kuːʃt]「パンの皮」

非強勢の位置で短縮化した異音 [u] が現れる。また，非強勢の音節の母音は，重ね書きされることはない(2.2.2参照)。

<u> [u]：lux. kult**u**rell [kʊltuˈʀæl]「文化的な」

(cf. lux. Kult**u**r [kʊlˈtuːɐ̯]「文化」)

4.1.2　二 重 母 音

標準ドイツ語が3種類の二重母音 /aɪ/，/aʊ/，/ɔʏ/ しか持たないのに対し，ルクセンブルク語の母音体系は8種類の二重母音 /ɑɪ/，/æɪ/，/ɑʊ/，

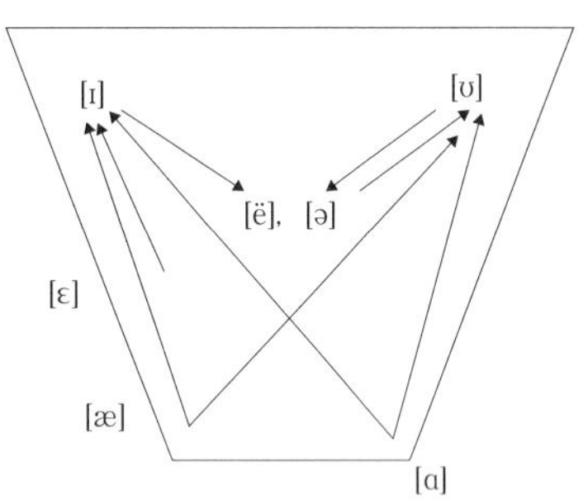

図 4-8　ルクセンブルク語における二重母音

/æʊ/, /ɛɪ/, /ɪə/, /ëʊ/, /ʊə/ を有する。同言語(ルクセンブルク語中央方言)における二重母音は，全て前半部に音節主音がある降り二重母音であり，昇り二重母音との対立がないため，本書では音節副音を示す補助記号 [̯] を割愛して記述する。

以下では，単母音の場合と同様，まず散布図によって各二重母音の分布を観察し，より適当な発音記号を提示する。ただし，本書で使用しているマクロでは(3.4 参照)，一つの散布図の中で示すことのできるプロットが 7 種類までと限られている。二重母音の記述に際しては，まずその出発点と終着点にそれぞれ近いと考えられる単母音の分布を 2 種類の点を用いて示し，残りの 5 種類の点を用いて 5 人の話者(話者 1-5)の発音の分布を示す。他の 5 人の話者の発音も，本書で扱う 5 人のものと大きく異なるものではない。母音の分布の観察に際しては，該当部分の発音時間を 6 等分して(6 拍に分けて)その都度周波数を測定し，二重母音の動きを追えるようにした。

・[ɑɪ]：Schanen/Zimmer(2006b)では，[aɪ] として記述されているもの。図 4-9 からも明らかなように，実際にはより後舌の [ɑ] を起点としているため，本書では /ɑɪ/ という記述が適当と考える。

・[æɪ]：Schanen/Zimmer(2006b)では，[ɛɪ] として記述されている二重母音。筆者による録音調査と音響解析では，二重母音の初めの音の調音位

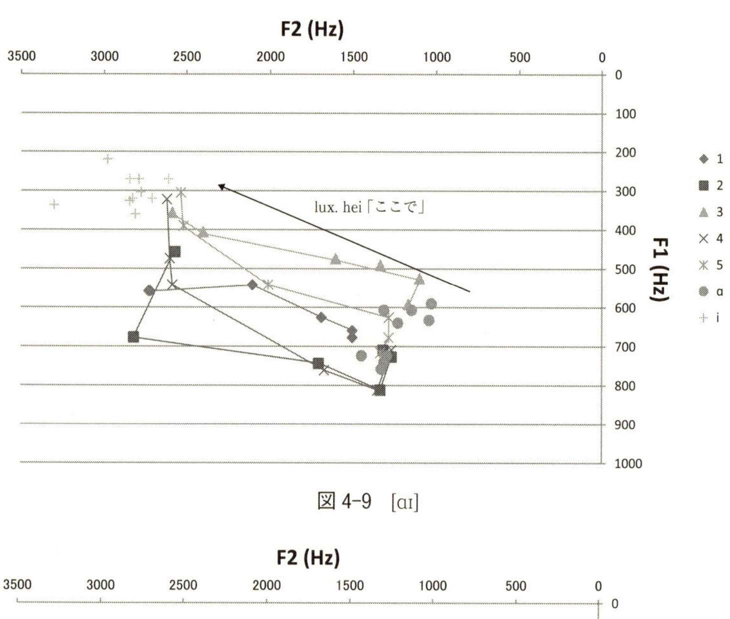

図 4-9　[ɑɪ]

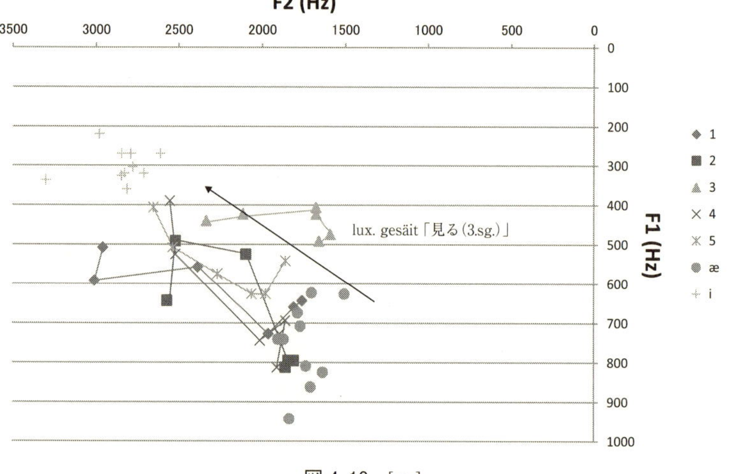

図 4-10　[æɪ]

置は，かなり開口度が高く，短母音の /æ/ とほぼ同じ位置であるため，/æɪ/ と記述する(図 4-10)。

・[ɑʊ] と [æʊ]：比較的開口度の高い [ɑ] や [æ] から前舌狭母音 [ɪ] に向かう二重母音 [ɑɪ]，[æɪ] に比べ，同じく開口度の高い [ɑ] や [æ] から後舌狭母音に向かう二重母音の記述には，注意が必要である。

図 4-11，図 4-12 を見ると，これらの二重母音はかなり開口度が低く緊張度の高い [u] と同程度の調音位置で終わっていることが確認される。

しかし，前舌母音で終わる二重母音 [ɑɪ]，[æɪ] が，若干中舌寄りで緊張度の低い母音 [ɪ] で終わっているのに対して，後舌母音に向かう二重母音を開口度が低く緊張度の高い [u] で終わるとする記述 ("[ɑu]"，"[æu]") は，音声学的には厳密な記述であっても，音韻論的には非対称的な音韻体系 ("structural asymmetries" Hume 2011: 92-93) を導く不自然な記述である。

そもそも緊張度の高い後舌母音 [u] は，6.1.3 で扱う 2 つの弁別的な高低アクセントのうち，ピッチと音の強度の急激な低下を示す「高低アクセント 1」の影響で現れる音と考えられる。ルクセンブルク語において同アクセントを伴う母音はその最後に軽い声門の狭めや閉鎖を伴うことがある (Gilles 1999: 75; Gilles 2002: 274-278)。二重母音 "/ɑu/" はこの高低アクセントを伴う二重母音であるため，その最後に現れる開口度の低い後舌母音 [u] は，声門の狭めや閉鎖との同化の結果，現れる音と考えられる。

"/æu/" は，本来 "/ɑu/" と異なり，もう一つのアクセント「高低アクセント 2」を伴う音であるが，やはり開口度の低い後舌母音 [u] が観察される。前舌に向かう二重母音 /ɑɪ/，/æɪ/ が今日も明らかな弁別を残すのに比べて，後舌に向かう二重母音 "/ɑu/"，"/æu/" の弁別が失われつつあることが関係していると考えられる[9]。両者の弁別があいまいであるため，"/æu/" にも類推が働き，

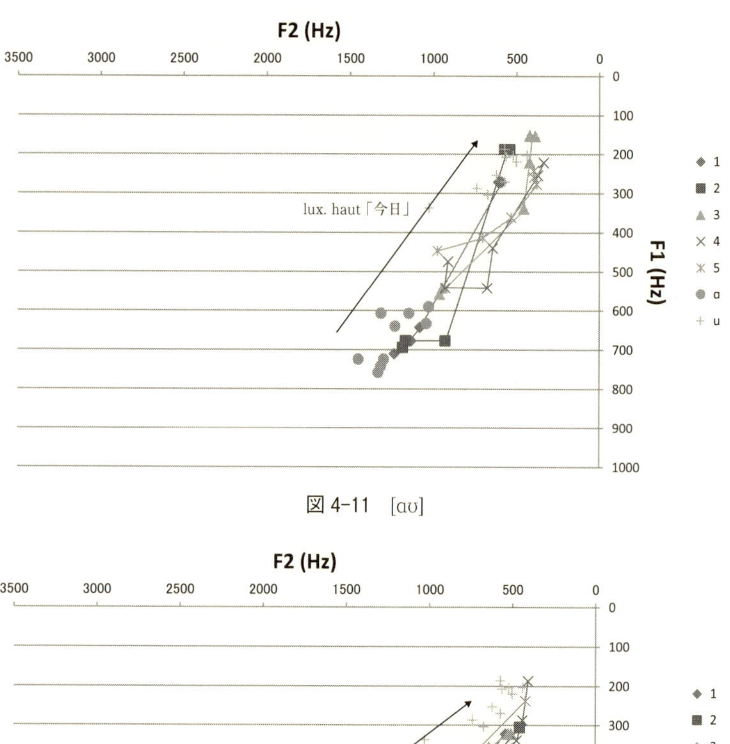

図 4-11　[ɑʊ]

図 4-12　[æʊ]

9）図4-12では，話者4が /æʊ/ を /ɑʊ/ と全く同じ音質の二重母音として発音している。

“/ɑu/” と同じ開口度の低い [u] が現れていると考えられる。いずれにせよ，開口度の低い後舌母音は，声門音との同化の結果現れている音だと考えられるため，本書ではこれらの二重母音の音素を /ɑʊ/, /æʊ/ として記述する。

また，上述の高低アクセントは今日のルクセンブルク語ではほとんど失われているため(6.1.3 参照)，同化の結果現れていると考えられる開口度の低い後舌母音 [u] も将来的に失われることが予想される。

開口度の低い [u] を音響解析の結果のまま厳密に記述するのは，ルクセンブルク語の音韻記述を目的とする本書において本質的ではなく，むしろその理解を妨げる恐れがあるため，以下では音声記述の際にも音素をそのまま反映させた [ɑʊ]，[æʊ] として記述する。

・[ɛɪ]：Schanen/Zimmer(2006b)では，[eɪ] として記述されているもの。多少のばらつきは観察されるが，この二重母音の初めの調音位置もやはり [e] よりも開口度の高い [ɛ] であると考えられるため(図 4-13)，本書では [ɛɪ] として記述する。

・[ɪə]：この二重母音に関しては，Schanen/Zimmer(2006b)の [ɪə] という記述と同じ音響解析結果が出ている(図 4-14)。全体的に，上述の [ɛɪ] よりもばらつきが見られる。二重母音の始まりは，前舌狭母音の [i] よりも若干開口度が高く中舌寄りの [ɪ] の位置で調音される音と考えられる。終着点にばらつきはあるものの，[ɛ] よりも中舌寄りの音である場合がほとんどであるため，あいまい母音もしくは [ë] の位置で終わる二重母音だと考えられる。[ɪë] という記述の可能性もあるが，音節副音となる後半部を，強勢を伴いうる音 [ë] として記述するよりも，常に非強勢のあいまい母音として記述する方が適当であると考える。したがって，本書でも，この二重母音を [ɪə] と記述することとする。

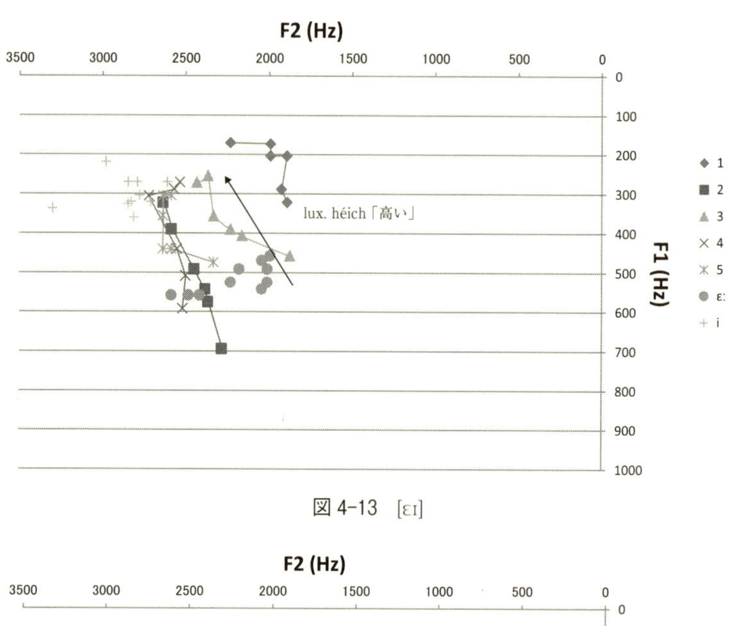

図 4-13　[ɛɪ]

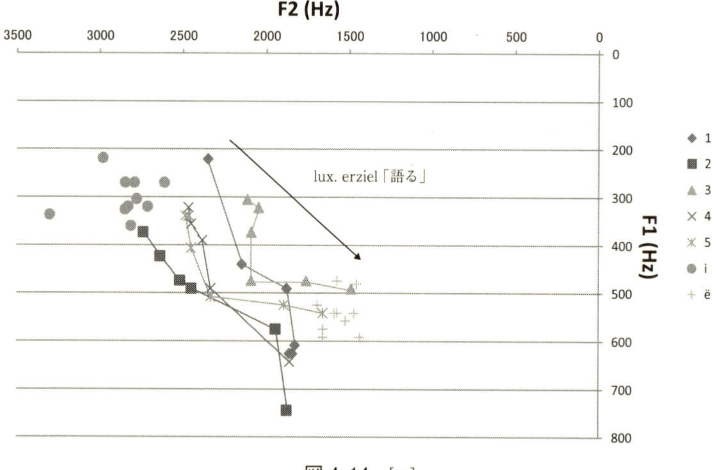

図 4-14　[ɪə]

・[ëʊ]：Schanen/Zimmer(2006b)では，[əʊ]もしくは[ɔʊ]として記述されている二重母音。音響解析では，初めの音の調音位置はほぼあいまい母音と同じ位置だということがわかる(図4-15)。この二重母音も他と同様に降り二重母音であるため，前半部の音は強勢を伴う。したがって，本書では強勢を伴いうる中舌短母音[ë]と同じ発音記号を用いる。終わりの音は，[u]よりも若干中舌寄りで開口度の高い分布を示しているため，本書では，この二重母音を[ëʊ]として記述する。

・[ʊə]：Schanen/Zimmer(2006b)で[ʊə]と記述されている二重母音である。本書の観察でも，この二重母音は[u]よりも若干中舌寄りで開口度の高い[ʊ]の位置から始まり，あいまい母音の位置で終わることが確認される(図4-16)。Schanen/Zimmer(2006b)と同様，[ʊə]とする記述が適当と考えられる。

以下で，二重母音のミニマルペアを示す。

・/ɑɪ/ vs. /æɪ/：
lux. **ei**s [ɑɪs]「我々(1.pl.dat./acc.)」vs. lux. **Äi**s [æɪs]「氷」

・/æɪ/ vs. /ɛɪ/：
lux. fr**äi** [fʀæɪ]「自由な」vs. lux. fr**éi** [fʀɛɪ]「早い」

・/ɑʊ/ vs. /æʊ/：
lux. h**au**t [hɑʊt]「今日」vs. lux. H**au**t [hæʊt]「肌」

・/ɑʊ/ vs. /ëʊ/：
lux. **Au**er [ˈɑʊɐ]「時計」vs. lux. **Ou**er [ˈëʊɐ]「耳」

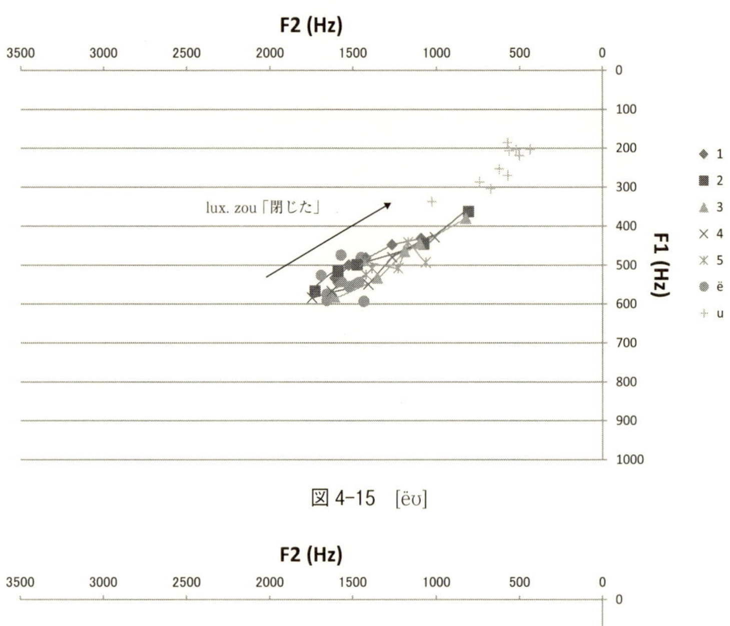

図 4-15　[ëʊ]

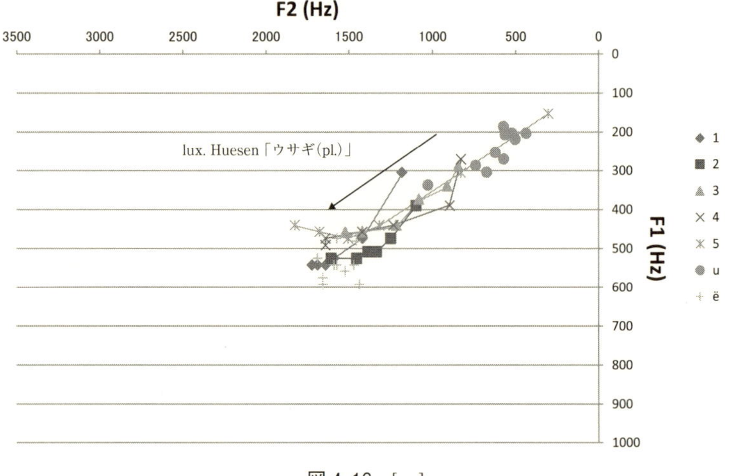

図 4-16　[ʊə]

以下では，各二重母音の音素と綴りをまとめる。

(1)/ɑɪ/：後舌広母音から緊張度の低い前舌狭母音に向かう二重母音。綴りには，<ei> と <ai> の2種類があるが，後者の綴りは屈折や派生語などで母音交替を起こした語において使用されることが多い。

<ei> [ɑɪ]：

lux. **ei**s [ɑɪs]「我々(1.pl.dat./acc.)」，lux. Gew**ei** [gəˈvɑɪ]「(鹿の)枝角」，
lux. sch**ei** [ʃɑɪ]「内気な」，lux. h**ei** [hɑɪ]「ここ」

<ai> [ɑɪ]：

lux. H**ai**ser [ˈhɑɪzɐ]「家(lux. Haus の pl.)」，lux. Geb**ai** [gəˈbɑɪ]「建物」，
lux. sch**ai**men [ˈʃɑɪmən]「泡立つ」，
lux. R**ai**m [ʀɑɪm]「部屋(lux. Raum の pl.)」

(2)/æɪ/：前舌母音 [æ] から緊張度の低い前舌狭母音に向かう二重母音。

<äi> [æɪ]：

lux. **Äi**s [æɪs]「氷」，lux. P**äi**f [pæɪf]「笛」，
lux. Z**äi**t [tsæɪt]「時間」，lux. dr**äi** [dʀæɪ]「3(数詞)」

(3)/ɑʊ/：後舌広母音から緊張度の低い後舌狭母音に向かう二重母音。

<au> [ɑʊ]：

lux. b**au**en [ˈbɑʊən]「建てる」，lux. D**au**f [dɑʊf]「ハト」，
lux. Dr**au**f [dʀɑʊf]「ブドウ」，lux. h**au**t [hɑʊt]「今日」

(4)/æʊ/：前舌母音 [æ] から緊張度の低い後舌狭母音に向かう二重母音。現行のルクセンブルク語正書法で /ɑʊ/ と綴り分けられることはない。

<au> [æʊ]：

lux. **au**s [æʊs]「～の外で/へ」，lux. br**au**chen [ˈbʀæʊxən]「必要とする」，
lux. S**au** [zæʊ]「雌豚」，lux. H**au**t [hæʊt]「肌」

(5)/ɛɪ/：前舌母音[ɛ]から緊張度の低い前舌狭母音に向かう二重母音。

<éi> [ɛɪ]：

lux. B**éi**er [ˈbɛɪɐ]「ビール」, lux. Schn**éi** [ʃnɛɪ]「雪」,

lux. K**éi**er [ˈkɛɪɐ]「回」, lux. h**éi**ch [hɛɪɕ]「高い」

ただしこの二重母音は，使用頻度の高い助動詞や不変化詞において，[ɪ]と発音されることが多い。

lux. g**éi**ng ([gɛɪŋ]/)[gɪŋ]「～する予定(つもり)だ(lux. goen の subj.)」,

lux. g**éi**f ([gɛɪf]/)[gɪf]「～する予定(つもり)だ(lux. ginn の subj.)」[10),

lux. m**éi** ([mɛɪ]/)[mɪ][11)「より～(lux. vill の比較級)」[12)

(6)/ɪə/：緊張度の低い前舌狭母音からあいまい母音に向かう二重母音。

<ie> [ɪə]：

lux. **ie**ch [ɪəɕ]「君たち(2.pl.dat./acc.)」, lux. w**ie**n [vɪən]「だれ」,

lux. z**ie**len [ˈtsɪələn]「数える」, lux. fr**ie**m [fʀɪəm]「なじみのない」

(7)/ëʊ/：あいまい母音と同じ調音位置の中舌母音から緊張度の低い後舌狭

---

10) 標準ドイツ語における未来を表す助動詞 nhg. werden と同語源(cognate)の語彙は lux. wäerten であるが，ルクセンブルク語におけるこの助動詞は予測を表すときのみに用いられ(Schanen/Zimmer 2012: 22)，使用頻度も非常に低い。未来表現には，上で挙げた lux. géing や lux. géif を使う形が一般的である(lux. Ech géing dat maachen.「私はそれをする(つもりだ)。」)。

11) 単母音 /i/ は，開音節では緊張度の高い異音[i]として現れるが，/ɛɪ/ の変種として現れる母音は，もとの二重母音の後半部の音に近い，緊張度の低い音[ɪ]として発音される場合が多い。

12) ルクセンブルク語の比較級は，標準ドイツ語のように屈折語尾を伴う統合的(synthetic)な形式ではなく，不変化詞 lux. méi (nhg. *mehr*)「より(多く)」または lux. manner (nhg. *minder*)「より(少なく)」を伴った分析的(analytic)な形式を用いる(nhg. größer vs. lux. méi grouss「より大きい」)。lux. méi 単独で用いられる場合は，二重母音の短縮化が起きない形式[mɛɪ]として発音されるが，他の形容詞もしくは副詞の前に現れて分析的な比較級を形成する場合は，短縮化が起きた[mɪ]という発音が観察されることが多い。

母音に向かう二重母音。

<ou> [ëʊ]：

lux. **Ou**er [ˈëʊɐ]「耳」, lux. B**ou**f [bëʊf]「少年」,
lux. L**ou**n [lëʊn]「賃金」, lux. K**ou** [këʊ]「雌牛」

(8) /ʊə/：緊張度の低い後舌狭母音からあいまい母音に向かう二重母音。

<ue> [ʊə]：

lux. **ue**wen [ˈʊəvən]「上方に」, lux. B**ue**dem [ˈbʊədəm]「土地」,
lux. Z**ue**l [tsʊəl]「数」, lux. K**ue**l [kʊəl]「石炭」

最後に, Schanen/Zimmer (2006b: 115), Braun et al. (2005a: 6), Zimmer (2008: 10) などで, 上の8つに加えて二重母音として挙げられている "/ɔɪ/" について言及する。本書では, これを二重母音ではなく短母音 /ɔ/ と子音 /j/ との音連続であると考える。硬口蓋接近音 [j] と前舌狭母音 [i] もしくは [ɪ] を音響音声学的に区別するのは困難であるため, 以下では同音が現れる語彙の通時的音韻変化という観点から論拠を示す。

まず, この音が現れるのは lux. Moien (nhg. *Morgen*)「朝」, lux. moies (nhg. *morgens*)「朝に」という限られた語彙においてのみである。また, これらは非常に新しい形式と考えられる。lux. Moien は, LWB の時代, すなわち 50 年ほど前のルクセンブルク語では,「朝」という意味はなく, 挨拶の表現に特化して使用されていた (LWB Bd. 3: 162)。nhg. Morgen「朝」にあたる時間帯を表すルクセンブルク語としては, lux. Muergen という他の形式が挙げられている (LWB Bd. 3: 178–179)。lux. moies については, LWB には記載がなく, nhg. morgens「朝に」を表す語彙としては lux. muerge(n)s/mueres という形式が挙げられている (LWB Bd. 3: 179)。2008 年出版の *Luxdico* には lux. Muergen という形式の記載はないが, lux. Moien, lux. moies に加えて, lux. Mueren, lux. mueres という形式の記載がある (Welschbillig/Schanen/Lulling 2008: 109–111)。

nhg. Morgen「朝」にあたるルクセンブルク語の最も古い形式は lux.

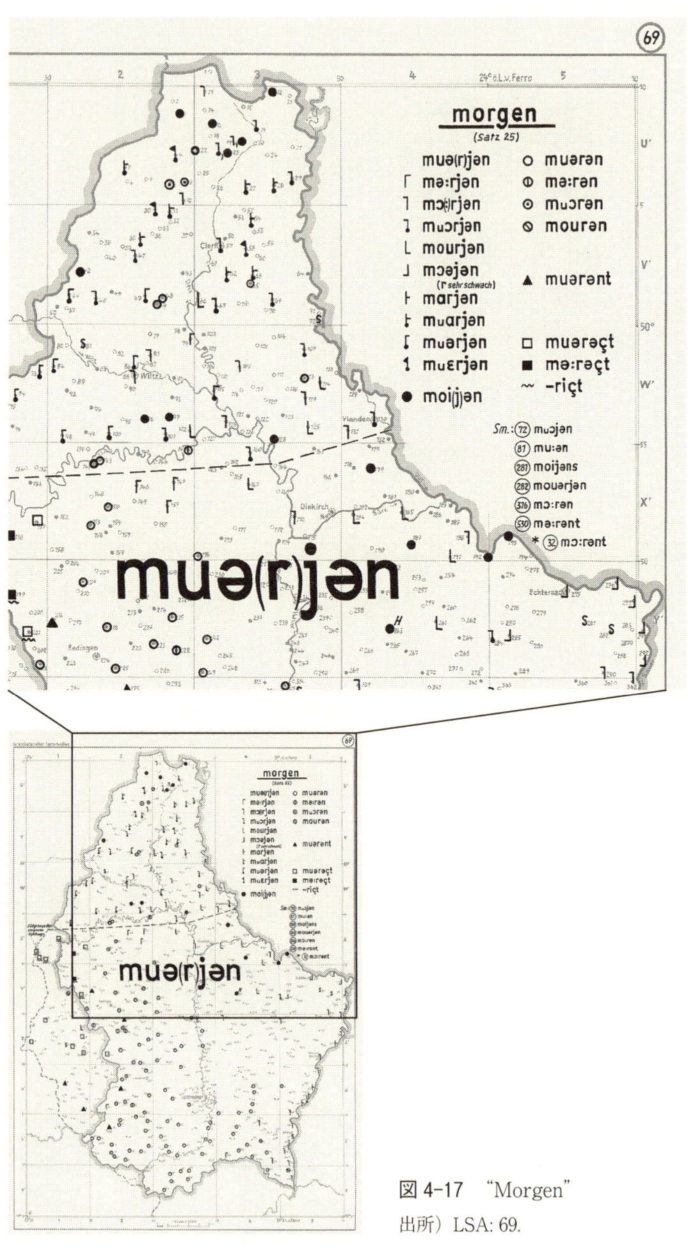

図 4-17　“Morgen”

出所）LSA: 69.

Muergen であると考えられる。この形式は，通時的には ohg. morgan, mhg. morgen (Pfeifer 2005: 890) の第 1 音節の母音が /r/ の前でまず長音化し (> *ɔː)，次いで二重母音化を起こしたものと考えられる (> *uə/*ʊə) (6. 1. 2 参照)。二重母音化の前の段階の長母音を残した形式は，ルクセンブルクの東方言や北方言で今日も観察される (図 4-17 参照)。二重母音化に関しては，[ʊ̯ɔ]，[ʊ̯ɑ] などの昇り二重母音がより古い形式だが (6. 1. 2 参照)，これらもやはり東方言や北方言で観察される (図 4-17 参照)。

lux. Muergen における語中の <g> は，摩擦音として発音されるか，もしくは脱落を起こしやすい音である (4. 2. 4，6. 2. 2 参照)。この音の脱落が起きた形式が lux. Mueren であると考えられる。新しい形式の lux. Moien は，北・東方言などに残る古い形式 [mʊ̯ɔʀjən]/[mʊ̯ɑʀjən] が，縮約 (contraction) を起こした形式であると推測される。前舌狭母音 [ɪ] のように聞こえる音は，したがって，子音の [j] (<g>) に由来すると考えられる。今日のルクセンブルク語においても，二重母音の "/ɔɪ/" としてではなく，あくまで母音 [ɔ] と子音 [j] からなる音連続と考えるべきである (lux. Moien [ˈmɔjən], lux. moies [ˈmɔjəs])。

したがって，今日のルクセンブルク語における二重母音は，上記の音連続 /ɔj/ を除いた /ɑɪ/，/æɪ/，/ɑʊ/，/æʊ/，/ɛɪ/，/ɪə/，/ëʊ/，/ʊə/ の 8 つである。

4.2 子　　音

この節では，ルクセンブルク語における子音の記述を行う。

全体的な特徴として，歯茎閉鎖音の例外を除いて (5. 2. 2 参照)，ルクセンブルク語の子音に長短の対立はない。子音が重ねて綴られるのは，それに先行する母音が短母音であることを示すためである (2. 2. 2 参照)。また，上部ドイツ語 (Upper German) で観察されるような硬音・軟音の対立はなく，有声・無声の対立がある。

表 4-1 では，ルクセンブルク語において観察される子音をまとめている。

表 4-1　ルクセンブルク語の子音

	唇音	唇歯音	歯茎音	後部 歯茎音	歯茎・ 硬口蓋音	硬口 蓋音	軟口蓋音	口蓋 垂音	声門音
閉鎖音	p/b		t/d				k/g		(ʔ)
摩擦音		f/v	s/z	ʃ/ʒ	ɕ/ʑ	(ʝ)	(x)/(ɣ)		h
鼻音	m		n				ŋ		
側音			l						
ふるえ音								ʀ	
接近音	w					j			

異音や自由変種，また任意で現れ弁別的な役割を果たさないものは括弧で括っている。

以下では，調音位置ごとに大きく項を分け，各子音の音素と異音，綴りを整理する。

4.2.1　唇音及び唇歯音

(1)/p/：無声両唇閉鎖音。全ての位置に現れることができる。また，無声唇歯摩擦音 [f] との子音連続においても観察されるが，この子音連続は語頭ではほとんど観察されない。語頭以外であれば，音節開始部(onset)にも末尾(coda)にも現れることができる。

<p> [p]：

lux. **Papp** [pɑp]「父」，lux. Häi**p** [hæɪp]「小屋」，

lux. kla**pp**en [ˈklɑpən]「捕まえる，手をパチパチ叩く」，

lux. däm**p**fen [ˈdæmpfən]「和らげる，蒸す」，

lux. Kam**p**f [kɑmpf]「戦い」

(2)/b/：有声両唇閉鎖音。語末(音節末)で無声化する[13]。

13)　標準ドイツ語において，伝統的に「語末音硬化」(nhg. Auslautverhärtung)と呼ばれる音韻規則と同様の現象。この現象は，実際には音節末尾の子音が無声化する現象であるため，より厳密には「末尾音の無声化」(final devoicing)として記述するのが適

<b> [b]/[p]：

lux. **B**omi [ˈbo:mi]「祖母」, lux. agrea**b**el [ɑɡʀɛˈa:bəl]「快適な」,

lux. Kue**b**en [ˈkʊəbən]「カラス(pl.)」, lux. Kue**b** [kʊəp]「カラス」

(3)/f/：無声唇歯摩擦音。全ての位置に現れることができる。綴りには, <f>, <ff>, <v> の3種類があるが, <v> は語頭(形態素の初め)のみに現れる。

<f>/<ff> [f]：

lux. **F**eier [ˈfɑɪʁ]「火」, lux. gräi**f**en [ˈɡʀæɪfən]「つかむ」,

lux. Schë**ff** [ʃëf]「船」, lux. Schë**ff**er [ˈʃëfʁ]「船(pl.)」

<v> [f]：

lux. **v**ill [fɪl]「たくさんの」, lux. **v**éier [ˈfɛɪʁ]「4(数詞)」,

lux. **v**un [fʊn]「～から, ～について」,

lux. do**v**un [doˈfʊn]「そこから, それについて」,

lux. **v**recken [ˈfʀækən]「壊す」

(4)/v/：有声唇歯摩擦音。全ての位置で観察されるが, 語末では無声化する。無声化した音は, <f> として綴られることが多く, <w> として綴られるのは, 下で挙げる lux. Léiw「ライオン」など, 限られた語彙のみである。

<w> [v]/[f]：

lux. **W**on [vo:n]「車」, lux. ue**w**en [ˈʊəvən]「上方に」,

lux. Léi**w** [lɛɪf]「ライオン」,

lux. Bréi**w**er [ˈbʀɛɪvʁ]「手紙(lux. Bréif の pl.)」,

lux. schrei**w**en [ˈʃʀɑɪvən]「書く(inf.)」

<f> [f]：

lux. Bréi**f** [bʀɛɪf]「手紙」,

lux. schrei**f**s [ʃʀɑɪfs]「書く(lux. schreiwen の 2.sg.)」

当である(Wiese 2000: 200-205)。

(5)/m/：有声両唇鼻音。全ての位置に現れることができる。

<m>/<mm> [m]：

lux. **m**ir [mɪɐ̯]「我々(nom.)」，lux. ko**mm**en [ˈkɔmən]「来る」，
lux. Dra**m** [dʀaːm]「夢」，lux. sch**m**uel [ʃmʊəl]「幅の狭い」

(6)/w/：両唇接近音。音節開始部において，他の子音に後続するときにのみ現れる。<q> で綴られる音の後ろに現れる場合にのみ <u> として綴られる。また，音連続 [kw] は，常に <qu> として綴られる。

<w>/<u> [w]：

lux. z**w**ou [tswëʊ]「2(数詞，f.)」，lux. sch**w**éier [ˈʃwɛɪɐ]「難しい」，
lux. Q**u**ell [kwæl]「泉」

4.2.2　歯 茎 音

(1)/t/：無声歯茎閉鎖音。全ての位置で観察される。

<t>/<tt> [t]：

lux. **T**éi [tɛɪ]「お茶」，lux. Knue**t** [knʊət]「結び目」，
lux. **t**rëppelen [ˈtʀëpələn]「散歩する」，lux. Biisch**t** [biːʃt]「ブラシ」，
lux. pla**tt** [plɑt]「平らな」

(2)/d/：有声歯茎閉鎖音。全ての位置に現れることができるが，語末で無声化する。

<d> [d]/[t]：

lux. **D**all [dɑl]「谷」，lux. Fue**d**em [ˈfʊədəm]「糸」，
lux. **d**räi [dʀæɪ]「3(数詞)」，lux. béi**d** [bɛɪt]「2つの，両方の」

(3)/s/：無声歯茎摩擦音。語頭や形態素の初め以外で観察される。標準ドイツ語で観察される音節末尾の子音連続 [st] は，ルクセンブルク語でも観察されるものの，摩擦音が硬口蓋化を起こした形式 -scht [ʃt] となっている語彙

が多い(lux. Loscht [lɔʃt](nhg. *Lust*)「やる気，喜び」，lux. bescht [bæʃt](nhg. *best*)「最も良い(lux. gutt の最上級)」)。[s] の硬口蓋化は，もともと南部方言の特徴だが(図 1-7 参照)，この傾向は北上しつつあり，無声歯茎閉鎖音 [t] の前では特にこの変化が起こりやすい(6.2.1 参照)。

綴りには，<s> と <ss> の２種類があるが，重ね書きすることで先行する母音が短母音であることを示す他の子音字と異なり，<ss> は当該音が無声音であることを示すために使用されていると考えられる。したがって，以下の例で示すように，<ss> で綴られる無声音の前に長母音が現れる場合は，その母音字を２つ重ねて綴り，それが長母音であることを示す。

<s>/<ss> [s]：

lux. Fuu**ss** [fu:s]「キツネ」，lux. Waa**ss**er [ˈva:sɐ]「水」，

lux. Hal**s** [hɑls]「首」，lux. fe**s**t [fæst]「固い」

標準ドイツ語などにおいて観察される子音連続 [ts] は，ルクセンブルク語においても広く観察され，全ての位置に現れることができる。

<z>/<ts> [ts]：

lux. **Z**äit [tsæɪt]「時間」，lux. schä**tz**en [ˈʃætsən]「見積もる」，

lux. Ka**z** [ka:ts]「ネコ」，lux. **z**réck [tsʀek]「元の場所へ」，

lux. Pil**z** [pɪlts]「キノコ」

既述のように，標準ドイツ語と同様，ルクセンブルク語における無声歯茎摩擦音 /s/ は，語頭や形態素の頭で現れることができない。しかし，外来語の受容の仕方に，両言語の傾向の違いが現れている。ドイツ語では，本来 [s] で始まる外来語を，語頭でも現れることが可能な有声歯茎摩擦音 [z] を用いてドイツ語化するのに対し(nhg. Sauce [zo:sə] < fr. sauce [sos]「ソース」)，ルクセンブルク語では無声歯茎破擦音[14][ts] を用いてルクセンブルク語化する傾向がある。すなわち，ドイツ語では摩擦音という調音方法，ルクセンブルク語では無声という素性を保って，各々の言語に受容する傾向があると言える。

14) より厳密には，無声歯茎閉鎖音 [t] と無声歯茎摩擦音 [s] の子音連続。

lux. **S**auce [sos] ([so:s])/**Z**ooss [tso:s]「ソース」,

lux. **s**ervéieren [sɛɐ̯ˈvɛɪʀən]/**z**erwéieren [tsɛɐ̯ˈvɛɪʀən]「提供する」

(4)/z/：有声歯茎摩擦音。語末では無声音として現れる。

<s> [z]：

lux. **s**oen [ˈzo:ən]「言う」,

lux. ro**s**en [ˈʀo:zən]「荒れ狂う」,

lux. ro**s** [ʀo:s]「荒れ狂う(lux. rosen の 2.sg.)」,

lux. Hue**s**en [ˈhʊəzən]「ウサギ(lux. Hues の pl.)」,

lux. Hue**s** [hʊəs]「ウサギ」

(5)/n/：有声歯茎鼻音。全ての位置において観察される。ただし，語末(形態素末)の当該音は，後続する音韻環境によって脱落することがある(5.1参照)。語中や語末で重ね書きされることがある。また，軟口蓋閉鎖音 /k/ の前で，異音の [ŋ] が現れる。

<n>/<nn> [n]：

lux. **N**ol [no:l]「針」, lux. Ka**nn**er [ˈkɑnɐ]「子供(lux. Kand の pl.)」,

lux. hu**nn** [hʊn]「持っている」, lux. Sch**n**éi [ʃnɛɪ]「雪」,

lux. Frë**n**d [fʀënt]「友人(m.)」,

lux. ufä**n**ken [ˈʊfæŋkən][15]「始める」, lux. jo**n**k [jɔŋk]「若い」

(6)/l/：有声歯茎側音。全ての位置で観察される。ただし，子音連続は語頭(形態素の初め)のみ。語中や語末で重ね書きされることがある。

<l>/<ll> [l]：

lux. **L**oscht [lɔʃt]「喜び，やる気」, lux. Më**ll**ech [ˈmëləɕ]「牛乳(乳)」,

---

15) lux. ufä**n**ken [ˈʊfæŋkən] における始めの音節は一見開音節であるが，これは lux. un- [ʊn] という形態素の末尾において [n] が脱落している形式であるため(「n 規則」5.1参照)，閉音節における異音 [ʊ] が現れている。

lux. gie**l** [gɪəl]「黄色い」, lux. F**l**eesch [fleːʃ]「肉」

4.2.3　後部歯茎音

(1)/ʃ/：無声後部歯茎音。全ての位置で観察される。語頭(独立形態素の初め)の <p>, <t> の前では <s> と綴られるが，それ以外の位置では <sch> と綴られる。

<sch> [ʃ]：

lux. **Sch**iet [ʃɪət]「影」, lux. Dë**sch**er [ˈdëʃɐ]「机(lux. Dësch の pl.)」,
lux. Dë**sch** [dëʃ]「机」, lux. **Sch**néi [ʃnɛɪ]「雪」,
lux. Duu**sch**t [duːʃt]「(のどの)渇き」

<s> [ʃ]：

lux. **S**peck [ʃpæk]「脂身」, lux. **s**prangen [ˈʃpʀɑŋən]「跳ぶ」,
lux. **S**tach [ʃtɑx]「刺すこと」, lux. **S**trooss [ʃtʀoːs]「道路」

名詞の複数形形成の際に有声化を起こしているように見える語彙もあるが，全ての場合には当てはまらず，形容詞の屈折などではこの有声化は起きない。

lux. Pii**sch** [piːʃ]「モモ」vs. Pi**j**en [ˈpiːʒən]「モモ(lux. Piisch の pl.)」
lux. eng auslänne**sch** Studentin [æŋ ˈæuslænəʃ ʃtuˈdæntɪn]「外国人学生(f.)」vs. lux. en auslänne**sch**e Student [ən ˈæuslænəʃə ʃtuˈdænt]「外国人学生(m.)」

有声化を起こしているように見える例では，有声音の [ʒ] を有する形式が語彙化し，単数形で語末音硬化を起こしている可能性がある。

(2)/ʒ/：有声後部歯茎音。全ての位置で観察される。もともと借用語で観察される音であり，本来のルクセンブルク語の音素ではないが，今日では語末で無声化が起きるなど，ルクセンブルク語の音韻規則に従っているため，本書ではこの音をすでにルクセンブルク語の音韻体系に取り入れられた音素の一つとして記述する。

綴りには，<j> と <g(e)> があるが，<j> は語頭でしか現れない。

<j> [ʒ]：

lux. **J**upe [ʒʊp]「スカート」，lux. **J**eans [ʒi:ns]「ジーンズ」

<g(e)> [ʒ]/[ʃ]：

lux. **G**ilet [ˈʒile]「ベスト」，lux. Massa**ge** [mɑˈsa:ʃ]「マッサージ」

vs. lux. Massa**g**en [mɑˈsa:ʒən]「マッサージ(lux. Massage の pl.)」

lux. eng bei**ge** **J**upe [æŋ bɛ:ʃ ʒʊp]「ベージュ色のスカート(lux. Jupe は女性名詞)」vs. lux. e bei**g**en Hutt [ə ˈbɛ:ʒən hʊt]「ベージュの帽子(lux. Hutt は男性名詞)」

lux. Massage では，もとのフランス語の綴りに倣って母音字で終わっているが，実際には後部歯茎摩擦音が語末を占めているため，無声化が起きると考えられる。複数形では，複数形形成語尾 lux. -en [ən] が付されるため，当該の摩擦音は最終音節の開始部を占める音節構造となる。そのため，無声化は起こらない。複数形の綴りでは，綴り字 <e> が連続するのを避け，*<Massageen> ではなく <Massagen> と綴られる。

lux. beige の例は，ゼロ語尾をとる女性主格/対格の場合と，語尾 lux. -en が現れる男性主格/対格の場合を示している。この例の場合も，上の lux. Massage の場合と同様に考えることができる。

ただし，語末で無声化が起きた摩擦音の表記に関しては，揺れがあるようである。例えば，上の lux. Massage は，*Luxdico*(ドイツ語版 2008)に倣った表記であるが，Schanen/Zimmer(2012: 279)では，“Massasch”と綴られている。

標準ドイツ語などで観察される子音連続 [tʃ] は，ルクセンブルク語においても観察される。

<tsch> [tʃ]：

lux. **Tsch**ech [tʃæɕ]「チェコ人」，

lux. klaa**tsch**en [ˈkla:tʃən]「告げ口する」，

lux. Ru**tsch** [ʀʊtʃ]「滑り落ちること」

4.2.4　歯茎・硬口蓋音，硬口蓋音及び軟口蓋音

この項では，歯茎・硬口蓋音及び硬口蓋音と軟口蓋音，すなわち舌背音(dorsal)の分析と記述を行う。

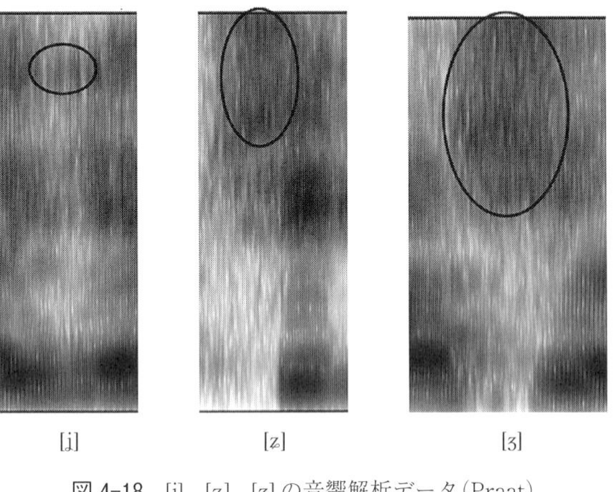

図 4-18　[j], [ʑ], [ʒ] の音響解析データ(Praat)

まず，標準ドイツ語などでは観察されない歯茎・硬口蓋摩擦音(alveolo-palatal)[ɕ], [ʑ][16]の音響音声学的な記述から始める。Zimmer(2008)では，これらの摩擦音を標準ドイツ語でも観察される硬口蓋音の [ç], [j] として記述しているが，この記述は実際に観察される音と明らかに異なっている。2011 年の録音資料の音響解析から，ルクセンブルク語における当該音は，硬口蓋音 [ç], [j] よりも周波数が低く，また後部歯茎音 [ʃ], [ʒ] よりも周波数が高いことが確認されている。両者のちょうど中間の周波数を示す音であるため，両者の間の歯茎・硬口蓋音 [ɕ], [ʑ] として記述すべきである(図 4-18 参照)。

図 4-18 で使用している音源は，全て 2011 年録音調査資料の中の話者 2 (60 代女性)によるルクセンブルク語テキスト朗読の際の発音である。使用した語彙は，それぞれ nhg. Jägermeister [ˈjɛːɡɐmaɪstɐ]「イェーガーマイスター」(ドイツ産アルコール飲料の商品名), lux. jidder [ˈʑidɐ]「各々の」, lux. Paragen [paˈʀaːʒən]「近隣」である。歯茎・硬口蓋音は，硬口蓋摩擦音 [ç]/[j] が舌端化(coronalization)を起こした音であると考えられるが，これは通時的な変化と考えられるため，詳細については 6.2.3 で扱うこととする。

16)　例えば，日本語の「し」[ɕi],「じ」[ʑi] は，歯茎・硬口蓋摩擦音を音節開始部に有する音である(例.「進歩」[ɕímpo](*Handbook* 2011))。

無声軟口蓋摩擦音 [x] は，自由変種として口蓋垂で調音された異音 [χ] を有する。これは標準ドイツ語の同音も同様であるが，両言語で異なっているのは，ルクセンブルク語には有声音 [ɣ] があり，この音もまた口蓋垂で調音されることがある点である([ʁ])。後述するように，有声口蓋垂摩擦音 [ʁ] は，口蓋垂ふるえ音 /ʀ/ の自由変種としても現れる音である。話者の中には両者を区別せず，lux. Kugel [ˈkuːɣəl]「球」を *<Kurel> と綴るものもいる。しかしながら，ふるえ音 /ʀ/ は，全ての位置で現れることができ，母音化した異音 [ɐ̯] を持つのに対し，摩擦音は以下で述べる別の特徴を示す。以下では，摩擦音を [x]，[ɣ]，ふるえ音を [ʀ] とし，口蓋垂摩擦音 [χ]，[ʁ] の発音記号は用いない。

以下では，まず歯茎・硬口蓋から軟口蓋の位置で調音される6つの音 [ɕ]，[ʑ]，[j]，[g]，[x]，[ɣ] について，それぞれが現れる音韻環境と綴りを整理し，共時的な観点から音素と異音を特定する。

① [ɕ]：無声歯茎・硬口蓋摩擦音。全ての位置で観察される。ただし，広母音および後舌母音に後続する場合を除く。

(A)語頭

<ch>：lux. **ch**emesch [ˈɕeːməʃ]「化学的な」，lux. **Ch**ina [ˈɕiːna]「中国」

(B)語中

<ch>：lux. Ki**ch**en [ˈkiɕən]「キッチン」，lux. sé**ch**er [ˈzeɕɐ]「確かに」

(C)語末

a. <g>：lux. Dee**g** [deːɕ]「日(lux. Dag の pl.)」，lux. Al**g** [ɑlɕ]「海藻」

b. <ch>：lux. Mëlle**ch** [ˈmëləɕ]「ミルク」，lux. Wue**ch**t [vʊəɕt]「番人」

② [ʑ]：有声歯茎・硬口蓋摩擦音。語末以外で観察される。ただし，広母音および後舌母音に後続する場合を除く。

(A)語頭(ただし，[j] と自由交替する場合がある)[17)]

17) 語頭の <j> の調音位置の揺れは，語彙によって(lux. **j**ung [jʊŋ](nhg. *jung*)「若い」; lux. **J**offer [ˈʑɔfɐ](nhg. *Jungfrau*)「未婚の女性」)，また地域によっても傾向が異なる。

<j>：lux. **J**offer [ˈʑɔfɐ]「未婚の女性」, lux. **J**eeër [ˈʑeːɐ]「狩人」

(B)語中

<g>：lux. Fli**g**er [ˈfliːʑɐ]「飛行機」, lux. Gaal**g**en [ˈɡaːlʑən]「絞首台」

③ [ʝ]：有声硬口蓋摩擦音。語頭のみで観察される（固有名詞において現れる語中の音は，例外として除く）。（ただし，かなりの頻度で [ʑ] と自由交替する場合がある）

<j>：lux. **J**oer [ˈʝoːɐ]「年」, lux. **j**eemools [ˈʝeːmoːls]「かつて」

④ [ɡ]：有声軟口蓋閉鎖音。語頭のみで観察される。

<g>：lux. **G**aass [ɡaːs]「小路」, lux. **g**rouss [ɡʀëʊs]「大きい」

⑤ [x]：無声軟口蓋摩擦音。語頭以外で，広母音及び後舌母音に後続する場合にのみ観察される。

(A)語中

<ch>：lux. maa**ch**en [ˈmaːxən]「作る，する」,
lux. brau**ch**en [ˈbʀæʊxən]「必要とする」

(B)語末

a. <g>：lux. klu**g** [kluːx]「賢い」, lux. Da**g** [daːx]「日」

b. <ch>：lux. Ka**ch** [kɑx]「コック（料理人）」, lux. Wo**ch** [vɔx]「週」

⑥ [ɣ]：有声軟口蓋摩擦音。母音間かつ広母音か後舌母音に後続する場合にのみ観察される。

<g>：lux. Ju**g**end [ˈʝuːɣənt]「若者」,
lux. La**g**en [ˈlaːɣən]「情勢（lux. Lag の pl.）」

上で挙げた音のうち，有声硬口蓋摩擦音 [ʝ] 以外は，<g> で綴られることがある。通時的な観点から考えれば，同子音字で綴られる音は全て同一の音素，すなわちゲルマン祖語第 3 系列の有声軟口蓋音 *g あるいは *ɡ([ɣ])[18] に

中央方言以外の方言では，北部に行くほど硬口蓋，南部に行くほど歯茎・硬口蓋で調音される傾向がある。しかし，同一地域内でも話者によって傾向が異なり，同一話者による同一語の発音でも揺れが観察されるため，中央方言内部でも音の特定は難しい。

由来する。しかし，それを現代のルクセンブルク語の共時的な記述にそのまま反映させた記述には無理がある。摩擦音全てを有声軟口蓋閉鎖音 /g/ の異音とみなす，あるいは有声軟口蓋摩擦音 [ɣ] 以外の音全てを音素 /ɣ/ の異音とみなすと，音素 /g/ もしくは /ɣ/ に関して，摩擦音化もしくは閉鎖音化，また舌端化や語末での無声化など，非常に多くの音韻規則を適用しなければならなくなる。ルクセンブルク語の音韻体系が，共時的にこのような複雑な体系になっているのか疑問である。

また，有声軟口蓋閉鎖音 [g] と有声軟口蓋摩擦音 [ɣ] のどちらを基底の音素とするかを，共時的なデータから特定するのは非常に困難である。さらに，その「異音」は，lux. Wo**ch** [vɔx]「週」(anglsax. wika, goth. wikō (Pfeifer 2005: 1576–1577))(⑤(B)b)，lux. Wue**ch**t [vʊəɕt]「番人」(osax. wahta, goth. wahtwō (Pfeifer 2005: 1528–1529))(①(C)b) など，通時的に *g(*ǥ) とは別の音素に由来すると考えられる音と同じ音([x] や [ɕ]) になる場合もある。共時的な音韻体系において，*g(*ǥ) に由来する摩擦音と他の音素に由来する摩擦音との間で明確な線引きがなされているのか疑問である。本書では，閉鎖音 [g] とその他の摩擦音は別の音素に属すると考えて記述する。

確かに，有声軟口蓋閉鎖音 [g](④) と有声軟口蓋摩擦音 [ɣ](⑥) は，[+vocal]，[+dorsal] という弁別的素性を共有する同一の自然類(natural class) に属し，現れる位置も語頭とそれ以外という相補分布をなしている。しかし，自然類を形成する同様の音が別々の音素として解釈されることは珍しくない。ドイツ語においても，通時的に同一の音素の異音であり，語頭とそれ以外で相補分布を示す nhg. **H**orn [hɔɐ̯n](lat. cornū, ie. *k̑r̥(n)- (Pfeifer 2005: 556))「角」

18)　ゲルマン語子音推移の後，無声摩擦音となった第1系列の子音が，強勢を伴う音節に後続する場合を除いて母音間で有声化を起こし(ヴェアナーの法則(nhg. Verner'sches Gesetz))，第3系列の有声音に統合されるが，ここではそれも合わせた有声音を指している。次いで，もとは摩擦音であった第3系列の有声音は，上部ドイツ語を中心に閉鎖音化を起こす。ルクセンブルク語が属する中部ドイツ語は，この上部ドイツ語と同じ変化が起こったのか判断するのが難しい領域である。したがって，本文中では有声軟口蓋閉鎖音と有声軟口蓋摩擦音の両方を挙げている(6.2.2参照)。

の [h] と，nhg. a**ch**t [axt]（lat. octō, ie. *ak̑-, *ok̑- (Pfeifer 2005: 10)）「8（数詞）」の [x] は，[−vocal]，[+continuant] という弁別的素性を共有する自然類でもあるが，別々の音素 /h/ と /x/ に属するとする記述が一般的である。また，nhg. a**ch**t [axt]「8（数詞）」の [x] と nhg. ma**ch**en [ˈmaxən]（ie. *mag̑-）「する，作る」の [x] も区別されることがなく，同じ音素に属する音として記述されている。ルクセンブルク語の [g] と [ɣ] も，別の音素に属するものとして考えることで問題が生じず，むしろ簡略で経済的な音韻体系を導けるのであれば，そちらの方がより良い音韻記述だと考えられる。

上記の記述で想定される問題として，lux. Psycholo**g** (nhg. *Psychologe*)「心理学者」などの外来語における発音の揺れが挙げられる。オンライン辞典 LOD の発音を確認すると，この語彙における語末の音は，摩擦音ではなく，無声軟口蓋閉鎖音 [k] として発音されている。2011 年の録音データの中では，上記の例 lux. Psycholog について，7 人が無声軟口蓋閉鎖音で終わる [psɪkoˈloːk] という発音をしているのに対し，3 人が語末の <g> を無声軟口蓋摩擦音 [x] として発音していた（[psɪkoˈloːx]）。10 名という少ないインフォーマント数のため断言はできないが，年齢層などによる特定の傾向はないようである。語末音を摩擦音として発音した 3 人の話者は，20 代男性，50 代女性，60 代女性であった。この例を見ると，一見，閉鎖音と摩擦音の異音としての交替がまだ共時的に保たれているように見えるが，語頭以外での有声軟口蓋閉鎖音 [g]（語末で [k]）は，圧倒的多数を占める本来のルクセンブルク語の語彙では許容されない。外来語の語末で現れる閉鎖音は，それと自然類を形成し，その位置に現れてもおかしくない摩擦音の音素と交替したと考えるべきである。

さらに lux. Psycholog では，<ch> という綴りが，摩擦音 [ɕ] ではなく常に閉鎖音 [k] として発音されるため（*[psɪɕoˈloːk]），フランス語からの借用語と考えられるが（fr. psychologue [psikɔˈlɔg]）[19]，屈折の際にはルクセンブル

19）<y> が唇の丸めを伴う（[y]）ように聞こえる発音も散見されたが，これは標準ドイツ語の <y> [yː]/[ʏ] とは関係がないと考える。上記の例において円唇が観察されると

ク語の語尾 lux. -en が付される（lux. Psychologen [psɪkoˈloːɡən]/[psɪkoˈloːɣən]「心理学者（pl.）」）。語幹末尾の音が語末音で無声化や摩擦音化を起こすのは，これがルクセンブルク語の屈折語尾と同一の音節内に現れる場合があるためだと考えられる（語幹の末尾音は語尾の音節開始部を占める）。ルクセンブルク語の形態素と同一音節に音節化されうる要素であるため，部分的にルクセンブルク語の特徴を示すと考えられるのである。

lux. Kolle**g** は，その意味が「友達」（lux. Frënd「友人」のくだけた表現）であり，fr. collègue「同僚」とは異なっている（意味的には fr. copain が最も近い）ため，ルクセンブルク語化が進んだある程度古い借用語と考えられる。このように古い借用語においては，発音の揺れはなく，語末の音は常に摩擦音として発音されるため（[kɔˈleːɕ]/*[kɔˈleːk]），やはり閉鎖音と摩擦音が共時的な異音として交替しているとは考えにくい。

ドイツ語の「g の摩擦音化」（"g-Spirantization" Wiese 2000: 206–209）（nhg. weni**g** [ˈveːnɪç]「少し（述語用法）」– nhg. weni**g**e [ˈveːnɪɡə]「少し（付加語用法，f.nom./acc., pl.nom./acc.）」）のように，閉鎖音と摩擦音が体系的に交替する現象があれば，異音の関係を主張することも可能だが，ルクセンブルク語にはこうした現象はなく（lux. wéine**g** [ˈvɛɪnəɕ]（nhg. *wenig*）「少し（述語用法）」– wéine**g**en [ˈvɛɪnəʑən]（nhg. *weniger/-en*）「少し（付加語用法，m.nom./acc.）」），いくつかの外来語の例のみで，閉鎖音と摩擦音が同一の音素だと主張するのは難しい。

次に，摩擦音を有声音と無声音の２つの音素に分け，各音素の基底の調音位置を歯茎・硬口蓋と考える（/ʑ/，/ɕ/）。有声音と無声音に分けるのは，語中でも無声音として現れる語彙（lux. maa**ch**en [ˈmaːxən]「する，作る」（⑤（A）），lux. Ki**ch**en [ˈkiɕən]「キッチン」（①（B）））があるためである。また，ミニマルペアも観察される（lux. La**g**en [ˈlaːɣən]「情勢（lux. Lag の pl.）」vs. lux. laa**ch**en [ˈlaːxən]「笑う」）。ただし，ルクセンブルク語でも標準ドイツ語

すれば，それは先行する両唇閉鎖音 [p] の影響による任意の順行同化現象と考えられる。したがって発音記号は [psɪkoˈloːk] とした。

と同様の語末音の無声化(final devoicing (Wiese 2000: 200-205))が観察されるため(lux. klu**g** [kluːx]「賢い(述語用法)」– klu**g**en [ˈkluːɣən]「賢い(付加語用法，m.nom./acc.)」(⑤(B)a)，lux. Al**g** [ɑlɕ]「海藻」– Al**g**en [ˈɑlʑən]「海藻(pl.)」(①(C)a))，有声音の音素には無声の異音があると考えられる。

これらの音素の基底の調音位置を歯茎・硬口蓋(/ʑ/，/ɕ/)とするのは，軟口蓋摩擦音 [ɣ]，[x] が広母音か後舌母音の後ろのみという限られた位置にしか現れず，また，これらを音素として立てる積極的な理由がないためである。標準ドイツ語においても，軟口蓋摩擦音 [x] が現れる位置が広母音もしくは後舌母音の後ろに限られるのは同様であり，硬口蓋音 [ç] を音素として立てた方が経済的だということは Wiese(2000)でも指摘されている。しかし，同文献では「g の摩擦音化」に"/g/ → /ɣ/ → /x/ → [ç]"というプロセスを仮定しており，この仮説を軟口蓋摩擦音 /x/ を音素として立てる根拠としている。これに対して，ルクセンブルク語には「g の摩擦音化」がないため，軟口蓋摩擦音を音素とする積極的な理由がない。

歯茎・硬口蓋摩擦音 [ʑ]，[ɕ] は語頭でも現れる音であり，後続する音韻環境の影響を受けないため(lux. **J**offer [ˈʑɔfɐ]「未婚の女性」，lux. **ch**emesch [ˈɕeːməʃ]「化学的な」)，音素として立てる必要がある。ここで，最初の議論に戻って有声軟口蓋閉鎖音 [g] と有声軟口蓋摩擦音 [ɣ] を同一の音素とみなすと，Wiese(2000)が「g の摩擦音化」で仮定する流れ(もしくはその一部)をルクセンブルク語にも想定することができるため，/ʑ/，/ɕ/ に加えて /ɣ/，/x/ も音素として立てた記述の可能性が出てくる。音素 /ʑ/，/ɕ/ は，いずれにせよ軟口蓋摩擦音 [ɣ]，[x] を異音として有するため，音素同士の関係性が非常に複雑になる。摩擦音に関しても簡略な体系を導くことができるという点でも，[g] と [ɣ] を別の音素に分ける記述には利点がある。

最後に，語頭で現れる綴り <j> の有声摩擦音と，それ以外の位置で現れる綴り <g> の有声摩擦音を一つの音素 /ʑ/ にまとめる。<j> で綴られる音と <g> で綴られる音は，通時的には別の音素に由来し，現れる位置についても両者で相補分布を示すが，現代のルクセンブルク語では，どちらも基本的には歯茎・硬口蓋摩擦音 [ʑ] として現れる音である。語頭で [j] が現れるのは，その位置で舌端化が遅れる傾向にあるためと考えられる。一つの音素に統合すれば，音素 /ʑ/ は，無声音の /ɕ/ と同様，どの位置にも現れる音素として，一貫した記述を行うことができる。

ここで，有声摩擦音 /ʑ/ の異音として，ゼロ形式(ϕ)を仮定するべきか確認しておきたい。6.2.2でも扱うが，ルクセンブルク語には lux. A [aː](nhg. *Auge*)「目」，lux. Won [voːn](nhg. *Wagen*)「車」，lux. leeën [ˈleːən](nhg. *legen*)「横たえる」，lux. Wee [veː](nhg. *Weg*)「道」など，語中や語末で音の脱落が起こった語彙が多いため，この現象が共時的に起きているのか確認する必要がある。まず，上で挙げた3つの名詞の複数形はそれぞれ lux. Aen [ˈaːən](nhg. *Augen*)「目(pl.)」，lux. Ween [veːn](nhg. *Wagen*)「車(pl.)」，lux. Weeër [veːɐ](nhg. *Wege*)「道(pl.)」であり，屈折の際も摩擦音が現れることはない。これらの語彙では，音が脱落した形式が定着していると考えられる。問題になりうるのは，過去分詞で歯茎・硬口蓋摩擦音 [ɕ] が現れる lux. leeën [ˈleːən](nhg. *legen*)「横たえる(inf.)」– lux. geluecht [gəˈlʊəɕt](nhg. *gelegt*)「横たえた(p.p.)」のような動詞の例である。しかし，この語彙の過去分詞では綴り <ch> が用いられているため，ここで観察される語幹の末尾音は無声摩擦音 /ɕ/ に変わっており，もとの有声音とは関係がなくなっていると考えられる。lux. geluecht [gəˈlʊəɕt](nhg. *gelegt*)「横たえた(p.p.)」のような形式が現れるのは，共時的には形態論上の問題であり，音韻レベルでの /ʑ/ の脱落は起きていないと考えるべきである。したがって，本書では現代のルクセンブルク語において，音素 /ʑ/ は異音としてゼロ形式を持たないと考える。

以上の考察から，本書では①～⑥の音を以下の音素と異音に整理する：

〈各音素とその異音〉

・/g/：語頭のみ

・/ɕ/：全ての位置

/ɕ/ → [x] / {[−consonantal], [+low]/[+back]} ______

・/ʑ/：全ての位置[20)]

20）ただし，語頭で通時的な舌端化の変化の進行が遅れる傾向にあり，古い形式 [j] が

/ʑ/ → [ɣ] / {[-consonantal], [+low]/[+back]} ______
語末で無声化 [ɕ], [x]

以下で，それぞれの音素と綴りの例を挙げる。

(1)/g/：語頭のみ。
<g> [g]：
lux. **G**aass [ga:s]「小路」, lux. **g**iel [gɪəl]「黄色い」,
lux. **g**oen [ˈgo:ən]「(徒歩で)行く」, lux. **g**rouss [gʀëʊs]「大きい」

(2)/ɕ/：全ての位置で観察される。また，広母音もしくは後舌母音の後ろで軟口蓋化する。この軟口蓋化した音 [x] は，口蓋垂摩擦音 [χ] として発音される場合もあるが，この発音は自由変種と考えられる。本書では軟口蓋摩擦音 [x] として統一して記述する。
<ch> [ɕ]/[x]：
lux. **ch**emesch [ˈɕe:məʃ]「化学的な」, lux. Ki**ch**en [ˈkiɕən]「台所」,
lux. maa**ch**en [ˈma:xən]「する，作る」, lux. Mölle**ch** [ˈmëləɕ]「ミルク」,
lux. Ka**ch** [kɑx]「コック(料理人)」

(3)/ʑ/：全ての位置で観察される。また，広母音もしくは後舌母音の後ろで軟口蓋化し，語末で無声化する。軟口蓋化した音 [ɣ] は，口蓋垂摩擦音 [ʁ]/[χ] を自由変種として有するが，本書では軟口蓋摩擦音 [ɣ]/[x] として統一して記述する。語頭で，通時的な変化である舌端化の進行が遅れる傾向にあり，話者や語彙によっては有声硬口蓋摩擦音 [ʝ] として発音される場合もある。
綴りは，<j> と <g> の２種類があり，<j> は語頭のみ，<g> はそれ以外の位置で用いられる。

自由変種として現れる。

<j> [ʑ]：

lux. **j**idder [ˈʑidɐ]「各々」, lux. **j**oen [ˈʑoːən]「狩りをする」,

lux. **J**oer [ˈʝoːɐ]「年」, lux. **j**eemools [ˈʝeːmoːls]「かつて」

<g> [ʑ]/[ɣ]/[ɕ]/[x]：

lux. Fli**g**er [ˈfliːʑɐ]「飛行機」, lux. Gaal**g**en [ˈɡaːlʑən]「絞首台」,

lux. Ju**g**end [ˈʝuːɣənt]「若者」, lux. La**g**en [ˈlaːɣən]「情勢(lux. Lag の pl.)」,

lux. Dee**g** [deːɕ]「日(lux. Dag の pl.)」, lux. klu**g** [kluːx]「賢い」

以上の音素の他に，舌背音としては以下で示す硬口蓋接近音と2つの軟口蓋音がある。

(4)/j/：硬口蓋接近音。音連続 [ɔj] においてのみ観察される。

<oi>：lux. Moien [ˈmɔjən]「朝」, lux. moies [ˈmɔjəs]「朝に」

(5)/k/：無声軟口蓋閉鎖音。全ての位置で観察される。先行する母音が短母音であることを示す際，重ね書き *<kk> はせず，<ck> という綴りを用いる。

<k> [k]：

lux. **K**éier [ˈkɛɪɐ]「回」, lux. **K**lo [kloː]「訴え」,

lux. ba**k**en [ˈbaːkən]「(オーブンで)焼く」, lux. Wier**k** [vɪək]「作品」

<ck> [k]：

lux. ku**ck**en [ˈkukən]「のぞく」, lux. Mé**ck** [mek]「ハエ」

(6)/ŋ/：軟口蓋鼻音。語頭以外で観察される。

<ng>：lux. Fa**ng**er [ˈfɑŋɐ]「指」, lux. re**ng** [ʀæŋ]「細い」

主にフランス語からの外来語で，綴り <ng> の前半 <n> が先行する母音字とともに鼻母音として発音される場合は，後半の綴り字 <g> のみが後続する音節の開始部を占める(lux. arrangéieren [ɑʀɑ̃ˈʒɛɪʀən]「手はずを整え

る」)。ただし，鼻母音は，もともとルクセンブルク語の音韻体系にはない音であり，母音＋軟口蓋鼻音として発音される場合もある。どちらの発音が現れるかは，語彙によって揺れがある(lux. Telefon [ˈtæləfoːn]/[ˈtæləfɔ̃]/[ˈtæləfoŋ]「電話」)[21]。また，古い方言文学の文献(Meyer 1829)においてもフランス語からの借用語における鼻母音が <母音字 + ng>，すなわち軟口蓋鼻音として綴られている(lux. "Gurmang" (Meyer 1829: 36)[ˈguɐ̯mɑŋ](fr. *gourmand*)「美食家」)。

4.2.5　口蓋垂音及び声門音

(1)/ʀ/：口蓋垂ふるえ音。全ての位置で観察されるが，口蓋垂ふるえ音として観察されるのは音節開始部でのみである。音節末尾では，先行する母音の種類や後続する音韻環境によって，母音化([ɐ̯])を起こすか，あるいは脱落する[22]。実際には，有声口蓋垂摩擦音 [ʁ] もしくは口蓋垂接近音のような音として発音されることも多いが，本書では，歯茎・硬口蓋摩擦音 /ɕ/，/ʑ/ の自由異音として現れる口蓋垂摩擦音 [χ]，[ʁ] と明確に区別するため，音素を有声口蓋垂ふるえ音の /ʀ/ として記述する。また，音声記述もこれに倣って行う。

<r> [ʀ]：

lux. **r**iets [ʀɪəts]「右に」，lux. **r**out [ʀëʊt]「赤い」，
lux. G**r**omper [ˈgʀɔmpɐ]「イモ」，lux. Pä**r**el [ˈpæʀəl]「真珠」

音節末尾では，あいまい母音以外の母音の後ろで母音化する [ɐ̯]。ただし，この音は音節の核は形成せず，音節末尾に留まる。

<r> [ɐ̯]：

---

21) ある母語話者の意見では，第二次世界大戦前後に青少年期を過ごした年齢層で，フランス語風に鼻母音のまま発音する話者が目立つとのことである。

22) ある母語話者の意見では，同じく第二次世界大戦前後に青少年期を過ごした年齢層で，語末の /ʀ/ が母音化を起こさず子音として発音される場合が多いとのことである。また，その際，この子音は無声口蓋垂摩擦音 [χ](もしくは無声軟口蓋摩擦音 [x])として発音されるとのことである。

lux. ra**r** [ʀaːɐ̯]「珍しい」, lux. Ku**r** [kuːɐ̯]「治療」,

lux. Bi**r** [biːɐ̯]「ナシ」, lux. Fä**r** [fɛːɐ̯]「フェリー」

あいまい母音に後続する場合，/ʀ/ は脱落する。ただし，先行するあいまい母音は異音 [ɐ] として発音される (/...əʀ(C)$_\$$/ → [ɐ(C)])。この場合の [ɐ] は，音節の核を形成するため，先行する音節とは別の音節を形成する。

lux. Bäcke**r** [ˈbækɐ]「パン屋」, lux. kloe**r** [ˈkloːɐ]「明白な」,

lux. Oue**r** [ˈëʊɐ]「耳」, lux. léie**r**t [ˈlɛɪɐt]「学ぶ (lux. léieren の 3.sg.)」

以上の [ɐ̯], [ɐ] の音質については，4. 1. 1 参照。

あいまい母音で終わる二重母音に後続し，さらに子音に先行する場合，/ʀ/ は先行するあいまい母音の音質に影響を与えずに脱落する (/...əʀC$_\$$/ → [əC])。

lux. Bue**r**g [bʊəɕ]「城，城塞」, lux. Wie**r**der [ˈvɪədɐ]「語 (pl.)」

あいまい母音以外の母音で終わる二重母音の後ろに /ʀ/ が後続する場合に，両者の間にわたり音としてのあいまい母音 [ə] が挿入されることがあり，また正書法でもそのように綴られる <e>。しかし，通常の発音ではこのわたり音は意識されず，二重母音に直接 [ʀ] が後続するように発音される[23]。もともと二重母音の後ろにあいまい母音と /ʀ/ が後続する語彙では，/ʀ/ があいまい母音の音節末尾を占める場合にはこの子音が脱落し，/ʀ/ が後続する音節の開始部を占める場合には，先行するあいまい母音が脱落する傾向がある。

lux. léi**er**en [ˈlɛɪ(ə)ʀən]「学ぶ」, lux. Ou**er**en [ˈëʊ(ə)ʀən]「耳 (pl.)」

(2) /h/：無声声門摩擦音。語頭のみで観察され，子音連続は観察されない。

<h> [h]：

lux. **h**aart [haːɐ̯t]「硬い，うるさい」, lux. **h**ien [hɪən]「彼」,

lux. **h**ënt [hënt]「今晩」, lux. **h**unn [hʊn]「持っている」

23) ただし，このような語彙では，あいまい母音の挿入が起きた形式が語彙化されていると考えられる。例えば，lux. léiert [ˈlɛɪɐt]/*[lɛɪt]「学ぶ (lux. léieren の 3.sg.)」など，屈折の際に子音が後続する場合にはあいまい母音の音節が必ず発音される。

(3)[ʔ]：声門閉鎖音。この音は，少なくとも今日のルクセンブルク語においては弁別的な機能を果たさないため，音素の中には加えていない。ただし，母音で始まる語の語頭で任意に観察される音であるため，ここで言及しておく。上記の音韻環境で，比較的頻繁にこの音の挿入が起こる標準ドイツ語に比べ，ルクセンブルク語ではこの音挿入はそこまで頻繁には起こらない。詳細に関しては，5章参照。

lux. an [ɑn]/[ʔɑn]「～の中に/で，そして」

lux. ouni [ˈëʊni]/[ˈʔëʊni]「～なしに」

その他，ルクセンブルク語において古くは観察されていた中部フランケン高低アクセントの中の一つ「高低アクセント1」を伴う母音の後ろに，声門の狭めが確認されると記述する文献がある。この問題については，6.1.3で扱うこととする。

第5章　現代ルクセンブルク語における音韻規則

ルクセンブルク語には，形態素や語の境界，もしくは音韻語(phonological word)や音韻句(phonological phrase)を越えた音の脱落の現象や，再音節化(resyllabification)の現象及びそれに付随する現象が観察される。これらの現象は，語や形態素などの境界を明確にするよりも最適な音節構造を導くことを優先させて起きていると考えられる。その一方で，前置詞の後ろの歯茎音挿入では，名詞句の開始部を明確化するような現象も観察される。

この章では，まず音の脱落(5.1)と挿入(5.2)について扱い，次いで母音で始まる形態素の前で起こる子音の有声化や /ʀ/ の母音化の阻害(5.3)について扱う。

5.1　音の脱落――「n 規則」

共時的な音の脱落の現象で，ルクセンブルク語において最も特徴的かつ重要な現象は「n 規則」と呼ばれる [n] の脱落の現象である。以下では，この規則の概要(5.1.1)と例外(5.1.2)を記述した後，この現象を非線形音韻論(non-linear phonology)の立場から分析した文献として Gilles(2006)を紹介する(5.1.3)。

5.1.1 「n 規則」

ルクセンブルク語には，歯茎閉鎖音 [t]，[d](これらの歯茎閉鎖音から始まる子音連続 [ts]，[dz] なども含む)，歯茎鼻音 [n] 及び声門摩擦音 [h] 以外の子音の前で，語末及び形態素末の [n] が脱落する規則がある（Bruch 1954; Keller 1961: 253; Gilles 2006; Girnth 2006）[1)]。アイフェル地方（Eifel）[2)] を中心に観察される現象であるため，伝統的には「アイフェル規則」（nhg. Eifler Regel），もしくはその振る舞いから「可動の n」（nhg. bewegliches-n）との呼称がある。

これらの呼称について，まず「可動の n」という表現は，逆の現象である [n] の挿入（epenthesis）（5.2.1 参照）をも連想させる誤解を招く表現と言える。また，地名を用いた「アイフェル規則」も適当ではない。Girnth（2006）は，MrhSA（Mittelrheinischer Sprachatlas Bd. 1–5.（1995–2002）「中部ライン地方言語地図」）での調査結果をもとに，ドイツのアイフェル地方で同現象が衰退していることを主張している。Gilles（1999: 229）では，この規則を維持しているか否かが，ルクセンブルク語と他のドイツ語の方言とを隔てる基準になると指摘している。今日では，同現象がドイツのアイフェル地方で衰退している可能性が高いため，その地名を現象名として使用するのには問題がある。Gilles（2006）では「n 消去」（nhg. n-Tilgung）という用語を用いているが，今日では「n 規則」（nhg. n Regel）という呼称が一般的であるため，本書ではこの名称を用いることとする。

以下では，[n] が維持される場合と，脱落する場合の例をそれぞれ挙げる。その際，基底の /n/ や維持された [n] は斜体字で，脱落した部分は下線を引いて示している。

1）換言すれば，母音もしくは上記の子音の前でのみ語末・形態素末の [n] が保たれる現象である。ルクセンブルク語語学学校などでは，「“United Zoah”（語呂合わせで意味はない）の綴りの前で n が保たれる」規則として教授されることがある。また，この規則は正書法にも反映されるため，話し言葉では無意識にこの規則に従って発音している母語話者も，正書法習得の過程で意識的に学ぶ場合がある。しかし，全ての母語話者が現行の正書法を習得しているわけではないため（1.2 参照），私的な手紙やメール，SMS（short message service），SNS（social networking service）上のやり取りでは，自己流の，あるいはルクセンブルク語古典文学（19 世紀の方言文学以降のものを指す。1.4 参照）などで見られる古い正書法規則に則った綴りを用いる話者が多く，そのほとんどの場合，「n 規則」は綴りに反映されない。

2）ドイツのリプアリア地方，モーゼルフランケン地方にまたがる地域。

〈[n] が維持される場合〉

lux. de*n* Auto [dənˈɑʊto]「その自動車」

lux. de*n* Hues [dən hʊəs]「そのウサギ」

lux. Gromperere*n*zopp [ˈgʀɔmpəʀəntsɔp]「イモのスープ」

lux. säi*n* Numm [zæɪn nʊm]「彼の名前」

〈[n] が脱落する場合〉

lux. de_ Wäin [də væɪn] < de*n* Wäin「そのワイン」

lux. de_ Léiw [də lɛɪf] < de*n* Léiw「そのライオン」

lux. Ausse_minister [ˈæʊsəminɪstɐ] < Ausse*n*minister「外務大臣」

lux. Grompere_kichelchen [ˈgʀɔmpəʀəkiɕəlɕən]
< Gromperere*n*kichelchen「イモのガレット」[3)]

「n 規則」は，比較的大きな韻律論的単位の内部で適用される。殊更にポーズをおいて発音される場合[4)]以外は，少なくとも音韻句(Nespor/Vogel 2007: 166-186)を越えて起こる。

lux. Hie*n* ass scho*nn* ukomm. [hɪən ɑs ʃɔn ʊkɔm]「彼はもう到着した。」

lux. Hie_ géif Bréiwe_ schreiwen. [hɪə g(ɛ)ɪf bʀɛɪvə ʃʀɑɪvən][5)]
< Hie*n* géif Bréiwe*n* schreiwen.「彼は(これから)手紙(pl.)を書く。」

現行の正書法では，CP(補文標識句，complementizer phrase)の切れ目でコンマを打つ場合が多く，その手前の語末の <n> は脱落させずに綴る。この綴り通りに発音されるのであれば，この現象が統語的な単位である CP の

3) ルクセンブルクの郷土料理の一つ。ハッシュドポテトを手のひら大に平たく形を整えて揚げたもの。

4) 一言ずつ区切りながら発音する演劇や国会におけるスピーチなどの場面では，十分にポーズを置いて発音されるため [n] の脱落が起きない場合が多い。

5) 未来の助動詞 lux. géif の発音については，4.1.2 参照。

内部で起こる現象だと考えられる。しかし，Gilles(1999: 225)で挙げられている資料によると，これを越えて起きることもあるようである。

lux. "'t ass schéi_, well dat kritt ee_ nët[6]..." (Gilles 1999: 225)
<'t ass schéi*n*, well dat kritt ee*n* nët ...
(*it is nice because that get-3.sg. one not*)
「(不特定の)人がそれを得なかったので，それは素敵だ……」[7]

したがって，この現象はイントネーション句(intonational phrase (Nespor/Vogel 2007: 187-220))や音韻的発話(phonological utterance (Nespor/Vogel 2007: 221-247))の内部で起こるものと考えられるが，どのような単位の内部で起きるかを特定するためにはより詳細な観察が必要である。

以上のように，この規則は比較的大きな韻律論的単位の内部で起きる現象と考えられる一方で，一語の内部であっても語幹と屈折語尾の間では起こらない。そのため，これは２つの独立形態素の間のみで起こる現象と考えられる。

lux. Léi*n*s du der dat Buch?
(*borrow-2.sg. you you* (refl.pron.dat.) *that book*)「その本を借りるの？」
lux. Du ka*nn*s d'Fënster opmaachen, wa*nn* s de wëlls.
(*you can-2.sg. the-window open if 2.sg. you will-2.sg.*)
「もし窓を開けたければ，そうしてもいいよ。」

上の例では，lux. léinen [ˈlɛɪnən]「借りる」の語幹 lux. léin- の後ろに２人

6) 現行の正書法では，<net>。[n] で始まる要素の前の語末の [n] については後述参照。
7) Gilles(1999)で例示されているのが一部分の抜き出しであるため，明確な和訳が困難であった。

称単数親称直説法現在の屈折語尾 lux. -s が現れているが，語幹末尾の [n] は脱落しない(lux. *léi_s)。その下の例では，従属接続詞 lux. wann [vɑn]「もし〜ならば」に2人称単数親称の屈折語尾 lux. -s が後続しているが[8)]，やはり脱落は起きない(lux. *wa_s)。また，話法の助動詞 lux. kënnen [ˈkënən]「〜できる/〜してよい」の2人称単数親称の語尾の前でも，n の脱落は起こらない(lux. *ka_s)。

5.1.2 「n 規則」の例外

この規則には，しかし例外も多い。以下では，主な例外を挙げる。

(I) 特定の語末の n

・否定接頭辞 lux. on- [ɔn]

lux. **on**gleeflech [ˈɔngle:fləç]「信じられない」

lux. **on**bekannt [ˈɔnbəkɑnt]「知られていない」

・女性形形成語尾 lux. -in [ɪn]

lux. Hien huet eng Lëtzebuergeri***n*** bestuet. [ˈlëtsəbʊəʝɐʀɪn bəˈʃtʊət]

「彼はルクセンブルク人女性と結婚した。」

lux. datt hien d'Musekeri***n*** kennt [ˈtmuzəkɐʀɪn kænt]

「彼がその女性音楽家を知っていること」

・外来語における lux. -inn [ɪn]

lux. Si hu mat enger Maschi***nn*** geschafft.(Schanen/Zimmer 2006b: 89)

[mɑˈʃɪn gəˈʃɑft]

8) ただし，屈折語尾 lux. -s は，厳密には，[+finite] の従属節を導く補文標識 lux. datt (nhg. dass)「〜ということ」の屈折語尾である。上の例文では，従属節の CP 指定部が従属接続詞 lux. wann で占められていると考えられるため，CP 主要部の補文標識 lux. datt は，その屈折語尾 lux. -s のみを残して音声的に脱落していると考えられる(lux. wann s < wann datt s)。

「彼らは機械で(を使って)仕事をした。」

上の例はあくまで外来語の例であり，ルクセンブルク語本来の語彙では，「n 規則」が働く。

lux. Muer gesi_ mer den Här. [gəˈzɪ mɐ]

< Muer gesi*nn* mer den Här.

「明日，私たちはその男性(紳士)に会う。」

・外来語における lux. -an [aːn]/[an]

lux. Ech hunn de Rom***an*** gelies. [ʀɔˈmaːn gəˈlɪəs]

「私はその小説を読んだ。」

lux. Hie géing dëse Summer Jap***an*** besichen. [ˈʑaːpan bəˈziçən]

「彼は，今年の夏，日本を訪れる予定です。」

ただし，ルクセンブルク語本来の語彙では，「n 規則」が働く[9)]。

lux. Wa_ mer eis gesi_ kéinten... [vɑ mɐ]

< Wa*nn* mer eis gesi*nn* kéinten...

「もし(私たちが)会うことができたなら…」

・外来語における lux. -än [ɛːn]

lux. Hie géing gär Kapit***än*** ginn. [kapiˈtɛːn gɪn]

「彼はキャプテンになりたい。」

ルクセンブルク語本来の語彙で -än [ɛːn] で終わるものはない。主に名詞の複数形などで -änn [æn(ː)] で終わる語はあるが，これは下で挙げる「n 規則」の例外の語末の [n] が長音化(lengthning)を起こした場合の語に相当するため，そもそも [n(ː)] の脱落は起きない(「(II) 長音化(lengthning)された n」参照)。

9) ただし，lux. Mann「男性」など，もともと「高低アクセント 2」を伴う語彙で語末の [n] が長音化を起こしていると考えられる語彙では，脱落は起きない(6.1.3 参照)。

・lux. -éin [ɛɪn][10]で終わる語

lux. Si huet keng Tré***in*** fir hire Mann fale gelooss. [tʀɛɪn fiɐ̯]

「彼女は，夫のために一粒の涙もこぼさなかった。」

・lux. -on [oːn] で終わる語

lux. Oz***on***lach [oˈzoːnlɑx]「オゾンホール」

lux. Si si mam W***on*** gefuer. [voːn gəˈfʊɐ]「彼らは車で移動した。」

ただし，綴りからも明らかなように，ここで問題になるのは長母音の[oː]が語末のnに先行する場合である。短母音の[ɔ]が先行する場合はこの例に当てはまらず，「n 規則」が働く。

lux. Hues de dat Buch scho_ gelies? [ʃɔ gəˈlɪəs]

< Hues de dat Buch scho*nn* gelies?

「君はもうその本を読んだ？」

・-oun [ëʊn]

lux. D'Kr***oun*** gëtt aus purem Gold gemaach. [tkʀëʊn gët]

「その王冠は純金で作られる。」

・外来語における lux. -tioun [(t)sɪˈëʊn]

lux. Hien huet eng Addi***tioun*** gemaach. [adisɪˈëʊn]

「彼は付言した。」

これらの例を見ると，強勢を伴う音節の末尾のnが脱落しにくい傾向があるように見えるが，同様に強勢を伴う分離動詞の前綴りではnの脱落が義務的に起こる。

10）ただし，形容詞 lux. schéin では脱落が起きる（lux. schéi_ Fra < schéi*n* Fra「美しい女性」）。

lux. D'Wantersemester huet u_gefaangen. [ʊɡəˈfaːŋən][11)]

< D'Wantersemester huet u*n*gefaangen.

「冬学期が始まった。」

全体的に，普通名詞で脱落が起こりにくいように見えるが，それは上記のようなnの脱落が起きない形式が普通名詞に多く観察されるためであり，「n規則」が働くかどうかは品詞の違いの問題ではない。普通名詞でも，上記以外の音韻環境では「n規則」が働く。

lux. Ree_bou [ˈʀeːbëʊ]「虹」

(< lux. Ree*n*「雨」+ lux. Bou「弧」)

lux. Mir hu_ gudde Wäi_ gedronk. [væɪ ɡəˈdʀɔŋk]

< Mir hu*nn* gudde*n* Wäi*n* gedronk.

「私たちは良質なワインを飲んだ。」

lux. Hien huet mer d'Zeeche_ gewisen[12)]. [ˈttseːɕə ɡəˈvizən]

< Hien huet mer d'Zeeche*n* gewisen.

「彼は私にその印(しるし)を見せた。」

(II) 長音化(lengthning)されたn

ルクセンブルク語では，基本的に子音の長短を弁別しないが，以下で挙げる2種類の場合に/n/が長音化される場合がある(詳細については6章参照)。この長音化されたnに対しては「n規則」が働かず，したがってこの音の脱

---

11) lux. ufänken(< lux. u*n*fänken; nhg. *anfangen*)の過去分詞。強勢を伴う前綴りlux. un-の末尾の[n]が過去分詞形成接辞lux. -ge-の前で脱落している。また，不定詞lux. ufänkenでも脱落が起きる。語末のnの脱落を引き起こさない子音である[ts]を形態素の頭に有する不定詞標識lux. -ze-を伴う不定詞では，nの脱落は起こらない(lux. unzefänken(nhg. *anzufangen*))。

12) 語幹の母音は短母音(正書法の例外)。

落が起きない。

(1)いわゆる「浮遊音」(nhg. Schwebelaut)のn

当該の音節が長音化(lengthning)を引き起こす「高低アクセント2」(nhg. Tonakzent 2, TA2)(詳細は6.1.3参照)を伴う場合，語末の[n]が長音化されるため([n(:)])，脱落が起きにくくなる。今日のルクセンブルク語においては，このアクセントの弁別は失われつつあり，本来「浮遊音」[13]と呼ばれる長音化したnの語末での脱落は任意で起こるものとなりつつある。

lux. Gëschter si*nn*/si_ mer op Tréier gefuer. [zɪn mɐ]/[zɪ mɐ]
「昨日，私たちはトリーアに行った。」

上の文で示しているように，TA2を伴うと考えられる定動詞 lux. sinn(nhg. *sind*, mhg. *sîn/sint* (Bergmann et al. 2007: 212))「(完了の助動詞(1.pl.))」の語末の[n]は，脱落する場合としない場合の両方が許容される。

(2)代償延長(compensatory lengthning)のn

通時的に，音の縮約(contraction)や語末で音の脱落を起こした語において，残ったnが長音化して発音されるものがある(代償延長(compensatory lengthning))。「浮遊音」のnの脱落が任意であるのに対し，代償延長で長音化したnが脱落することはない。

lux. Kanns de d'Ë*nn*/*d'Ë_ kleng schneiden? [dën klæŋ]/*[dë klæŋ]
「その玉ねぎを細かく切ってくれる？」(lux. Ënn (fr. *oignon*))
lux. Hien huet sech d'Hä*nn*/*d'Hä_ gewäsch. [thæn gəˈvæʃ]/*[thæ

13)　本来，TA2によって長音化された子音，もしくはTA2が持ち越された子音を概して「浮遊音」と呼ぶため，[n]だけでなく，[m]や[l]も「浮遊音」となりうる子音である。詳細については，6.1.3参照。

gəˈvæʃ]

「彼は自分の(両)手を洗った。」(lux. Hänn (nhg. *Hände*))

lux. Ech hunn bis elo ëmmer nëmme ro*nn*/*ro_ Bréller gedroen.

[ʀɔn ˈbʀëlɐ]/*[ʀɔ ˈbʀëlɐ]

「私は今まで丸眼鏡しかかけたことがなかった。」

(lux. ronn (nhg. *runde*))

(III) /z/ で始まる強勢を伴わない機能的な要素の前

人称代名詞 lux. se [zə][14]「彼女/彼ら」, 再帰代名詞 lux. sech [zəɕ]「自分に/を(3.sg./pl.dat./acc.)」, 所有冠詞 lux. säin [zæɪn]「彼(m.)の/それ(n.)の」, 副詞 lux. sou [zëʊ]「そんな, そのように」など, 非強勢の要素の前で, 語末の [n] の脱落は任意で起こる。

lux. Zënter dem leschte Joer wunne_/wunne*n* se zu Tréier.

[ˈvunə ze]/[ˈvunən (d)zə]

「昨年から彼らはトリーアに住んでいる。」

lux. a_/a*n* sou weider [ɑ zëʊ]/[ɑn (d)zëʊ]「などなど」

Gilles(2006: 60-63)では, n の脱落が阻害される要因の一つに, 歯茎鼻音 [n] と歯茎摩擦音 [z] との間に, 歯茎閉鎖音 [d](もしくは [t])の挿入が起こる可能性を指摘している。この歯茎閉鎖音の挿入が起こると, 語末の [n] が維持される音韻環境となるため, 脱落が起こらないと考えられる。

筆者が行った2011年の録音調査の資料の中に, 再帰代名詞 lux. sech を含む以下の文がある。

lux. Do léisst **hie*n* sech**[15] mam ganze Gewiicht an seng Fotell falen...

---

14) 3人称単数女性/3人称複数の lux. si の弱形。

15) 太字による強調や斜体字は筆者によるもの。

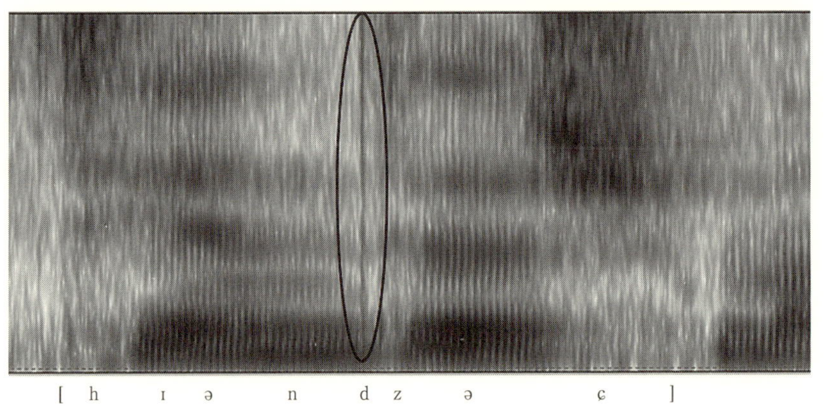

図 5-1　歯茎閉鎖音 [d] 挿入の例(lux. hien sech [hɪəndzəɕ])

「そこで彼は安楽椅子に全身を預けて……」

オリジナルのテキストにおいて，再帰代名詞に先行する人称代名詞 lux. hien「彼は」の語末の <n> は脱落させずに綴られており，録音調査においてもその部分には変更を加えずに話者に見せて朗読してもらった。このテキスト全体を lento のテンポ，すなわち「子供に読み聞かせるようにゆっくりはっきりと」読むようお願いしたということもあり，人称代名詞の語末の [n] を脱落させて朗読したのは，10 人の話者のうち 2 人だけだった。それ以外の 8 人の話者は，語末の [n] を脱落させずにそのまま朗読しており，“Praat” で確認したところ，そのうち 2 人の話者の発音に明らかな閉鎖音の挿入が確認された。

図 5-1 の中で，縦に濃く線が入っているように見える部分(楕円で囲んである部分)が，閉鎖音の挿入が起きている部分である。しかし，[n] の脱落を起こさずに朗読した残りの 6 人の話者の録音資料からは，明確な音挿入は確認できなかった。

Gilles(2006: 60-63)は，閉鎖音の挿入を [n] の脱落を阻害する要因の一つとしてみなす他，強勢を伴わない語彙がそれに先行する要素と接語グループ

(clitic group (Nespor/Vogel 2007 参照))を構成する場合，その韻律論的な単位の内部で「n 規則」が阻害されることがあるという可能性を指摘している。

5.1.3　Gilles(2006)による「n 規則」の分析

以下では，「n 規則」の分析例の一つとして，非線形音韻論の理論を用いた Gilles(2006)の記述を紹介する。

Gilles(2006)は，語末の [n] を，音節(nhg. Silbe: σ)ではなく「韻律外分節」(nhg. „extraposodisches Segment“ ex)の接点(node)に統合される要素とみなして考察を加えている。韻律外分節に統合される要素は，後語彙(nhg. postlexikalisch)レベルで音節統合されていない場合，「浮遊物消去」(„Stray Erasure“)により消去される，すなわち，音声的に実現されない(図 5-2)(Gilles 2006: 41-42)。

同様の現象として，フランス語のいわゆるリエゾン(fr. liaison)[16)]で観察される語末の子音がある。図 5-3，図 5-4 で，その例を示す。

Gilles(2006)はルクセンブルク語について，まず，[n] が脱落する場合(①)と脱落しない場合(②)とに分けている。脱落しない場合は，さらに 3 通り((i)-(iii))に分けられる。

① [n] が脱落する場合
② [n] が脱落しない場合
　(i) 母音が後続する場合
　(ii) 歯茎音 [t]，[d]，[ts]，[n] が後続する場合
　(iii) 声門摩擦音 [h] が後続する場合

① [n] が脱落する場合

まず，[n] が脱落する場合は次のように分析される。

図 5-5 の例では，後続する要素 lux. Kuch [kʊx]「ケーキ」の音節開始部が，すでに無声軟口蓋閉鎖音 [k] で占められており，定冠詞 lux. den [dən]

---

16)　後続する要素が母音で始まる場合にのみ，語末の子音が音声的に実現される。

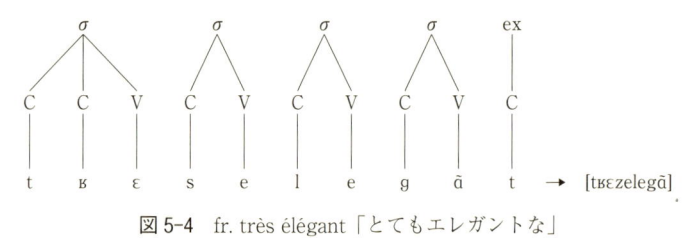

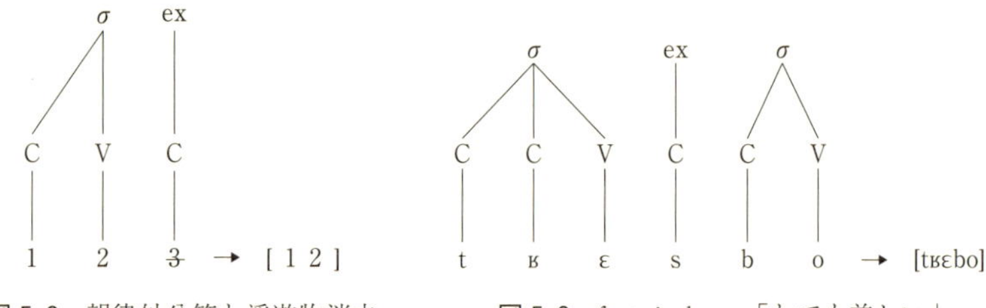

図 5–2　韻律外分節と浮遊物消去

図 5–3　fr. très beau「とても美しい」

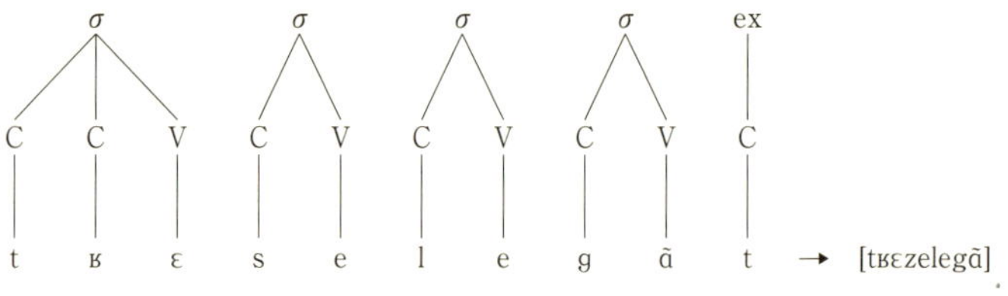

図 5–4　fr. très élégant「とてもエレガントな」

前半の要素 fr. très「とても」の <s> は母音間で有声音の [z] として発音される。

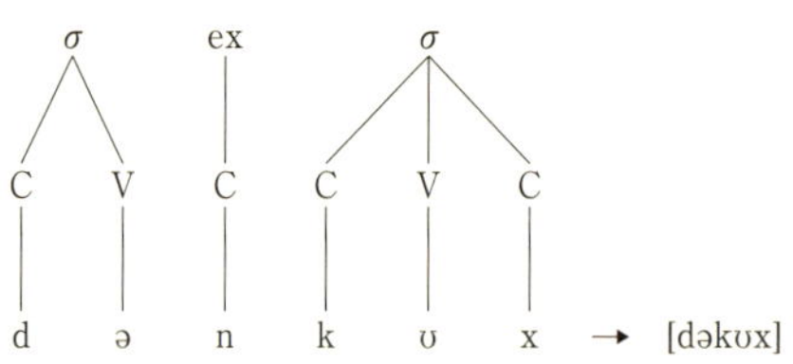

図 5–5　lux. de_ Kuch「そのケーキ」

これは筆者による例。

「その」の語末の [n] が，後続する音節の開始部に統合される再音節化を起こすことができないため，「浮遊物消去」によって消去される。

このように，後続する要素の音節開始部が何らかの子音によって占められている場合は，基本的に語末の [n] の再音節化が阻害されるため，音の脱落が起きると理解される。

② [n] が脱落しない場合

(i) の母音が後続する場合では，フランス語のリエゾンの場合と同様，再音節化を経て韻律外分節に属する語末の [n] が，後続する語もしくは形態素

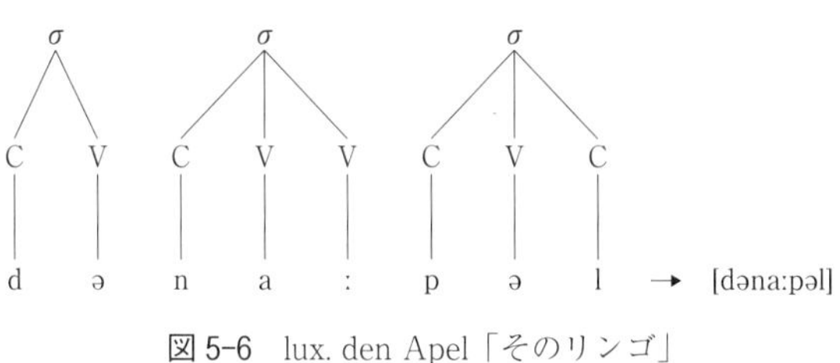

図 5-6　lux. den Apel「そのリンゴ」

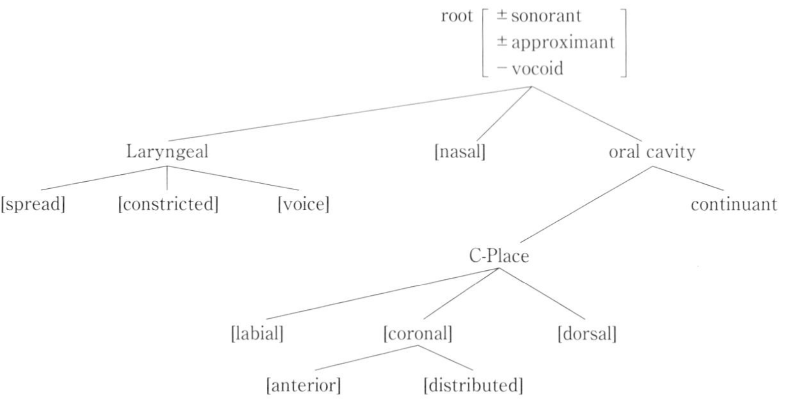

図 5-7　非線形音韻論における子音の素性

出所）Clements/Hume 1995: 292.

の音節に統合されると考えられる。これによって「浮遊物消去」を免れることができ，結果として音声的に実現される。

（ii），（iii）では，後続する要素の音節開始部はすでに子音で占められているが，この場合は後続する子音と重子音（nhg. Geminate）もしくは部分的重子音（nhg. partielle Geminaten）[17]を形成することで，[n]の実現が可能になる（Gilles 2006: 51–52）。まず，非線形音韻論（特に，素性階層理論（Feature Geometry Theory））において，子音の素性は図 5-7 のような樹形図で理解される（Clements/Hume 1995 参照）。

17）Gilles（2006）では，調音位置と調音方法のうち，前者のみが共通する子音が連続する場合を部分的重子音と呼んでいる。

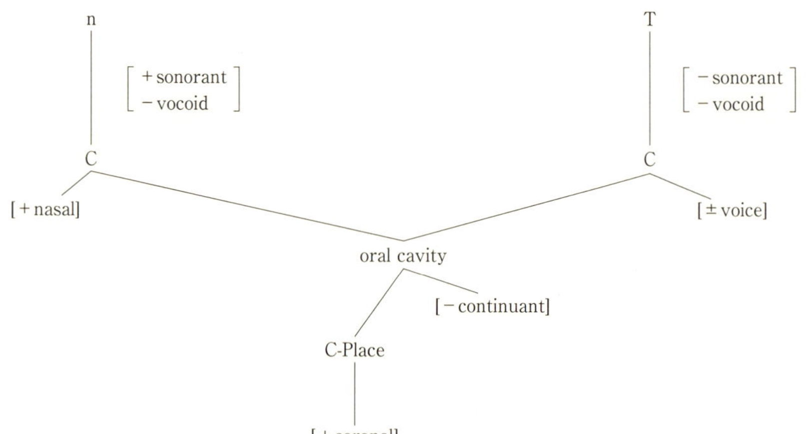

図 5-8　語末の [n]＋歯茎閉鎖音 T

出所）Gilles 2006: 52.

語末の [n] に，[n] から始まる要素が後続する場合は，重子音となるため，語末の [n] は脱落しないと考えられる。ただし，語末の音と後続する要素の音節開始部を占める音が同一であり，ルクセンブルク語には本来子音の長短の対立はないため，語末の音が実際に脱落していないのかどうかを判断するのは難しい。

いずれにせよ，現行の正書法では，<n> で始まる要素の前で語末の <n> は脱落させずに綴られる。

lux. de*n* Nol [də(n) noːl]「その釘」

lux. Si kennt e*n* net. [ə(n) nət]「彼女は彼を知らない。」

Gilles（2006: 52）によると，語末の [n] と後続する語の音節開始部の閉鎖音との部分的重子音は，図 5-8 のように分析される（記号 “T” で，歯茎閉鎖音 [t]，[d] を表している）。

Gilles（2006）では，語末の [n] に [h] が後続する場合の図が省略されているが，図 5-9 を参考にすると，以下のように分析されると考えられる。

[h] は，喉頭(laryngeal)の接点において [+spread] という素性は示すものの，歯茎鼻音 [n] の調音に関わる口腔(oral cavity)の接点には素性のない音である。そのため，先行する [n] との一種の二重調音が可能となる。

以上の分析により，[n] に [h] が後続する場合は，[n] に歯茎閉鎖音 “T”([t], [d])が後続する場合と同様の部分的重子音の構造を形成することができるため，語末の [n] が保たれると考えられる。

これ以外の子音が後続する場合は，C-Place の下の素性が異なるため，部分的重子音を形成することができない(図 5-10)。したがって，語末の [n] はどの音節にも統合されることなく，脱落する(「浮遊物消去」)。

標準ドイツ語では，語末の [n] が音節形成子音となる場合が多い(nhg. machen [ˈmaxn̩]「作る」(発音記号は Duden 2005: 525[18]))。これに対して，ルクセンブルク語では，語末の [n] が脱落する場合が多いため，この音が音節形成子音となることはない(lux. maachen [ˈmaːxən]/*[ˈmaːxn̩]「作る」)。

また，[n] の語末音消去(apocope)はオランダ語方言においても広く観察される現象であるが，これはあいまい母音を核とする音節末尾の [n] が脱落する現象で，後続する音韻環境の制約なしに起こる現象である(Booij 1995: 139-141; Wulf et al. 2005: 317-325)。これに対して，ルクセンブルク語における語末の [n] の脱落は，いくつかの例外はあるものの，基本的にはそれに後続する音韻環境に依存して起きる現象であることがわかる。この点において，オランダ語などで観察される [n] の語末音消去とは区別されるべき現象と言える。

スイスドイツ語においても語末の [n] の脱落が観察されるが(brng. my (nhg. *mein*)「私の」, brng. gah (nhg. *gehen*)「行く」, brng. luege (nhg. *schauen*)「見る」(Marti 1985: 63; Greyerz/Bietenhard 1997))，これもやはり後続する音韻環境の影響を受けずに起こる現象である。さらに，脱落の起きた形式が語彙化しているため，共時的な現象というよりは通時的に起きた変化と考えられる。これに対して，ルクセンブルク語の現象は，共時的に観察される現象である。

ルクセンブルク語において広く観察されるもう一つの音の脱落の現象は，

18) Duden(2005^6): *Das Aussprachewörterbuch* はドイツ語の代表的な発音辞典の一つ。

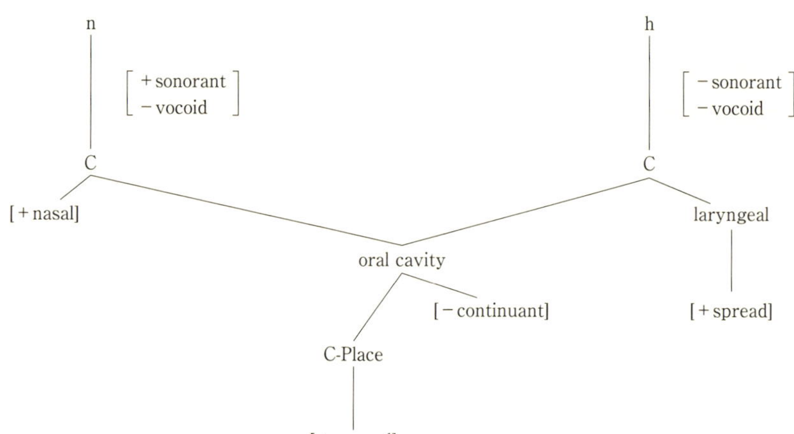

図5-9　語末の[n]+無声声門摩擦音[h]

注）図は筆者によるもの。

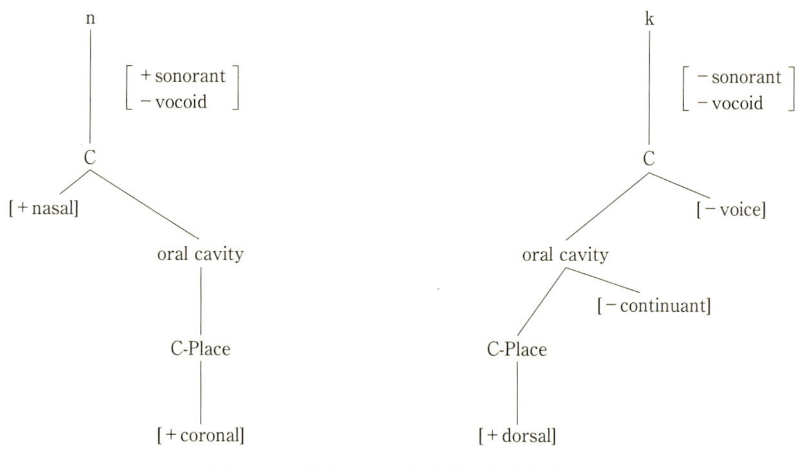

図5-10　語末の[n]+無声軟口蓋閉鎖音[k]

注）図は筆者によるもの。

あいまい母音の語末音消去であるが，これは共時的な現象ではなく，通時的な現象と考えられるため，6章で扱うこととする。ルクセンブルク語には，この他に音節末尾(coda)における /ʀ/ の脱落が観察される(4.2.5参照)。

5.2 音の挿入

ルクセンブルク語中央方言において観察される共時的な音挿入の現象は，人称代名詞の間の歯茎鼻音 [n] の挿入(5.2.1)と，前置詞の後ろの無声歯茎閉鎖音 [t] の挿入(5.2.2)の2つである。この他に可能な音挿入の現象として，母音で始まる語の前での声門閉鎖音 [ʔ] の挿入があるが，この現象については，5.3で改めて詳述することとする。ルクセンブルク語北方言では，特定の音韻環境において [k] の挿入が広く起こるが(1.2，図1-6参照)，主に中央方言を記述対象とする本書では，詳しくは取り上げない。

本節では，したがって，上の歯茎鼻音と歯茎閉鎖音の挿入の現象について記述した後，音の挿入現象と混同されやすい2つの別な現象，従属節内の「s の挿入」と副詞の語頭での「あいまい母音の挿入」について言及する(5.2.3)。

5.2.1 人称代名詞間での [n] の挿入

ルクセンブルク語では，あいまい母音を核とする開音節の人称代名詞主格の弱形 lux. de [də]「君は」/lux. se [zə]「彼女は/彼らは」と，あいまい母音と歯茎鼻音からなる3人称単数男性の人称代名詞対格の弱形 lux. en [ən]「彼を」との間に，歯茎鼻音 [n] が挿入される(fr. “n” intercalé「挿入の “n”」(Schanen/Zimmer 2006a: 88)；lux. Verbindungs-<n>「接続の <n>」(Braun 2009: 36))。

lux. Wéi *se n e* gesinn hunn, hu s'em z'iesse ginn.
(*when they* [n] *him seen have, have they-him to-eat given.*)
「彼らは，彼を見ると食べるものを与えた。」(Schanen/Zimmer 2006a: 88)

[n]の挿入は，母音で終わる語と母音から始まる語の間で起きているため，母音連続(hiatus)を避ける現象の一種と考えられる。同様の目的で起こる[n]の挿入は，スイスドイツ語などで広く観察される。

brng. *so-n-en*[19] elände Lugner
(*such-[n]-a nasty liar*)
「そんなひどい嘘つき」
brng. *wi-n-är* isch
(*as-[n]-he is*)
「彼のように」 (Marti 1985: 66; Greyerz/Bietenhard 1997)

上の例から，ベルンドイツ語では，不変化詞(particle)brng. so「そのような」と不定冠詞brng. en「一つの，ある(m.nom.)」の間や，従属接続詞brng. wi「～のように」と人称代名詞brng. är「彼は」の間など，様々な場所で母音連続を避ける[n]が挿入されることがわかる。

これに対して，ルクセンブルク語における[n]の挿入は，上述の限られた人称代名詞の間でしか起こらないため，非常に周辺的な現象であると言える。この現象が起こる要因として，先行する代名詞lux. de [də]もしくはlux. se [zə]があいまい母音で終わる1音節の語であるということと，加えて後続する要素があいまい母音と語末で脱落しうる歯茎鼻音[n]からなる代名詞lux. en [ən]であることが挙げられる。上の例lux. ... se n e ... [zə n ə]「彼らは彼を」では，代名詞lux. enの語末の[n]が，軟口蓋閉鎖音が後続する音韻環境(lux. gesinn [gəˈzɪn]「見た」の前)で脱落している。2つの代名詞の間に[n]が挿入されなければ，問題の部分の発音は[zə ə]/[zə(:)]となり，語の境界が判別できないばかりか2つ目の代名詞の存在自体を聞き手が認識できなくなる可能性がある。

---

19) イタリックによる強調は筆者によるもの。次の例も同様。

これに対して，例文の後半部分(lux. ... s'em ...「彼らは彼に」)を見ると，脱落を起こさない両唇鼻音 [m] を語末に有する代名詞 lux. em [əm]「彼に」が後続する要素であるため，音挿入が起きる必要がないことがわかる。代名詞が 2 つ連続する部分 lux. s'em [zəm] では，3 人称複数の人称代名詞(lux. si [zi:])の接語化は起きているものの[20]，この接語グループが 2 つの代名詞からなっていることは，2 つの子音 [z] と [m] の存在から明らかである。スイスドイツ語で観察される [n] の挿入の現象が母音連続を避けて，より良い音節構造を導くために起こる現象であると考えられるのに対し，ルクセンブルク語における [n] の挿入は，後続する人称代名詞の存在を最低限明確にするためだけに起こるものであると言える。

ルクセンブルク語での同現象が，実際にどの程度の頻度で起きるのか確認するため，2011 年の録音調査では，以下のドイツ語の文のルクセンブルク語訳と，その発音をお願いした。

nhg. Wann hast **du ihn** zuletzt gesehen?
(*when have you him last seen*)
「君が彼を最後に見たのはいつ？」

この例文は，[n] の挿入が起こりうる 2 人称単数親称代名詞の主格 nhg. du (lux. du/de/d'[21])「君は」と 3 人称単数男性代名詞の対格 nhg. ihn (lux. hien/en[22])「彼を」が隣り合うように作られており，また焦点化などによって代

20) ただし，この場合は lux. em が接語化している可能性もある(lux. se'm [zəm])。いずれの場合も発音は同じであるため，この例だけでどちらの代名詞が接語化しているのか判断するのは難しい。しかし，3 人称単数女性/複数主格の人称代名詞 lux. si は接語形 lux. s' を有する代名詞であり，3 人称単数男性代名詞の与格 lux. em は接語形を持たない代名詞であるため(lux. *'m)，本書では lux. si が接語化を起こしたものとして分析している。

21) それぞれ，強勢を伴う基本形 lux. du [du:]，強勢を伴わない弱形 lux. de [də]，接語形 lux. d' [d] である。接語形は，母音で始まる語が後続する場合に現れる。

22) それぞれ，基本形 lux. hien [hıən] と弱形 lux. en [ən]。この人称の代名詞に接語形

名詞に強勢が置かれることのないよう，無標の語順にしてある。それにもかかわらず，後続する３人称単数男性代名詞を弱形の lux. en と訳し，その前に [n] を挿入して発音した話者は 10 人中１人もおらず，全ての話者がこの代名詞を，強勢を伴いうる形式の基本形 lux. hien [hɪən] として発音した。

lux. Wéini hues **de hie** fir d'lescht gesinn?[23)]
「君が彼を最後に見たのはいつ？」

さらに，例文の発音の録音後，[n] を挿入した言い方をするかどうか尋ねたところ，10 人のうち３人は [n] を挿入した言い方はしないと答えた。[n] の挿入を認めた話者の中にも，この挿入をあまり耳にしないと答えたものが１人いた。その話者によると，弱形 lux. en を用いる場合は，この弱形に強勢を置いて発音することもあるとのことである。

lux. Wéini hues de [ˈə] fir d'lescht gesinn?
「君が彼を最後に見たのはいつ？」

強勢を置くことで後続する代名詞の存在を明確化させる上記の方法は，本来強勢を伴わないあいまい母音を有するはずの弱形の形式と矛盾するものである。この方法が可能なのは，ルクセンブルク語が，あいまい母音と同じ位置で調音され，強勢を伴うことができる音素 /ë/ を有するためだと推測される。すなわち，上の例では，当該の代名詞の母音があいまい母音から別の音素 /ë/ に置き換えられている可能性がある（lux. en もしくは ën [ën]）。

lux. Wéini hues de [ˈë] fir d'lescht gesinn?
「君が彼を最後に見たのはいつ？」

はない（lux. *'n [n]）。

23)　代名詞 hien の語末の [n] は，「n 規則」により脱落している。

もし上記の方法が一般的に取り入れられるようになれば，[n] の挿入という現象自体が失われる可能性がある。また，その場合は，ルクセンブルク語における 3 人称単数男性主格/対格の人称代名詞の基本形として，lux. hien の他に lux. ën を立てる可能性も出てくる。[n] の挿入は，衰えつつある周辺的な現象であるが，これを引き起こす代名詞の連続は，人称代名詞のパラダイムの変化という形態論上の変化の要因にもなりうる音韻環境を形成するものであり，今後も注意深い観察が必要だと考えられる。

5.2.2　前置詞の後ろにおける [t] の挿入

ルクセンブルク語におけるいくつかの前置詞には，無声歯茎閉鎖音 [t] を語末に挿入した形式を自由変種として有するものがある。

lux. bannen/bannent「～以内に，～の内で」，
lux. baussen/baussent「～の外で」，
lux. ënner/ënnert「～の下で/に」，
lux. iwwer/iwwert「～の上方で/に」，
lux. hanner/hannert「～の後ろで/に」，
lux. niewen/niewent「～の隣で/に」，
lux. tëschen/tëschent「～の間で/に」，
lux. widder/widdert「～に反して」

標準ドイツ語などでも nhg. jemand [ˈjeːmant](mhg. ieman（Pfeifer 2005: 596-597))「だれか」，nhg. eigentlich [ˈaɪgəntlɪç](mhg. eigenlich（Pfeifer 2005: 266))「そもそも」など，歯茎閉鎖音が挿入される例は広く観察される[24)]。しかし，

24）上で挙げた標準ドイツ語の例は，歯茎閉鎖音の挿入が通時的に起こった例であり，挿入が起きた形式はすでに語彙化されている。一方，nhg. als [al(t)s]「～したとき」など，共時的な挿入が観察される語彙もある。

代名詞や副詞など，品詞を問わず歯茎音の後ろで同現象が起こる標準ドイツ語と比べて，ルクセンブルク語の特徴は，同現象が前置詞の後ろで頻繁に観察されるということであり，それが起きる音韻論上の共通点を見つけるのが比較的難しいということである。上の例を見ると，基本的に２音節の前置詞において歯茎音 [t] の挿入が観察されるようであるが，２音節もしくはそれ以上の音節数を有する前置詞全てにおいて，同現象が観察されるわけではない。また，第２音節の核があいまい母音の前置詞において，歯茎閉鎖音の挿入が頻繁に起きているようでもあるが，あいまい母音が第２音節の核を形成する前置詞全てにおいて同現象が観察されるわけではない。また，語末が [n] もしくは [ɐ](/əʀ/) である前置詞の多くで [t] の挿入が観察されるが，それが全てに当てはまるわけではない。

lux. ouni/*ounit「～なしに」，lux. virun/*virunt「～の前で/に」，
lux. zanter/*zantert「～以来」，
lux. géintiwwer/*géintiwwert「～の向かい側に」

一方で，歯茎音 [t] が挿入された形式がすでに語彙化しており，挿入されない形式が許容されない前置詞もある。

lux. *géin/géint「～に対して，向かって」，
lux. *entgéin/entgéint「～に向かって，反して」，
lux. *laansch/laanscht「～に沿って」

挿入される歯茎音は，基底で無声閉鎖音の [t] であると考えられるが，この前置詞に母音で始まる語が後続する場合は，子音の有声化が起こり(5.3.1 参照)，挿入された音は有声歯茎閉鎖音 [d] として発音される。以下は，2011年録音資料からの例で，太字での強調は筆者によるものである。

lux. Hanner**t** enger grousser Dänn bleift hie stoen.

[hɑnɐd æŋɐ gʀëʊsɐ dæn blɑɪft hɪə ʃtoːən]
「大きなモミの木の後ろで，彼は立ち止まる。」

この音挿入の現象が，なぜ，またどのような基準で起こるのか，現段階で詳細な分析を行った先行研究はない。本書では，名詞句の音節開始部において可能な重子音の問題に着目して考察を加え，同現象の説明の可能性の一つを提示する。

ルクセンブルク語において，単数中性/女性及び複数主格/対格の定冠詞は，接語形式の無声歯茎閉鎖音 lux. d' [t] である。この接語形式の定冠詞は，ときにこの言語にとって有標な音節構造を導くことがある。以下では，後続する音韻環境ごとに，この定冠詞の発音をまとめる。

まず，母音，流音，摩擦音が後続する場合は，当該の定冠詞は破裂を伴う本来の発音となる[25]。

lux. d'Aax [taːks]「斧(f.)」，lux. d'Haus [thæʊs]「家(n.)」，
lux. d'Rad [tʀaːt]「車輪(n.)」，lux. d'Joren [ˈtʝoːʀən]「年(pl.)」，
lux. d'Joffer [ˈtʑɔfɐ]「未婚の女性(f.)」，
lux. d'Chamber [ˈtɕɑ̃bɐ]「議院，国会(f.)」，
lux. d'Sonn [tzɔn]「太陽(f.)」，lux. d'Luucht [tluːxt]「光(f.)」，
lux. d'Wierder [ˈtvɪədɐ]「語(pl.)」，lux. d'Fra [tfʀaː]「女性(f.)」

これに対し，それ以外の音の前では，無声歯茎閉鎖音 [t] は内破音(implosive)として発音されることが多い。ただし，歯茎よりも後ろの位置で調音される軟口蓋音に先行する場合は，破裂を伴うことがある。

lux. d'Kand [t˺kɑnt]/[tkɑnt]「子供(n.)」，

25) ただし，歯茎よりも前の位置で調音される唇歯摩擦音 [f]/[v] に先行する場合，無声歯茎音 [t] は内破音として発音されることも多い。

lux. d'Gaass [t̚ga:s]/[tɡa:s]「路地(f.)」,
lux. d'Noperen [ˈt̚no:pəʀən]「隣人(pl.)」,
lux. d'Bom [t̚bo:m]「祖母(f.)」, lux. d'Päerd [t̚pɛ:ɐ̯t]「馬(n.)」,
lux. d'Mëllech [ˈt̚mëləɕ]「牛乳(f.)」

歯茎閉鎖音([t], [d])が後続する場合も，定冠詞の歯茎閉鎖音 lux. d' [t] は内破音となるが，全体として重子音，もしくは長子音となる。

lux. d'Domänen [t̚doˈmɛ:nən]「分野(pl.)」,
lux. d'Tax [t̚tɑks]「料金(f.)」

したがって，中性，女性，複数の定冠詞 lux. d' [t] が名詞に先行する場合は，本来子音の長短の対立がないルクセンブルク語の音韻体系において(4.2)，有標な長子音が現れることになる。さらに，前置詞の後ろにこうした長子音から始まる名詞句が続く場合，前置詞の後ろにさらに歯茎音が挿入されることが多い。

2011 年の調査では，前置詞の後ろでの歯茎音の挿入がどの程度の頻度で起こるのか，またそれが実際どのように発音されているのかを確かめるために，以下の 5 つのドイツ語の文をルクセンブルク語に訳してもらった。以下では，ドイツ語の例文と，想定される可能なルクセンブルク語訳の例[26)]，及び日本語訳を示している。調査の順序としては，初めにドイツ語の例文を見せて口頭で訳してもらったものを録音し，次にそれを発音した通りに紙に書いてもらった。以下の例文では，問題となる前置詞から名詞句までの部分を太字で強調している。

(1)nhg. Was weißt du **über ihn**?

---

26) 筆者によるルクセンブルク語訳。ここで使用される前置詞は，全て歯茎音の挿入が任意で観察される語彙であるため，括弧で括って示している。

lux. Wat weess du **iwwer(t) hien**?

(*what know you about*([t]) *him*)

「彼について何を知っているの？」

(2) nhg. Kannst du dich **neben Nico** setzen?

lux. Kanns de dech **niewen(t)/nieft den** Nico setzen?[27)]

(*can you yourself next-to*([t]) *the Nicolas set*)

「ニコの隣に座ってくれる？」

(3) nhg. Was hast du **unter das Buch** versteckt?

lux. Wat hues du **ënner(t) d'Buch** verstoppt?

(*what have you under*([t]) *the-book hidden*)

「本の下に何を隠したの？」

(4) nhg. Er setzt sich **unter die Tanne**.

lux. Hie setzt sech **ënner(t) d'Dänn**.

(*he sets himself under*([t]) *the-fir*)

「彼はモミの木の下に腰掛ける。」

(5) nhg. Kannst du dich **neben Tania** setzen?

lux. Kanns de dech **niewen(t)/nieft d'Tania** setzen?

(*can you yourself next-to*([t]) *the-Tania set*)

「タニアの隣に座ってくれる？」

前置詞の後ろに定冠詞が現れる(2)-(5)の例文では，10人の話者は皆，前置詞の後ろに常に無声歯茎閉鎖音[t]を挿入して発音した。これに対して，後続する要素が人称代名詞である(1)の例でのみ，ばらつきが見られ，10人中5人の話者は歯茎音の挿入を行わなかった(lux. iwwer hien)。残る5人の話者のうち，3人は歯茎音の挿入を行って発音した(lux. iwwert hien)。残りの2人は，nhg. überではなく，nhg. vonにあたる別の前置詞lux. vunを用いて，lux. vun himとして訳した。なお，lux. vunは本来歯茎閉鎖音の挿入

27) ルクセンブルク語では，人名にも義務的に定冠詞を付す。

が起こらない前置詞であるため，ここでは考察の対象とはならない。

以下では，まず歯茎閉鎖音が単独で現れる場合と，重子音もしくは長子音となる場合，実際どのように発音されているのか2011年の録音資料の例を“Praat”を用いて音響音声学的に分析する。

口絵3は，lux. hannert enger grousser Dänn [hɑnɐd æŋɐ ɡʀëʊsɐ dæn]「大きなモミの木の後ろで」という前置詞句の一部を“Praat”のスペクトログラムで示している。図中，黄色の線で示されているのは，音の強度(intensity)である。挿入された歯茎音が母音で始まる不定冠詞lux. engerの前で有声化し，単独の有声歯茎閉鎖音[d]として発音されている。この例では，閉鎖音の前で若干音の強度の降下が観察されるが，あまり大きな変化は見られない。

口絵4は，lux. hannert der Eisebunn [hɑnɐt˺ dɐʀ ɑɪzə bun]「鉄道の後ろで」という前置詞句の一部を示している。有声歯茎閉鎖音で始まる定冠詞lux. derの前で無声歯茎音が挿入され，内破音として発音されている例である。この例では，内破音[t˺]の部分で，音の強度の明らかな降下が観察される(楕円で囲んだ部分)。

口絵3と口絵4から，閉鎖音が重子音もしくは長子音かどうかは，音響音声学的には音の強度の降下の仕方が緩やかか急かによって判断されている可能性があると言える。

口絵5は，ドイツ語からルクセンブルク語への翻訳をお願いした文の一部で，前置詞句 lux. ënnert d'Dänn [ënɐt t dæn]「モミの木の下に」の一部である。名詞lux. Dänn [dæn]の有声歯茎閉鎖音[d]の破裂の前の部分で，より急な音の強度の降下が観察される(楕円で囲んだ部分)。

長子音[tt]に後続する音の音質は，破裂(burst)と声帯の振動(pulsing)がどのようなタイミングで起こるかによって判断することができる(VOT: voice onset time (Thomas 2011: 116–119))。有声閉鎖音[d]では声帯の振動が破裂に先行するか(“lead VOT”)，破裂後に短い間隔をあけて声帯の振動が観察される(“short-lag VOT”)。これに対し，有気の無声音[t]では，破裂後に長い間隔をあけて声帯の振動が観察される(“long-lag VOT”)(Thomas 2011: 116)。

口絵5では，当該の閉鎖音に先行する声帯の振動が観察されず，破裂から短い間隔（“◡”で示した部分）をあけて声帯の振動が始まっている。したがって，当該の子音は有声音であると判断できる（lux. ënnert d'Dänn [ënɐt:dæn]）。

次に，口絵6で，歯茎閉鎖音の挿入が起きた前置詞と無声歯茎閉鎖音の定冠詞 lux. d' [t] に，無声歯茎閉鎖音 [t] で始まる名詞句が後続する場合をドイツ語からの翻訳文の例から抜粋して示す。

口絵6では，当該の子音の破裂に先行する声帯の振動はなく，破裂から比較的長い間隔をあけて振動が始まっている。そのため，当該の子音は無声音であると考えられる（lux. nieft d'Tania [nɪəft:tʰa:nɪa]）。

すでに述べたように，ルクセンブルク語では，他の音韻環境では観察されない長子音が名詞句の前にのみ現れ，さらにそれに先行する前置詞の語末で歯茎閉鎖音の挿入が頻繁に起こる。この現象は，一種の境界効果（edge effect (Kraehenmann 2011: 1140)）と考えられる。音節や音韻語（phonological word (Nespor/Vogel 2007: 141)），音韻句（phonological phrase (Nespor/Vogel 2007: 168)）などの韻律的な領域の境界，特にその開始部分は，音の長さ（継続時間（duration））に大きな影響を与える（Kraehenmann 2011: 1140）。ルクセンブルク語において，無声歯茎閉鎖音 [t] として発音される定冠詞 lux. d' は，既述の通り接語形式であるため，この定冠詞と後続する名詞は，音韻語と音韻句の間の単位である接語グループ（clitic group (Nespor/Vogel 2007: 154–155)）を形成すると考えられる。前置詞の後ろに現れる歯茎閉鎖音 [t] は，この接語グループの境界の明示に関与していると考えられる。ルクセンブルク語における長子音の有標性こそが，定冠詞から始まる名詞句の韻律論的境界の明示に大きく寄与していると考えられるのである。

ここで，前置詞の末尾に現れる歯茎閉鎖音という音に着目すると，これが定冠詞の開始部と同一の子音であることがわかる。これを踏まえると，前置詞の後ろに任意で現れる要素は，前置詞に由来するのではなく，定冠詞の開始部の子音 lux. d- [d]/[t] が境界明示のために長子音化した後，前置詞に向かって異分析されたものだとの推測も可能である（prep. d' [t] > prep. d' [t:] > prep.+[t] d' [t]）。2011年の調査では，定冠詞を伴わず常に単独で現れる人称代名詞の前で，前置詞の後ろの歯茎閉鎖音の挿入にばらつきが観察されたが，前置詞の後ろに現れる歯茎閉鎖音が定冠詞に由来するものと考えれば，これも理解できる。定冠詞を伴わない人称代名詞の前(lux. **iwwert hien**「彼について」)や，母音で始まる不定冠詞の前(lux. **hannert enger** grousser Dänn「大きなモミの木の後ろで」)での音挿入は，歯茎閉鎖音が前置詞の語末音となる異分析と，それが起きた形式の語彙化が進みつつあるために起きると考えることができる。

以上の歯茎音の挿入は，前置詞の後ろで名詞句の韻律論的な境界を明示するための現象と解釈されるが，その一方，ルクセンブルク語では標準ドイツ語と同様，定冠詞との融合(縮約(contraction))も広く観察される。

標準ドイツ語とルクセンブルク語の両方で観察される例は以下である。

lux. am < an dem: nhg. im < in dem「〜の中で(m./n.dat.)」,
lux. um < un dem: nhg. am < an dem「〜に接して(m./n.dat.)」,
lux. vum < vun dem: nhg. vom < von dem「〜から，〜について(m./n.dat.)」,
lux. beim < bei dem: nhg. beim < bei dem「〜のもとで(m./n.dat.)」

標準ドイツ語では観察されるが，ルクセンブルク語にはない融合形は，以下である。

nhg. zum < zu dem「〜へ(m./n.dat.)」,
nhg. zur < zu der「〜へ(f.dat.)」,
nhg. ins < in das「〜の中へ(n.acc.)」,
nhg. ans < an das「〜に接する方へ(n.acc.)」

ルクセンブルク語における前置詞 lux. zu は，方向を表すドイツ語の nhg. zu とは異なり，場所の意味を保持した前置詞で，方向の意味はない(lux. zu Tréier「トリーア(地名)で」[28])。この前置詞の後ろには地名などの固有名詞が来ることが多いため，定冠詞と共起することはほとんどない。そのため，融合形も観察されない。

標準ドイツ語の nhg. ins，nhg. ans に対応するルクセンブルク語の形式として想定されるのは，*lux. ant [ɑnt](< lux. an dat), *lux. unt [ʊnt](< lux. un dat)である。これらの形式は，それぞれの前置詞に定冠詞 lux. *dat[29]の屈折語尾 lux. -t [t] が融合したものとして仮定している。しかし，ここでの問題は，ルクセンブルク語における単数中性対格の定冠詞の接語形は語幹の lux. d' [t] であり，語尾の lux. -t [t] と同一の音形式となることである。例えば，標準ドイツ語の nhg. ans Meer(< nhg. an das Meer)「海辺へ」は，ルクセンブルク語では lux. [ʊn t mɪɐ] (< lux. un dat Meer)と発音されると考えられるが，これだけでは前置詞と定冠詞の融合が起きた lux. unt Mier という形式なのか，定冠詞が名詞に接語化した lux. un d'Mier という形式なのか判別できない。しかし，単数中性対格と同じ形式になる単数女性対格の定冠詞 lux. d' [t] の例を観察すると，この定冠詞は前置詞と融合するのではなく，名詞に接語化しているのだということがわかる。前置詞 lux. un に女性の名詞句が後続する場合は，前置詞の後ろには，単数女性対格の定冠詞 lux. déi

---

28) 標準ドイツ語において場所の意味を表す nhg. zu は，nhg. zu Hause「家で」など，限られた熟語にのみ残されている。これに対して，ルクセンブルク語における lux. zu はもっぱら場所を意味する。

lux. Mir wunnen zu Tréier. (nhg. *Wir wohnen in Trier.*)

「私たちは，トリーアに住んでいます。」

また，「(地名)へ」という方向を表す前置詞は，ドイツ語では nhg. nach だが，ルクセンブルク語では，lux. op (nhg. *auf*)を用いる。

lux. Mir fueren op Tréier. (nhg. *Wir fahren nach Trier.*)

「私たちはトリーアに行く。」

なお，ルクセンブルク語の lux. op は，これと同語源のドイツ語 nhg. auf「～の上で/に」と同じ意味も有している。

29) ルクセンブルク語における単数中性主格/対格の定冠詞には lux. d' という接語形式しかなく，母音を伴う形式はないが，この接語形は lux. *dat に由来すると考えられるため，本文中ではこの形式を引き合いに出して議論を進めている。今日のルクセンブルク語における lux. dat は，指示冠詞として用いられる形式である。

の語尾 lux. -éi [ɛɪ] ではなく，語幹の lux. d' [t] が現れる（lux. un d'Dier [ʊn t'dɪɐ]（nhg. *an die Tür*）「ドアへ」）。単数中性対格の定冠詞 lux. d' [t] も，女性の定冠詞と同様の接語化の方向を示すと考えれば，単数中性対格の名詞句が前置詞句に後続する場合は，前置詞と定冠詞の融合が起きないと考えることができる。

ルクセンブルク語では観察されるが，ドイツ語にはない，もしくは周辺的にしか観察されない融合形は以下である。

lux. mam < mat dem（nhg. *mit dem; ?mim*）「〜と一緒に」，
lux. um[30] < op dem（nhg. *auf dem; ?auf'm*[31]）「〜の上で」

上で挙げた lux. am，lux. um，lux. vum，lux. beim などの融合形を形成する lux. an，lux. un，lux. vun，lux. bci は，その後ろで歯茎閉鎖音 [t] の挿入が起こらない前置詞である。しかし，歯茎音の挿入が可能な前置詞でも，融合形が可能なものもある。

lux. ënnerem < ënner dem（nhg. *unter dem/?unter'm*）「〜の下で」，
lux. hannerem < hanner dem（nhg. *hinter dem/?hinter'm*）「〜の後ろで」

前置詞の後ろにおける歯茎音の挿入が名詞句との境界を際立たせるために

30）上で挙げた lux. um < un dem（nhg. *am < an dem*）「〜に接して」とは，同音異義語である。Schanen/Zimmer（2006a: 100）によると，lux. op dem の融合形については，中間の形式の lux. op em [ɔbəm]/om [ɔm] も変種として存在するとのことである（発音記号は筆者）。しかしながら，筆者の観察では，今日のルクセンブルク語中央方言においてこれらの中間形式はほとんど観察されない。

31）nhg. mim，nhg. auf'm などは，話し言葉などではしばしば観察されるが書き言葉では観察されにくい周辺的な形式である。Szczepaniak（2009: 85-92）では，これらを nhg. "einfache Klise"「単純接語」としており，アレグロ（allegro）のテンポでの発話でしか現れない形式として，融合形と区別している（Szczepaniak（2009）では，融合形を nhg. "spezielle Klise"「特別接語」と呼んでいる）。

起きると考えられる一方，これとは逆の現象と考えられる前置詞と定冠詞の融合形が観察されるのは非常に興味深い。歯茎音の挿入が起こる形式，起こらない形式，また融合形との間に，どのような用法や頻度の違いがあるのか，より詳細な調査を進めることが今後の課題と言える。

5.2.3　その他――音挿入と混同されやすい現象

本項では，初めに従属節を導く要素（補文標識や接続詞，疑問詞，関係代名詞など）と同一節（CP）内の主語との間に現れる無声歯茎摩擦音 [s] について扱う。次に，副詞の語頭で任意で現れるあいまい母音 [ə] を取り上げる。本書では，音挿入の現象として理解されがちなこれら２つの現象が，全く別のあるいは逆の現象であることを示す。

(1)　従属節内における「挿入の“s”」――補文標識の屈折

Braun（2009）及び Schanen/Zimmer（2006a）では，人称代名詞間での [n] の挿入（5.2.1）と並べて，従属節で２人称単数親称の人称代名詞主格（lux. du/de/d'「君は」）の前に現れる <s> [s] を，「接続の <s>」（lux. Verbindungs-<s>[32]（Braun 2009: 36））もしくは「挿入の“s”」（fr. “s” intercalé（Schanen/Zimmer 2006a: 87））として記述している。

lux. datt **s** du et weess
（*COMP* [s] *you it know*）
「君がそれを知っていること」　　(Braun 2009: 36)

Schanen/Zimmer（2006a: 87）は，「挿入の“s”」（もしくは「接続の <s>」）を「語から語への移りを容易にするために挿入される音調上のリエゾンの現象

---

32)　Braun（2009）は，ルクセンブルク語正書法についてのハンドブックであるため，上記の現象は，歯茎音 [s] としてではなく，綴り字 <s> に関わる問題として扱われている。

(fr. liaison euphonique)」として記述している。同文献はルクセンブルク語学習者のために執筆された語学参考書であるため，言語習得を容易にする目的で複雑な説明を避けた記述をしている可能性もあるが，少なくとも言語学的には別の説明が必要である。従属節内で現れる上記の“s”は，Bruch (1973: 87)や，『ルクセンブルク語辞典』(LWB) (Bd. 1: 184)などですでに説明されているように，2人称単数親称の屈折語尾 lux. -s と考えるべきである。以下で示すように，別の人称が従属節の主語となる場合に [s] 以外の形式の要素が現れることが，上の主張を支える根拠の一つである。

(1) a. lux. Ech wouss net, datt **s** de eng Kéier do waar-**s**.
(I knew not COMP 2.sg. you one time there were-2.sg.)
「君がそこに行ったことがあるとは知らなかった。」

b. lux. Ech freeë mech drop, datt **e**[33] mir eis muer erëmgesi kënn-**en**.
(I please myself about-that COMP 1.pl. we us tomorrow again-see can-1.pl.)
「私たちが明日再会できるのが楽しみです。」

c. lux. Ech hunn dir jo gesot, datt **en** de Pol an d'Dani[34] haut net kënne komm-**en**.
(I have you (modal particle) said COMP 3.pl. the Paul and the-Danielle today not can come-3.pl.)
「ポールとダニは今日来られないと言ったでしょ。」

(1a)では，2人称単数親称の人称代名詞 lux. du「君は」を主語とする従属節において，従属接続詞(補文標識)lux. datt「～ということ」が，この主語

33) (1b)では，1人称複数主格の人称代名詞 lux. mir [mɪɐ̯]「私たちは」の前で，屈折語尾 lux. -en の末尾の [n] が，「n 規則」により脱落している。

34) lux. Dani は，Daniel(男性名)，Danièlle(女性名)に由来するルクセンブルク語の人名。なお，女性のファーストネームは中性名詞である。

の人称と数に一致した定動詞 lux. waar-s と同じ屈折語尾 lux. -s を伴っていると考えられる。従属節の主語が 1 人称複数(1b)や 3 人称複数の(1c)場合は，それらの人称と数に応じた語尾 lux. -en [ən] が現れる[35]。lux. datt の語末の無声歯茎閉鎖音 [t] と有声歯茎閉鎖音 [d] の間という，明らかに同じ音韻環境と考えられる位置に，(1a)では <s> [s] が(lux. … datt s de … [dɑt s də])，(1c)では <en> [ən] が(lux. … datt en de … [dɑt ən də])現れていることから判断しても，これらが音韻的な要因のために現れる要素でないことは明らかである。どちらの形式が現れるかは，主語の人称と数によって決まるため，これらの要素は同一節(CP)内の主語と一致した屈折語尾と考えられる。以上の観察から，従属節内で現れる "s" や "en" は，人称代名詞間での [n] の挿入(5.2.1)とは全く別の現象であることが確認できる。従属節内で主語と一致した屈折語尾が補文標識及び定動詞の後ろで 2 度現れる同現象は，ルクセンブルク語だけでなく，西フリジア語やドイツ語方言，オランダ語方言など，西ゲルマン語において広く観察される現象で，補文標識の屈折の現象として研究されている(Hoekstra/Smits (red.)(1997); Fuß(2005); Koppen(2005); Weiß(2005); 西出(2010))。

現行のルクセンブルク語正書法のハンドブック Braun(2009)は，従属節において現れる「接続の <s>」と，2 人称単数親称の定動詞の屈折語尾とを混同しないようにと指摘している。従属節における補文標識の屈折語尾は，語幹からは独立して綴られるため，綴りに関しては注意が必要である。しかし，本書では，従属節において現れるこれらの要素を定動詞の後ろに現れるものと同じ人称屈折語尾とし，音挿入の現象とは区別して記述する。

(II) 副詞の語頭のあいまい母音――語頭音の脱落(aphaeresis)

ルクセンブルク語では，あいまい母音 [ə] によって実現される要素を語頭

35) ただし，今日のルクセンブルク語では，2 人称単数の屈折語尾 lux. -s と異なり，1 人称複数と 3 人称複数の屈折語尾 lux. -en は，義務的には現れない(詳細については，6.1.4 参照)。現行の正書法でも，2 人称単数の屈折語尾 lux. -s は義務的に綴るが，1/3 人称複数の屈折語尾 lux. -en は綴らないのが規範とされている。

に有する形式と，それを欠く形式の2種類を有する副詞が多く観察される。どちらの形式が現れるかは任意である。

lux. elo/lo [əˈloː]/[loː]「今/そこ」，lux. elei/lei [əˈlɑɪ]/[lɑɪ]「ここ」，
lux. ewell/well [əˈvæl]/[væl]「今/すでに」，
lux. ewech/wech [əˈvæɕ]/[væɕ]「離れて/去って/なくなって」，
lux. erëm/rëm [əˈʀëm]/[ʀëm]「再び」36)，
lux. eréischt/réischt [əˈʀɛɪʃt]/[ʀɛɪʃt]「やっと」

母語話者の中には，これをあいまい母音挿入の現象だと考えるものも多い。しかし，通時的には，副詞の語頭で現れるあいまい母音は，音韻的な要因により新たに挿入される音ではなく，もとあった要素が弱化を起こしたものである。以下では，主にAtten(2010)の記述を参考にしながら考察を進める。Atten(2010)は，専門的な学術文献ではなく，ルクセンブルクの放送局RTL(Radio Télévision Luxembourg)で放送されたルクセンブルク語についてのコラムがまとめられた書籍である(録音CD付)(録音，執筆言語はルクセンブルク語)。上記のような副詞についての現象を扱った学術的な文献がなかったため，本書ではこれを参照する。ただし，同書の記述に問題があると考えられる部分についてはそれを指摘し，適切な記述を付す。

Atten(2010)では，まずlux. elo/loの語源をlux. *all-do (nhg. *all-da*)とし(Atten 2010: 173)，lux. elei/leiの語源を*all-hei (nhg. *all-hier*)としている(Atten 2010: 183)。これらは，場所を表す副詞lux. do (nhg. *da*)「そこ」とlux. hei (nhg. *hier*)「ここ」の前に，強調の接頭辞lux. all- (nhg. *all-*)が付された形式

36) 「再び」という意味の副詞としては，本文中で挙げた副詞の他にlux. nees [neːs]という語彙がある。ルクセンブルク語辞典*Luxdico*のドイツ語版(Welschbillig/Schanen/Lulling 2008)では，どちらの語彙にもnhg. wieder「再び」という訳が付されているが，厳密には，*Luxdico*フランス語版(Schanen/Lulling 2009)に記載されている通り，lux. erëm/rëmが「再び/戻って/返って」(fr. *en retour*)，lux. neesが「改めて/もう一度」(fr. *de nouveau*)という意味である。

と考えられる。同様に，lux. ewell/well は，lux. *allweil（nhg. *all-weil*）に由来するとされている（Atten 2010: 205）。これらの副詞の語頭で任意で観察されるあいまい母音は，もとあった強調の接頭辞 lux. all- が弱化したものと考えることができる。あいまい母音を欠く形式は，同要素の弱化がさらに進み，脱落を起こした形式と考えることができる。

ただし，強調の接頭辞 lux. all- に由来し，現在はあいまい母音として発音される要素全てに脱落が許容されるわけではない。lux. eleng [əˈlæŋ]「一人で」は，ドイツ語の nhg. allein と同様，lux. all-eng（nhg. *all-ein*）「（強調-）一人で」に由来する語彙と考えられる。2011 年の録音調査協力者に確認したところ，10 人の話者全てが，語頭のあいまい母音が脱落した形式 lux. *leng *[læŋ] は許容できないと回答した。

lux. ewech/wech について，Atten（2010: 85）では lux. *en weg（nhg. *ein Weg*）「1 本の（ある）道」に由来するとして記述されているが，この説明には問題がある。同文献では，さらに lux. ewech/wech について，英語の engl. away との関連を指摘しているが，英語の同語彙の語源は，*on weg（engl. *on the way*）である（寺澤 1999: 87）。ドイツ語の nhg. weg「離れて/去って/なくなって」も，語源は mhg. enwec（より古い中高ドイツ語で mhg. in wec（nhg. auf den Weg「道の上に」））と考えられている（Pfeifer 2005: 1544）。ルクセンブルク語の lux. ewech/wech も，語源は英語やドイツ語のものと同様だと考えるべきである（lux. eweg < *op de Wee「道の上に」）。したがって，あいまい母音は前置詞 lux. *op が弱化したものと考えることができる。

lux. erëm/rëm の語源は，Atten（2010: 63）では lux. *herum（nhg. *herum*）「回って」とされているが，lux. *her-（nhg. her-）「こちらへ」とされている前半部の要素はオランダ語における ndl. er（nhg. da-）「そこで/に」と同様の要素である可能性もある。接頭辞 lux. er- を伴う副詞としては，lux. eran（nhg. *herein*）「中へ」，lux. eriwwer（nhg. *herüber*）「越えて」，lux. erop（nhg. *herauf*）「上方へ」など，他にもいくつかある[37]。これらの表現と lux. erëm/

37） 標準ドイツ語では，話者に向かってくる移動を示す nhg. her-「こちらに向かって」

rëm の異なる点は，他の表現では語頭のあいまい母音を脱落させることができないということである。

もとの意味から派生した新たな意味での語彙化が進んだ場合，もとは複数の形態素からなる複合語が，１つの形態素からなる単一の語彙として解釈されることがある。前置詞 lux. ëm (nhg. *um*)「～の周りに」という意味から，「再び」という意味に語彙の意味が転じている lux. erëm/rëm でもそれが起きているため，強勢を伴わないあいまい母音の脱落が任意で起こるようになったと考えられる。lux. elo/lo, lux. elei/lei; lux. ewell/well も同様に考えられる。lux. elo/lo, lux. elei/lei に関して，本来の場所の意味が顕著に残るのは，lux. elei an elo (nhg. *hier und dort*)「ここそこに」という表現のみであり (LWB Bd. 1: 259)，lux. elo/lo は，今日ではもっぱら「今」という時間の意味で用いられることがほとんどである。lux. elei/lei におけるあいまい母音の脱落は，lux. elo/lo からの類推で起きたものと考えられるが，こちらは今日ではほとんど廃れた表現と言ってよく，「ここ」という場所の意味を表す副詞としては，もっぱら強調の接頭辞を伴わないもとの形式 lux. hei が用いられる。lux. ewell/well でもやはりもとの lux. *weil (nhg. *weil*, engl. *while*)「～の間(時間)，～なので」という意味は失われており，「今/すでに」という意味に転じている。

最後に，lux. eréischt/réischt について考察する。上の一覧では，最も使用頻度の高いこれら２つの形式を挙げたが，同様の意味を表す変種として，他に lux. eléischt, lux. erléischt という形式がある。いずれの形式も，lux. -éischt (nhg. *erst*)「一番に」という形態素を含んでいることは明らかである

と，話者から離れる移動を示す nhg. hin-「向こうへ」を区別するのに対し，ルクセンブルク語には nhg. hin- にあたる接頭辞がなく，話者から見た移動の方向の区別はない。標準ドイツ語の nhg. hierher「こちらへ」や nhg. dahin/dorthin「そちらへ」にあたるルクセンブルク語は，lux. heihinner (nhg. *hier-hin-her*) と lux. dohinner (nhg. *da-hin-her*) である。これらの表現から，ルクセンブルク語では標準ドイツ語で残っている nhg. hin と nhg. her の区別が失われており，上で挙げた２つの例では，それら２つが単に移動を表す要素として重複して用いられていると考えられる。

が，その前に付されている要素に違いがある。Atten(2010: 197)では，lux. eréischt/réischt について lux. *deréischt もしくは lux. *zeréischt というもとの形式を推定している。ここで，lux. *der- は定冠詞に由来する要素と考えられるが，lux. *zer- がどのような要素なのかは明らかではない。lux. erléischt については，形容詞や副詞の最上級を強調する接頭辞 lux. aller- (nhg. *aller-*) を付した lux. *aller-éischt (nhg. *aller-erst*) という形式を推定しており，ここから lux. erléischt のもとの形式は，上の形式に lux. *der- を付した lux. *der-aller-éischt であると推測することができる。

ルクセンブルク語は，Atten(2010)で扱われている上の6つの副詞に加え，lux. ewéi/wéi，lux. esou/sou など，語頭でのあいまい母音が任意で現れる副詞を他にも有するが，これらももとは2つの形態素からなる複合語であったと推測できる。上の2つの語彙におけるあいまい母音は，強調の lux. *all- に由来すると考えられる。したがって，ルクセンブルク語において，副詞の語頭で任意で観察される非強勢のあいまい母音は，音挿入の現象ではなく，その逆の音の弱化に続く脱落の現象であると考えられる。

LWB では，lux. rëm という語彙についてのみ，「erëm が音の脱落を起こした形式」(LWB Bd. 4: 38)であるとして記述している。他の副詞についての記述はないが，本書で分析する限りでは，他の副詞についても同様の分析が可能と考えられる[38)]。

音の弱化と脱落が関わる類似した現象として，英語の不定冠詞 engl. a/an が挙げられる。通時的には，本来の語末の [n] が脱落した形式が engl. a だと考えられるが，現代英語において，共時的には母音で始まる語の前で [n] が挿入される現象として解釈されることもある。この例のように，もとの音が残った形式の方が周辺的な変種となり，現れる場所が制限される傾向が強まれば，ルクセンブルク語の副詞に関わる同現象も，音挿入としての記述が共

38) 正確には，「erëm が語末音の脱落を起こした形式」(nhg. „apokopierte Form zum *erëm*“)とされているが，語末音の脱落(apocope)ではなく，語頭音の脱落(aphaeresis)の誤りであると考えられる。

時的には適当になる可能性がある。しかし，少なくとも語頭であいまい母音が任意で現れる現段階では，音の脱落の現象として記述するべきである。

以上，ルクセンブルク語において取り上げるべき主な音挿入の現象は，人称代名詞間の歯茎鼻音 [n] の挿入と(5.2.1)，前置詞の後ろの無声歯茎閉鎖音 [t] の挿入(5.2.2)の２つである。

この他に，lux. heian**s**do [hɑɪɑnsdoː](nhg. *hier und da*)「ときどき，あちこちに」など，限られた語彙において無声歯茎摩擦音 [s] の挿入が観察されるが，非常に周辺的な現象であるため，本書ではここまでの記述にとどめる。

5.3　形態素境界や語境界を越える再音節化

ルクセンブルク語では，標準ドイツ語などと比べて，より頻繁に，またより広い範囲で再音節化が起こる。この節では，この再音節化と関係すると考えられる２つの現象，子音の有声化の問題(5.3.1)と /ʀ/ の母音化の阻害(5.3.2)について記述し，考察を加える。

5.3.1　子音の有声化

ルクセンブルク語では，語間もしくは形態素間において，母音で始まる要素に先行する子音の有声化が観察される。

lux. Ba**k**uewen [ˈbaːgʊəvən] < bak- [baːk] + Uewen [ˈʊəvən]
「焼き窯，オーブン」
lux. o**p** eemol [ɔˈbeːmol] < [ɔp] + [ˈeːmol]「突然」

語末の子音が複数個ある場合，それら全てが有声化する。以下は，語末の子音が２つの場合と３つの場合である。

lux. Lii**cht**athlet [ˈliːʑdɑtleːt] < liicht- [liːɕt] + Athlet [ɑtˈleːt]

「陸上競技の選手」

lux. se**chs** Auer [zægzɑʊɐ] < [zæks] + [ˈɑʊɐ]「6時」

lux. Te**xt**analys [ˈtægzdɑnɑly:s] < Text- [tækst] + Analys [ɑnɑˈly:s]「テキスト分析」

lux. Ue**bst** a Geméis [ʊəbzdɑgəmɛɪs] < [ʊəpst] + [ɑ(n)][39] + [gəˈmɛɪs]「果物と野菜/青果」

類似現象に，有声子音で始まる要素の前で語末や形態素末の子音が有声化するフランス語の現象がある。

fr. Stra**ss**bourg [stʁasbuʁ]/[stʁazbuʁ]「ストラスブール（地名）」

fr. Pla**ce** d'Armes [plasdaʁm]/[plazdaʁm]「プラスダルム（地名）」

Schanen/Zimmer(2012: 281)は，フランス語と同様，ルクセンブルク語における語末や形態素末の子音も有声子音の前で有声化を起こすとし，以下の例を挙げている。

lux. "kapo**tt**maen": "kabo[d]maen" < lux. kapott + maen「壊す」

lux. "ma**t**bréngen": "ma[d]bréngen" < lux. mat + bréngen「持ってくる」

lux. "Blu**tt**drock": "Blu[d][d]rock" < lux. Blutt + Drock「血圧」

しかしながら，母語話者数名に確認したところ，ルクセンブルク語において有声子音の前での有声化は起こらないとの回答が得られた。筆者自身も，Schanen/Zimmer(2012)が挙げているような有声化の例は耳にしたことがない。少なくとも今日のルクセンブルク語において語末や形態素末の子音の有声化が起こるのは，母音で始まる要素の前でのみであると考えられる。この

39) lux. an「〜と，そして」の語末の[n]が，「n規則」により脱落している。

点において，フランス語における語末や形態素末の有声化とルクセンブルク語において起こる現象とは異なっている。ルクセンブルク語における現象は，母音間で起こる軟音化の一種だと考えることができる。

以下では，まず，語の内部で起こる子音の有声化が，厳密にはどのような形態素の間で起こるのかを確認する。

子音の有声化は，基本的には独立形態素（あるいは自由形態素（free morpheme））の間，すなわち複合語の内部で起きる現象である。そのため，母音で始まる屈折語尾や接尾辞が無声子音に後続する屈折や派生の際には，先行する子音の有声化は起こらない。

・inf., 1.sg./pl., 3.pl. の屈折語尾 -en [ən] の前：

lux. loossen [ˈloːsən]/*[ˈloːzən] < looss- [loːs] + -en [ən]
「～させる（inf., 1.sg./pl., 3.pl.）」

lux. maachen [ˈmaːxən]/*[ˈmaːɣən] < maach- [maːx] + -en [ən]
「作る/する」

・名詞派生接尾辞 -ung [ʊŋ] の前：

lux. Bemierkung [bəˈmɪəkʊŋ]/*[bəˈmɪəɡʊŋ] < bemierk- [bəˈmɪək] + -ung [ʊŋ]「発言，意見」

lux. Fuerschung [ˈfʊəʃʊŋ]/* [ˈfʊəʒʊŋ] < fuersch- [fʊəʃ]+ -ung [ʊŋ]「研究」

・名詞の複数形形成語尾 -en/-er の前：

lux. Kaarten [ˈkaːɐ̯tən]/*[ˈkaːɐ̯dən] < Kaart- [kaːɐ̯t] + -en [ən]
「カード（pl.）」

lux. Texter [ˈtækstɐ]/*[ˈtæɡzdɐ] < Text- [tækst] + -er [ɐ]「テキスト（pl.）」

・女性形形成語尾 -in [ɪn]/-esch [əʃ] の前：

lux. Studentin [ʃtuˈdæntɪn]/*[ʃtuˈdændɪn] < Student- [ʃtuˈdænt] + -in [ɪn]
「女子学生」

lux. Bäckesch [ˈbækəʃ]/*[ˈbægəʃ] < bäck- [bæk] + -esch [əʃ]
「(女性の)パン屋」

・形容詞派生接尾辞 -eg [əɕ] の前：

lux. dofteg [ˈdɔftəɕ]/*[ˈdɔvdəɕ] < doft- [dɔft] + -eg [əɕ]「薄手の」

lux. lëschteg [ˈlëʃtəɕ]/*[ˈlëʒdəɕ] < lëscht- [lëʃt] + -eg [əɕ]「愉快な」

これに対して，以下で挙げる形容詞は，一見，その屈折の際に子音の有声化を起こしているように見える例である。しかし，これは子音の有声化ではなく，語末音の無声化の例である。

lux. gutt [gʊt]「良い(f.sg.)」vs. lux. gudden [ˈgudən]「良い(m.sg.)」，
lux. béis [bɛɪs]「悪い/怒った(f.sg.)」
vs. lux. béisen [ˈbɛɪzən]「悪い/怒った(m.sg.)」，
lux. léif [lɛɪf]「親愛なる(f.sg.)」
vs. lux. léiwen [ˈlɛɪvən]「親愛なる(m.sg.)」
lux. déif [dɛɪf]「深い(f.sg.)」vs. lux. déiwen [ˈdɛɪvən]「深い(m.sg.)」，

ルクセンブルク語には，標準ドイツ語と同様，「語末音硬化」(nhg. Auslautverhärtung)と呼ばれる現象がある[40)]。「語末音硬化」で起こる変化は，実際には無声化に限られるため，摩擦音から閉鎖音への変化など，他の変化を指す可能性がある「硬(音)化」(fortition)という用語を用いるよりも，「無声化」という用語を用いた方が，誤解が少ない[41)]。したがって，以下では同現象を「語末音の無声化」と呼ぶ。「語末音の無声化」では，基底にある語

40) ここでは，形態素末も含めて「語末」と表現している。

41) 硬音と軟音の対立があり，有声と無声の対立がない上部ドイツ語の場合は，「語末音硬化」という用語の方が，その現象を的確に表していると言える。しかし，少なくとも標準ドイツ語とルクセンブルク語では，硬音と軟音ではなく，有声と無声の対立があるため，本書では「語末音の無声化」という表現をとることとする。

末の有声子音は，母音で始まる屈折語尾が後続する場合は有声音として保たれるが，後ろに新たな音節が続かず，当該の子音が語末の音節の末尾を占める場合は，無声化が起きる。

上で挙げた形容詞 lux. gutt「良い」について，標準ドイツ語などでは歯茎閉鎖音が無声化した形式が語彙化したのに対し(nhg. *gut* [guːt] – guten [ˈguːtən])，ルクセンブルク語においては有声音 [d] を含む形式のまま残ったと推測される(engl. *good*, onorse. *gōðr*, germ. **gōda-*)(Pfeifer 2005: 488))。現行のルクセンブルク語の正書法において，語末の子音が無声音 <tt> として綴られるのは，標準ドイツ語の正書法からの影響と考えられる。

lux. béis「悪い，怒った」では，語末のあいまい母音が脱落したが(語末音消去，6.1.4 参照)，本来母音間にあった歯茎摩擦音は，標準ドイツ語 nhg. *böse* [ˈbøːzə] と同様，有声音 [z] だと考えられる。この有声音は，現在のルクセンブルク語でも，語彙の基底で保持されていると考えられる。

lux. léif「親愛なる」においても，標準ドイツ語 nhg. lieb [liːp] – lieben [ˈliːbən] と同様，語幹末尾の子音は有声音だと考えられる(ie. *leubh- (Pfeifer 2005: 798-799))。lux. déif「深い」では，語幹末尾の子音の軟音化が通時的に起きたと推測される。その結果，有声化した [v] を有する形式が語彙化したと推測される(nhg. *tief*, engl. *deep*, onorse. *djūpr*, germ. **deupa-*, ie. **dheub-* (Pfeifer 2005: 1431))。

以上の例では，実際の音が綴りにも反映されており，一見，有声化の現象なのか無声化の現象なのか判断がつきにくくなっているため，記述の際には注意が必要である。同様に有声音と無声音が綴り分けられる例は，他の品詞でも観察することができる。以下の例でも，語幹末尾の子音の基底音は有声音であると考えられる。

lux. Bouf [bëʊf]「男の子」vs. lux. Bouwen [ˈbëʊvən]「男の子(pl.)」
lux. schreift [ʃʀɑɪft]「書く(3.sg./2.pl.)」
vs. lux. schreiwen [ˈʃʀɑɪvən]「書く(inf.)」

以上の例は，したがって，本節で扱う子音の有声化とは逆の子音の無声化の現象の例と考えることができる。

基底で無声音の子音は，後ろに母音で始まる屈折語尾が続いても有声化を起こすことはない。以下で挙げる形容詞では，母音で始まる屈折語尾が後続するか否かに関わらず，常に語幹末尾の子音は無声であるため，これらは基底でも無声音だと考えられる。

lux. platt [plɑt]「平らな(f.sg.)」vs. lux. platten [ˈplɑtən]「平らな(m.sg.)」
lux. séiss [zɛɪs]「甘い(f.sg.)」vs. lux. séissen [ˈzɛɪsən]「甘い(m.sg.)」
lux. wäiss [væɪs]「白い(f.sg.)」vs. lux. wäissen [ˈvæɪsən]「白い(m.sg.)」
lux. schif [ʃi:f]「傾いた(f.sg.)」vs. lux. schifen [ˈʃi:fən]「傾いた(m.sg.)」
lux. praktesch [ˈpʀɑktəʃ]「便利な(f.sg.)」
vs. lux. prakteschen [ˈpʀɑktəʃən]「便利な(m.sg.)」
lux. déck [dek]「厚い(f.sg.)」vs. lux. décken [ˈdekən]「厚い(m.sg.)」
lux. jonk [ʝɔŋk]「若い(f.sg.)」vs. lux. jonken [ˈʝɔŋkən]「若い(m.sg.)」
lux. liicht [li:ɕt]「軽い(f.sg.)」vs. lux. liichten [ˈli:ɕtən]「軽い(m.sg.)」

上のような例があることからも，屈折の際に起こるのは子音の有声化ではなく無声化であることが確認される。

語末音の無声化が起こる全ての語彙において，その無声音が綴りに反映されるわけではない。以下では，無声化が起きた形式が綴りに反映されない例を示す。

lux. Bierg [bɪəɕ]「山」vs. lux. Bierger [ˈbɪəʑɐ]「山(pl.)」
lux. midd [mɪt]「疲れた(f.sg.)」vs. lux. midden [ˈmidən]「疲れた(m.sg.)」
lux. klug [klu:x]「賢い(f.sg.)」vs. lux. klugen [ˈklu:ɣən]「賢い(m.sg.)」

以上，子音の有声化は独立形態素の間でのみ起こる現象であり，屈折語尾や派生接辞の前では，名詞，動詞，形容詞，全ての場合において，子音の有声化は起こらないことが確認できる。

本来，独立形態素が組み合わされた複合語あるいは熟語に由来するものであれば，単一の語としての語彙化が進み，もとの独立形態素の形式が失われている場合でも，子音の有声化が起こる。

lux. auseneen [ˈæʊzəneːn] < aus [æʊs] + -eneen [əˈneːn]「離れ離れに」
lux. openeen [ˈɔbəneːn] < op [ɔp] + -eneen [əˈneːn]「重なりあって」
lux. mateneen [ˈmɑdəneːn] < mat [mɑt] + -eneen [əˈneːn]「一緒に」

ルクセンブルク語において，「互いに」という意味を表す語は lux. enaner [ənˈaːnɐ](nhg. *einander*)である。上記の複合語で観察される lux. -eneen は，すでに単独で現れうる独立形態素の形式を失っている。子音の有声化は，それにもかかわらず上の全ての例において観察される。

以下では，語間での子音の有声化について，それが起こりうる韻律論的な単位を確認する。

この節の冒頭で例に挙げた語間での子音の有声化の例は，全て名詞句や前置詞句の内部など，ある程度限られた統語的単位の内部におけるものである。しかし，この現象はより広い範囲でも起こりうる。以下では，2011 年の録音資料の中から３つの例文を挙げる(太字での強調は筆者によるもの)。

(1)lux.	An	**et**	**ass**	o**ch**	eng	Waasserplaz
	conj.	pers.pron.3.sg.nom.	copula verb	“also”	ind.art.	“water place”

[ɑn əd ɑz ɔɣ æŋ vaːsɐplaːts]
「そして，それは水場でもある」

まず lux. et の語末の子音について，縦に濃く見える破裂からほとんど間をおかずに声帯の振動が再開していることから，この歯茎閉鎖音が有声音として発音されていることがわかる(図 5-11 参照)。それ以降の２つの摩擦音では，常に声帯の振動が観察されるため(“⎵”で示した部分)，有声音として発

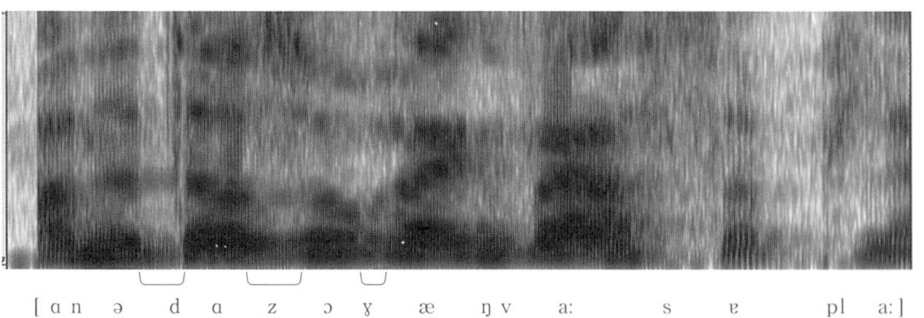

図 5-11　“An et ass och eng Waasserplaz” [ɑn əd ɑz ɔɣ æŋ va:sɐpla:ts]（話者 5）

音されていることが確認できる（Thomas 2011: 91）。したがって，(1)では，主語と動詞の間，動詞と不変化詞の間，不変化詞と不定冠詞の間で有声化が起きている。

(2) lux. do muss ech u Berlin denken
then auxiliary verb pers.pron.1.sg. prep. Berlin think
[do: mʊz əʑ ʊ bɐʁli:n dæŋkən]
「すると，私はベルリンのことを考えなければならない」

図 5-12 でも，子音の部分に声帯の振動が観察されるため，語末の子音が有声化されていることがわかる。(2)では，動詞と主語の間，主語と前置詞の間で有声化が起きていることが確認できる。

(3) lux. d’Wëldschwäin, d’Rosalinde, ass direkt averstan
def.art.-“wild pig” def.art.-“Rosalinde” copula verb “directly” “agreed”
[ɑs diʁægd ɑfɐʃta:n]
「ノブタのローザリンデは，すぐに賛成した。」

図 5-13 でも，lux. direkt の語末の子音の部分に声帯の振動が観察されるため，有声音であると判断できる。これは，副詞と動詞の間で有声化が起き

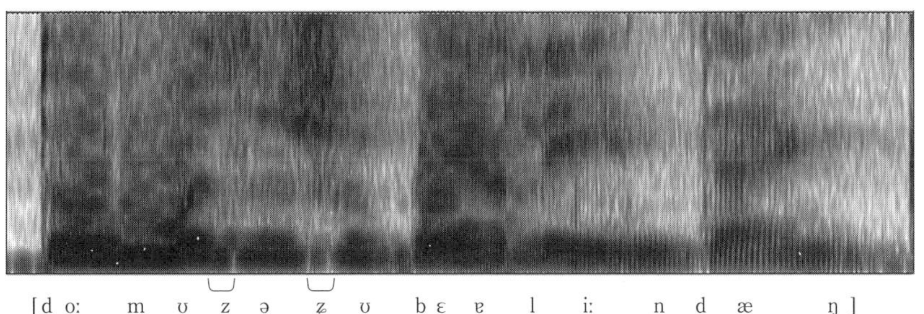

図 5-12　“do muss ech u Berlin denken” [do: mʊz əʑ ʊ bɛʁ̯li:n dæŋkən](話者 5)

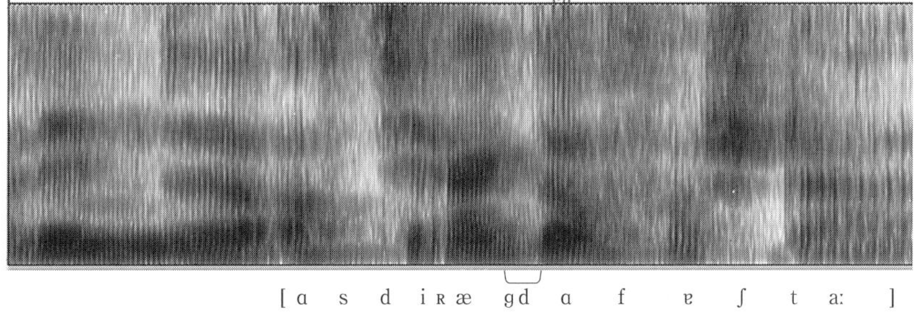

図 5-13　“ass direkt averstan” [ɑs diʀægd ɑfɐʃta:n](話者 3)

る例である。

以上の3例から，語末の子音(群)の有声化は，「n 規則」と同様，比較的広範囲の韻律的単位の内部，すなわち少なくともイントネーション句(Nespor/Vogel 2007: 187–220)の内部で起こる現象だと考えられる。

子音の有声化の例外は，分離動詞(不変化詞動詞)の場合である。上で観察したように，ルクセンブルク語における子音の有声化は，複合語の内部からイントネーション句，もしくは音韻的発話の内部までの，広範囲にわたって起こる現象だが，分離前綴り(不変化詞)と語幹の間ではそれが阻害されるため，子音は常に無声音として発音される。

lux. ausaarten [ˈæʊsa:ʁ̯tən] < aus- [æʊs] + aarten [ˈa:ʁ̯tən]「悪化する」

lux. ausootmen [ˈæʊso:tmən] < aus- [æʊs] + ootmen [ˈo:tmən]「息を吐

き出す」

lux. erauseekelen [əˈʀæʊseːkələn] < eraus- [əˈʀæʊs] + eekelen [ˈeːkələn]
「いびって追い出す」

広範囲で起きる子音の有声化の現象が，なぜ分離動詞の内部でのみ起こらないのか，本書の研究段階では明らかにできていない。今後の課題と言える。

その他の複合語の内部では，原則として常に有声化が起こるが，語間で起こる有声化については，「n 規則」と同様，任意でポーズを置いたり，区切って発音したりする際には阻害される。その際には，母音の前に声門閉鎖音が挿入されることが多い。以下の例文は，2011 年の資料の中で，lento のテンポで「ゆっくりはっきりと」読むようにお願いした絵本のテキストから抜粋した 1 文である。

lux.	Firwat	muss	ech	eigentlech	ëmmer	eleng	spillen?
	“why”	auxiliary verb	pers.pron.1.sg.	“on earth”	“always”	“alone”	“play”

[fɪʀ̯vaːt mʊs ʔəɕ ʔɑɪʑəntləɕ ʔëmɐ ʔəlæŋ ʃpilən]
「そもそも，どうして僕はいつも一人で遊ばなくちゃならないんだろう。」

図 5-14 は，全ての語頭の母音の前に，最もはっきりと声門閉鎖音を挿入して発音した話者 1 のデータである。図 5-14 中，楕円で示した縦線が見える部分が，声門閉鎖音の挿入されている部分である。lux. muss における歯茎摩擦音 [s]/[z] では，有声化が起きているか判断するのが難しいが，基本的には声門閉鎖音によって後続する音節の開始部が占められる場合は，それに先行する子音の有声化が阻害される傾向にあることがわかる。

以上の観察から，この現象はイントネーション句などのある一定の韻律論的な単位の内部で，音節境界が移動することと関わりのある現象と考えられる。ルクセンブルク語では，声門閉鎖音の挿入が頻繁に起こる標準ドイツ語と異なり，先行する要素の末尾の子音が母音で始まる後ろの要素の音節開始

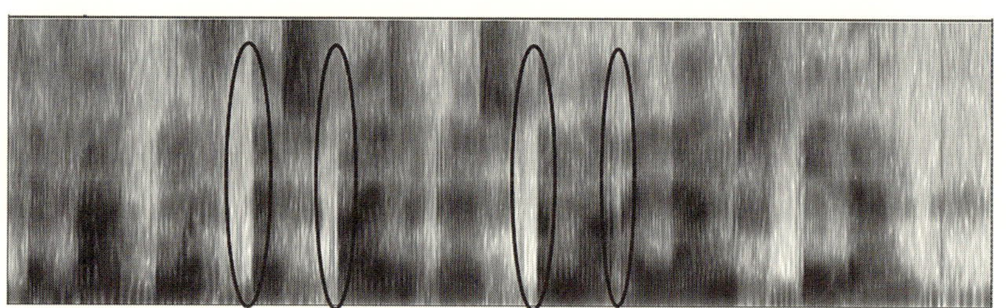

図 5-14　母音の前への声門閉鎖音の挿入（"Firwat muss ech eigentlech ëmmer eleng spillen" [fɪɐ̯va:t mʊs ʔəɕ ʔɑɪʑəntləɕ ʔëmɐ ʔəlæŋ ʃpilən]（話者 1））

部を占める再音節化が頻繁に起こるため，形態素や語境界と音節境界が一致しないことが多い。以下の例では，音節境界 [.] を示しながら，最初の例を再度提示する。

lux. Bakuewen [ˈba:.gʊə.vən] < bak- [ba:k] + Uewen [ˈʊəvən]
「焼き窯，オーブン」
lux. op eemol [ɔ.ˈbe:.mol] < [ɔp] + [ˈe:mol]「突然」

注意すべきは，語末の子音が 2 つ以上ある場合の音節境界である。

lux. Liichtathlet [ˈli:ʑ.dɑtle:t] < liicht- [li:ɕt] + Athlet [ɑtˈle:t]「陸上競技の選手」
lux. sechs Auer [zæg.zɑʊɐ](/[zæ.gzɑʊɐ]) < [zæks] + [ˈɑʊɐ]「6 時」
lux. Textanalys [ˈtægz.dɑ.nɑ.ly:s] < Text- [tækst] + Analys [ɑnɑˈly:s]
「テキスト分析」
lux. Uebst a Geméis [ʊəbz.dɑ.gə.mɛɪs] < [ʊəpst] + [ɑ(n)] + [gəˈmɛɪs]
「果物と野菜/青果」

通言語的に，音節構造は音節開始部（onset）から核（nuclear）あるいはピーク（peak）に向かってソノリティ（鳴音性，sonority）が高まる傾向があること

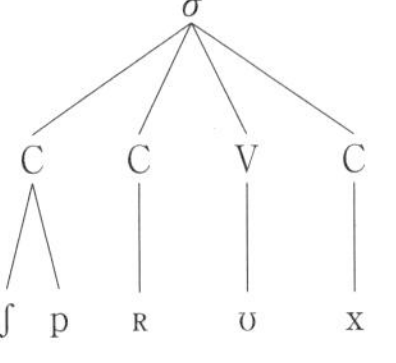

図 5-15 例外的な子音連続 nhg. Spruch [ʃpʀʊx]「格言」
出所）Wiese 2000: 43.

が確認されている（Blevins 1995; Lass 1998; Parker 2011）。

障害音（obstruent）の中で，閉鎖音と摩擦音では，摩擦音のソノリティの方が高いため，例えば lux. Liichtathlet において歯茎・硬口蓋摩擦音の前で音節境界があると仮定すると（[liː.ʑdɑtleːt]），音節の核 [ɑ] に向かって，摩擦音から閉鎖音へとソノリティが減少する，有標な音節構造となる。

標準ドイツ語と同様，ルクセンブルク語でも，語頭で摩擦音 > 閉鎖音という音連続 /ʃt/，/ʃp/ は確認されるが，Wiese（2000: 40-43）が指摘するように，これらの子音連続は単一の子音接点を形成しているために例外的に許容されていると考えられる（図 5-15）[42)]。

上で挙げた /ʃt/，/ʃp/ に対して，子音の有声化の例として挙げた [ʑd]（< [ɕt]），[(g)zd]（< [(k)st]），[(b)zd]（< [(p)st]）などは，音節開始部ではいずれの言語においても観察されない音連続である。lux. Textanalys における [gz]（< [ks]）は，通言語的に見れば，音節開始部でも可能な音連続と考えられるが，ルクセンブルク語においては語頭や形態素の始めにこの音連続が現れることはない。lux. Uebst a Geméis の [zd]（< [st]）についても同様である。したがって，上で挙げた全ての例において，音節境界は最後の子音の前にあると考えることができる。

子音群の間に音節境界があるにもかかわらず，子音の有声化は連続した全ての子音に適用される。そのため，有声化の現象は，再音節化のプロセスの前に起こる現象だと推測される（lux. Textanalys /tækst/ + /ɑnɑlyːs/ →

42） 音節末での破擦音 /ts/，/pf/ も同様に考えられる。

[tægzdɑnɑly:s] → [tægzd.ɑnɑly:s])。

標準ドイツ語で声門閉鎖音の挿入が比較的頻繁に起こるのに対し，ルクセンブルク語で再音節化が頻繁に起こるのは，語末の子音の有声化という現象があるために語や形態素の境界があいまいになるためだと考えられる。lux. Uebst a Geméis において，子音の有声化が起こらない場合は語幹にポーズを置くことができるが([ʊəpst ɑ(n)])，有声化が起こる場合にはポーズを置くことができない(*(??)[ʊəbzd ɑ(n)])。また，有声化が起きる場合に，声門閉鎖音が挿入されることもない(*[ʊəbzd.ʔɑ(n)])。

子音の有声化は，語や形態素を越えて起こり，その境界と音節境界との不一致を引き起こす再音節化に伴って起きる現象だと考えられる。ルクセンブルク語においては，境界を明示するよりも，より良い音韻構造を導くことの方が優先される傾向にあると言える。

5.3.2　/ʀ/ の母音化の阻害

母音で始まる要素の前で起こるもう一つの現象は，/ʀ/ の母音化(lux. fir [fɪɐ̯]「～のために」など)あるいは脱落(lux. Ouer [ëʊɐ]「耳」など)の阻害である(4.2.5 参照)。本節では，2つを /ʀ/ の母音化の阻害としてまとめて記述する。ルクセンブルク語における /ʀ/ は，音節化の方向によって，形態素内部では同じ位置にあっても，実現のされ方が変わりうる音素である。音節開始部に再音節化されれば子音 [ʀ] として発音され，音節末尾に音節化されれば母音化するか([ɐ̯])，脱落する。これは，標準ドイツ語においても基本的に同様である。

lux. vir [fɪɐ̯]「～の前に」vs. lux. virun [fiˈʀʊn]「～の前に」
nhg. Uhr [u:ɐ̯]「時計(sg.)」vs. nhg. Uhren [ˈu:ʀən]「時計(pl.)」
lux. léieren [ˈlɛɪʀən]「学ぶ(1.sg./pl., 3.pl.)」
　vs. lux. léiers [ˈlɛɪɐs]「学ぶ(2.sg.)」
nhg. lehren [ˈle:ʀən]「教える(1.sg./pl., 3.pl.)」
　vs. nhg. lehrst [ˈle:ɐ̯st]「教える(2.sg.)」

標準ドイツ語は，形態素境界や語境界を明確にする傾向があり，母音で始まる語や形態素の前で声門閉鎖音の挿入が頻繁に起こる(5.3.1参照)。同様に，形態素末，あるいは語末の /ʀ/ も，後続する音節の開始部を占めずに母音化したり脱落したりすることが多い。これに対して，ルクセンブルク語では，声門閉鎖音の挿入が起こらないことが多い。そのため，複合語の内部で，形態素末の /ʀ/ が母音で始まる形態素に先行した場合には再音節化が起こる。/ʀ/ が後続する音節の開始部を占めるため，母音化や脱落が起こらない。語間でも同様に，強調したり，区切って読んだりするなどの特殊な発音をしなければ，語末の /ʀ/ を母音で始まる後ろの音節の開始部に統合する再音節化が起こる。ただし，開始部に統合された /ʀ/ があいまい母音に後続し，あいまい母音以外の母音を核とする音節に先行する場合，/ʀ/ に先行するあいまい母音は [ə] ではなく [ɐ] として発音される(4.1.1参照)。あいまい母音を核とする音節に先行する場合には，/ʀ/ の前の母音は [ə] として発音される。

lux. ve**r**eenzelt [fɐˈʀeːntsəlt](nhg. *vereinzelt* [fɐˈ(ʔ)aɪntsɛlt])「散発的な」
lux. iwwe**r**all [ˈivɐʀɑl]
(nhg. *überall* [yːbɐˈ(ʔ)al]/[ˈyːbɐ(ʔ)al])「いたるところで」
lux. erënne**r**en [ɐˈʀënəʀən](nhg. *erinnern* [ɐˈ(ʔ)ɪnɐn])「思い出させる」
lux. iwwe**r**eneen [ˈivəʀəneːn]
(nhg. *übereinander* [yːbɐ(ʔ)aɪˈnandɐ])「重なりあって」

ただし，上の lux. vereenzelt と，これと同じ非強勢の接頭辞 lux. ver- [fɐ] を伴う動詞 lux. veraarmen (nhg. *verarmen* [fɐˈ(ʔ)aɐ̯mən])「貧しくなる」について，LOD の発音を確認したところ，前者では声門閉鎖音を伴わず /ʀ/ の脱落が起きない上記の発音が観察されたのに対し([fɐˈʀeːntsəlt])，後者では，声門閉鎖音を伴い，/ʀ/ の脱落が起きた発音が観察された([fɐˈʔaːɐ̯mən])。LOD では，4人の話者が分担して見出し語の発音を行っているが，上の2つの語彙については，同じ話者が発音している(2014.10.31最終閲覧)。標準ドイツ語からの影響などを度外視すれば，非強勢の接頭辞 lux. ver- が用いられる語彙では，後続する語幹に強勢が置かれるため，その開始部に声門閉鎖音の挿入が起こりやすいのではないかと推測される。非強勢の接頭辞でどの程度揺れが観察されるのか，今後の調査の課題と言える。

これに対して，強勢を伴う分離前綴りの lux. vir- [ˈfɪɐ̯] の語末の /ʀ/ は，母音で始まる語幹の前で再音節化を起こし，後続する音節の開始部で子音として発音される。

lux. virenthalen [ˈfɪʀænthaːlən]「知らせないでおく」
lux. Virurteel [ˈfɪʀʊɐ̯teːl]「偏見」

前項で示した強勢を伴う分離前綴り lux. aus- [æʊs] の語末の子音の有声化が阻害される発音は（lux. ausaarten [æʊsaːɐ̯tən] < aus- [æʊs] + aarten [aːɐ̯tən]（nhg. *ausarten*）「悪化する」），上の観察と比較しても非常に有標な発音であると考えられる（5.3.1 参照）。ただし，子音の有声化においては，当該の語末音はいずれにせよ子音として発音されるのに対し，母音化する可能性のある /ʀ/ は，再音節化の可否という問題にも関与している。子音の有声化は，それが起こるか否かにかかわらず再音節化が可能であるのに対し（lux. ausaarten [ˈæʊ.saːɐ̯.tən]），母音化した /ʀ/ は再音節化を起こすことができない（lux. virenthalen *[fɪ.ɐ̯æntha:lən]）。標準ドイツ語では，再音節化できない [ɐ̯] が現れる場合は，母音連続を避けて音節境界を明確にするために声門閉鎖音 [ʔ] を挿入する。ルクセンブルク語では，音節境界を明確にするために新たな子音 [ʔ] を挿入するのではなく，もとからある /ʀ/ を子音として実現させることで，音節境界の明示に利用する方法をとっていると考えられる。

/ʀ/ の母音化の阻害は，子音の有声化の場合と同様，語や句を越えて起こる現象である。以下で，2011 年録音資料の中から 1 文を引用する（太字での強調は筆者によるもの）。

lux. De　Max Kuborn,　deen　och　Jeeë**r**　ass,
def.art.　"Max Kuborn"　rel.pron.　"also"　"hunter"　copula verb

huet	me**r**	erzielt
perf.aux.	pers.pron.1.sg.dat.	"talked"

[dəmaksky:bɔɐ̯n de:nɔxʑe:ɐʀas hʊətmɐʀɐtsɪəlt]
「自身も猟師のマックス・キューボーン[43]が，私に語ってくれた」

上の例文では，名詞 lux. Jeeër「猟師」と動詞 lux. ass「～である」の間，及び 1 人称単数の人称代名詞与格 lux. mer と動詞 lux. erzielt の間で，/ʀ/ の母音化が阻害されている。

/ʀ/ は音節内の位置によって子音として発音されるか母音化されるかが決まる要素であるため，順序としては，まず再音節化が先に起きて，/ʀ/ を前の要素の音節末尾か後ろの要素の音節開始部に統合すると考えられる。/ʀ/ の音質は，統合された位置に従って決定され，子音 [ʀ] として発音されるか，母音化した要素として発音される [ɐ̯]。

最後に，5.3.1 と 5.3.2 で得られた結果から，ルクセンブルク語において観察される語や形態素の境界を越えて起こる音韻プロセスを，それらが適用される順序に従って並べる。

> 声門閉鎖音 [ʔ]/ポーズの挿入→
> 子音の有声化→再音節化→ /ʀ/ の母音化/脱落

「子音の有声化」以降のプロセスは，「声門閉鎖音 [ʔ]/ポーズの挿入」が起こらないときにのみ起こりうる。ルクセンブルク語における現象(5.3.1, 5.3.2)と照らし合わせると，以下の 3 通りのプロセスの組み合わせが想定される。

> ① 声門閉鎖音 [ʔ]/ポーズの挿入
> ② ~~声門閉鎖音 [ʔ]/ポーズの挿入~~→子音の有声化→再音節化
> ③ ~~声門閉鎖音 [ʔ]/ポーズの挿入~~→再音節化→ /ʀ/ の母音化/脱落

まず，声門閉鎖音 [ʔ] が挿入されたり，ポーズが置かれたりする場合は，子音の有声化以降のプロセスが起きない(①)。声門閉鎖音 [ʔ] が挿入されず，ポーズも置かれない場合に，子音の有声化以降のプロセスが起きる。語末の子音が無声音の際には子音の有声化が起こり，次いで再音節化が起こる(②)。語末の子音が /ʀ/ である場合，この音は有声音であるため，子音の有声化のプロセスを経ずに，まず再音節化が起きる。/ʀ/ は先行する音節の末尾か後続する音節の開始部に統合され，音節末尾を占める場合に母音化や脱落を起こす(③)。

②と③は再音節化が関係するため，語や形態素境界と音節境界との不一致を招くが，声門閉鎖音などの余計な音を挿入せずにより良い音節構造を導くプロセスであるとも言える。通言語的に，1つの子音を音節開始部に有し，1つの母音を音節の核とする構造(CV)が，最適な音節構造であることが確認されている(Lass 1998: 262-263)。ルクセンブルク語における上の2つの現象は，語や形態素境界と音節境界を一致させるよりも，より良い音節構造を導くことを優先させるために起こる現象だと考えられる。

「n 規則」(5.1.2)も，語末，すなわち音節末の [n] が脱落する現象と考えられるため，上で示した傾向と矛盾しない現象だと言える。前置詞の後ろ，あるいは名詞句の前で観察される歯茎閉鎖音の挿入だけが，上記の傾向と矛盾する現象であり，興味深い。なぜこの場合にだけ境界の明示が優先されるのか，より詳細に分析を加えることが今後の課題と言える。

43)　ただし，[kuːbɔə̯n]「クーボーン」と発音する話者もいた。

第6章　通時的な言語変化をめぐる諸問題

本章では，ルクセンブルク語において起きた通時的な変化について，大きく母音の節(6.1)と子音の節(6.2)に分けて記述を行う。

短母音(6.1.1)と長母音(6.1.2)に関わる変化，及び子音の同化(6.2.1)と軟音化(6.2.2)について扱う項では，Gilles(1999)での記述も援用しながら，主にBruch(1954)を参照して記述を進める。ロバート・ブルッフ(Robert Bruch 1920–1959)は，ルクセンブルク語研究の揺籃期における代表的な研究者の一人である。彼は，ルクセンブルク語最大の辞書『ルクセンブルク語辞典』(*Luxemburger Wörterbuch*: LWB)の編纂(1.5参照)やルクセンブルクの方言地図『ルクセンブルク言語地図』(*Luxemburgischer Sprachatlas*)(*Digitaler Luxemburgischer Sprachatlas* 参照)の作成の際に主要な役割を果たした他(1.2参照)，ルクセンブルク語の文法記述も行っている(Bruch 1954, 1973)。Bruch(1954)は，通時的な言語変化について論じられた代表的な文献である。

それまでの他の研究は，ルクセンブルク領内部の一地域に焦点をあて，その地域で使用される言語変種について記述したものが多かった。例えば，Engelmann(1910a)は東方言に大別されるフィアンデン(Vianden)方言，Palgen(1931)もやはり東方言に大別されるエヒタナハ(Echternach)方言，Palgen(1954)は北方言に大別されるクナップホシャイト(Knapphoscheid)方言の記述を行っている。これらの研究に対して，ブルッフによる研究は，ルクセンブルク領で使用される言語変種について，網羅的な体系記述を行っている点で意義が大きい[1)]。

中部フランケン高低アクセント(6.1.3)の分析については，Gilles(1999, 2002)

において詳細な分析がなされているため，主にこれらの文献を参照しながら記述を進める。ただし，Bruch(1954)やEngelmann(1910b)で挙げられている語例にも一部言及する。

あいまい母音の脱落や挿入(6.1.4)や硬口蓋音の舌端化(6.2.3)については，現在のルクセンブルク語において共時的に観察される語例をもとに，独自に考察を加える。舌端化の分析の際には，西中部ドイツ語で起こる同現象について分析したHerrgen(1986)を主に参照する。

6.1　母音に関わる音韻変化

本節では，母音に関わる通時的な音韻変化として，分節的(segmental)なレベルで起こる短母音(6.1.1)と長母音(6.1.2)に関わる変化を挙げ，次いで自律分節的(autosegmental)な領域，すなわち高低アクセントが関わる問題(6.1.3)を扱う。最後に，あいまい母音について，語末での脱落(apocope)と，語中への挿入の現象について扱う(6.1.4)。

6.1.1　短母音に関わる通時的変化
——低舌化(lowering)，非円唇化(unrounding)，中舌化(centralization)

ルクセンブルク語における母音は，低舌化や非円唇化，中舌化など，標準ドイツ語などでは観察されない様々な通時的変化を起こしている。

(I)　前舌母音

(1)i > e > ë ——低舌化，中舌化

Bruch(1954)によると，ルクセンブルク語から少し視野を広げた，中部ドイツ語(1.2参照)という方言地域内で観察すると，すでに12世紀の文献で前舌

1)　Bruch(1954)は，通時的な言語変化の観察からnhg. „wstfr. Kreislauf“「西フランケン族の環状移動」(Bruch 1954: 133)という民族移動の仮説を主張しているが，この説には異論が多い。音韻記述を行う本書では，民族移動の仮説についての論及は避け，通時的な言語変化に関わる記述や語例のみを参照することとする。

母音の低舌化 mhg. i > e が観察されるとのことである。同文献では，まず中部ドイツ語の例として，ランブレヒト神父（Pfaffe Lambrecht（Lamprecht））による「アレグザンダーの詩」（*Alexanderlied*）（1.3 参照）から抜粋した以下の韻文の例を挙げている（コロン「:」でつながれて対になっている語が韻を踏んでいる。太字での強調は筆者によるもの）。

r**e**de: l**i**de（1647 行）（nhg. *Rede: Glieder*）「話」，「手足（pl.）」
verh**e**bet: l**i**get（1775 行）（nhg. *verhebt: liegt*）「持ち上げる」，「横たわる」
r**i**sen: w**e**sen（1860 行）（nhg. *Riesen: Wesen*）「巨人」，「本質」
r**e**de: fr**i**de（4062 行）（nhg. *Rede: Friede*）「話」，「平和」

上の例では，mhg. i を <i> と綴りながらも，mhg. e と韻を踏ませていることから，実際の発音は低舌化した発音（[ɛ]）であったことがわかる。例えば，最初の例では，[rɛdə]: [lidə] ではなく [rɛdə]: [lɛdə] と発音され，韻を踏んでいたと推測される。他の例についても同様に考えることができる。

ランブレヒト神父の「アレグザンダーの詩」の原典は，モーゼルフランケン方言で執筆されたと考えられるものの，現存する資料は全てモーゼルフランケン地方以外の地域に写本として伝わったものであるため，伝わった先の地域の方言の特徴も観察される（1.3 参照）。そのため，この低舌化をモーゼルフランケン方言で起きた変化として断言することはできない。

少なくとも，現在のルクセンブルク語における上の語例を確認すると，この低舌化は起きていないようである。例えば，nhg. Glieder「手足（pl.）」は lux. Glidder [ˈɡlidɐ]，nhg. Friede「平和」は lux. Fridden [ˈfʀidən] である。現在のルクセンブルク語領周辺で執筆されたと考えられる『フィアンデンのヨランダ』（*Yolanda von Vianden*）（1.3 参照）でも，i > e の変化は観察されない。したがって，『フィアンデンのヨランダ』の時代，すなわち 13 世紀後半のルクセンブルクでは，低舌化 i > e は起こっていなかったと考えられる。しかしながら，現在のルクセンブルク語では，同変化が起きていると考えられる例が多く観察されるため，同言語ではより新しい時代に起きた変化だと考えることができる。現在のルクセンブルク語では，i > e へと低舌化を起こした音が，さらに中舌化(centralization)を起こし，中舌音 ë になっている(4.1 参照)。中舌化が起こる前の段階の前舌音 [e] が残るのは，後ろに舌背音(dorsal)が続く場合のみである。

lux. erënneren「覚えている，思い出す」
(nhg. erinnern, ohg. giinnaren, mhg. geinnern (Pfeifer 2005: 294))
lux. tëschen「～の間で/に」
(nhg. zwischen, mhg. zwischen, mlg. wisken (Pfeifer 2005: 1632))
lux. strécken「編み物をする」
(nhg. stricken, ohg. stricken, mhg. stricken (Pfeifer 2005: 1381))
lux. Wéckel「糸巻き」
(nhg. Wickel, ohg. wickilī(n), mhg. wickel (Pfeifer 2005: 1563-1564))
lux. Stéch「刺すこと」
(nhg. Stich, ohg. stih, mhg. stich (Pfeifer 2005: 1360))

低舌化 i > e は，Bruch(1954)でも Gilles(1999)でもあまり詳細には論じられていない[2)]。さらに，中舌化 e > ë については，どちらの文献においても記述がない。しかし，現在のルクセンブルク語ではこの 2 つ [e]，[ë] が異音の関係にあり，また音素が中舌の /ë/ になっていることは，共時的な観察から明らかである(4.1.1 参照)。

(2) ʏ > i > e > ë ――非円唇化 > 低舌化 > 中舌化

ルクセンブルク語では，前舌母音の非円唇化が起きており，今日の母音体系から円唇を伴う前舌母音が失われている(4.1 参照)。非円唇化を起こした母

2) 中部フランケン高低アクセントの TA1 に関わる母音の短縮化と短縮化された音の低舌化については記述されているが(Gilles 1999: 154-160)，もともとの i の低舌化がどのような音韻環境で起きたかということについては，ほとんど記述がない。

音 *i は，今日のルクセンブルク語では(1)で言及した低舌化や中舌化を起こした音として観察されるため，前舌母音の非円唇化は(1)の現象よりも前に起きた変化だと考えられる。

lux. dënn [dën]「薄い」
(nhg. dünn [dʏn], ohg. thunni, mhg. dünne (Pfeifer 2005: 252))
lux. Mëller [ˈmëlɐ]「粉屋」
(nhg. Müller [ˈmʏlɐ], ohg. mulināri, mhg. mülnære (Pfeifer 2005: 896))
lux. Gléck [ɡlek]「幸福」
(nhg. Glück [ɡlʏk], mhg. g(e)lücke, mlg. (ge)lükke (Pfeifer 2005: 458))
lux. Réck [ʀek]「背中」
(nhg. Rücken [ˈʀʏkən], ohg. (h)ruggi, mhg. rügge, rugge (Pfeifer 2005: 1142–1143))
lux. Stéck [ʃtek]「欠片」
(nhg. Stück [ʃtʏk], ohg. stucki, mhg. stück(e), stuck(e) (Pfeifer 2005: 1385))

(3) i > a ――低舌化

Bruch (1954: 62) は，ルクセンブルク語では l, m, n, r, r+C, ht 以外の子音の前で，低舌化 i > a が起きたとしている。以下でその例を示す。

lux. Rank [ʀɑŋk]「指輪」(cf. nhg. Ring [ʀɪŋ])
lux. sangen [ˈzɑŋən]「歌う」(cf. nhg. singen [ˈzɪŋən])　(Bruch 1954: 62)

しかし，以下で示すのは，Bruch (1954: 62) で指摘される音韻環境以外でこの低舌化が起きていると考えられる例である。

lux. Kand [kɑnt]「子供」(cf. nhg. Kind [kɪnt])
lux. Wanter [ˈvɑntɐ]「冬」(cf. nhg. Winter [ˈvɪntɐ])

lux. blann [blɑn]「盲目の」(cf. nhg. blind [blɪnt])
lux. Lann [lɑn]「菩提樹」(cf. nhg. Linde [ˈlɪndə])
lux. schwammen [ˈʃwɑmən]「泳ぐ」(cf. nhg. schwimmen [ˈʃvɪmən])
lux. batter [ˈbɑtɐ]「苦い，つらい」(cf. nhg. bitter [ˈbɪtɐ])
lux. mat [mɑt]「〜と一緒に」(cf. nhg. mit [mɪt])(以上，Gilles 1999: 113)
lux. ass [ɑs]「(コピュラ動詞)(3.sg.)」(cf. nhg. ist [ɪst])
lux. bass [bɑs]「(コピュラ動詞)(2.sg.)」(cf. nhg. bist [bɪst])
lux. an [ɑn]「〜の中で/に」[3] (cf. nhg. in [ɪn])
lux. hanner [ˈhɑnɐ]「〜の後ろで/に」(cf. nhg. hinter [ˈhɪntɐ])

Gilles(1999: 113)は，低舌化 i > a が，たいていの場合は，同一音節内で鳴音が後続する場合に起こる傾向にあると指摘している。しかし，上の例を観察すると，無声歯茎音 [t] など鳴音以外の音が続く場合にもこの変化が起きる場合があることがわかる(lux. batter，lux. mat など)。また，鳴音が後続する場合でも，以下の例のように低舌化が起こらない語彙もある。

lux. Bild [bɪlt]「絵」(cf. nhg. Bild [bɪlt])
lux. Still [ʃtɪl]「柄」(cf. nhg. Stiel [ʃtiːl]) (Gilles 1999: 114)

低舌化 i > a は，それが起きる音韻環境にある程度の傾向はあるものの，Gilles(1999: 113)も指摘するように，変化が起きるかどうかは語彙ごとに異なっている。

ここで，ルクセンブルクの地名において観察される接尾辞 -ange(s) [ɑnʒ(ə)] (nhg. -ing(en) [ɪŋən])では，一見，同様の低舌化が起きているように見える(lux. Rodange (nhg. Rodingen)「ロダンジュ/ローディンゲン(地名)」)。しかし，Jungandreas(1962)は，接尾辞 -ange は，ラテン語の lat. -in- が -en- を経

3) Gilles(1999: 113)は，接続詞の lux. an [ɑn]「そして」(cf. nhg. *und*)は古高ドイツ語の変種の ohg. inde に由来すると考えている。

て鼻母音化し，-an-へと変化したフランス語からの類推で生じた形式と考え(fr. *in > en [ɑ̃], fr. *sine > sans [sɑ̃])，この接尾辞において低舌化は起きていないと主張している。

(II)　後舌母音

(1)u > o ——低舌化

(I)(1)の前舌狭母音からの低舌化 i > e が比較的新しい変化だと考えられるのに対して，後舌狭母音 mhg. u の低舌化は，すでに12世紀の文献から確認できる。以下では，Bruch(1954: 61)で挙げられている例を引用する。

*ust > ost: lost (*Yolanda* 4232行)(lux. *Loscht,* nhg. *Lust*)
「(なにかをしたい)気持ち」(Newton/Lösel 1999: 128)
woste (*Yolanda* 758行，5966行)(lux. *wousst,* nhg. *wußte*)
「知っ(てい)た」(Newton/Lösel 1999: 54, 162)
*uht > oht: dohte (*Yolanda* 3588行)(nhg. *dünkte*(pret.)[4])「〜と思われた」
(Newton/Lösel 1999: 114)
*uft > oft: loft (*Yolanda* 3834行)(lux. *Loft,* nhg. *Luft*)「空気」
(Newton/Lösel 1999: 120)
*ub > ob/ov: robîn (*Yolanda* 5254行)(lux. *Rubin,* nhg. *Rubin*)「ルビー」
(Newton/Lösel 1999: 150)
overal (*Yolanda* 5135行)(lux. *iwwerall,* nhg. *überall*)
(Newton/Lösel 1999: 147)　(Bruch 1954: 61)

ub > ob/ov の変化は，現在のルクセンブルク語中央方言の例を観察する限り起きていないようである。しかし，それ以外の変化は，『フィアンデンのヨランダ』が執筆された13世紀後半に起きており，現在の形式に受け継

---

4)　ただし，現在のルクセンブルク語では，多くの動詞の過去形が失われつつあり，nhg. dünken にあたるこの動詞の過去形もすでに失われている。

がれていると考えられる。

(2)o > a ――低舌化

低舌化 o > a も観察される。

lux. Schlass [ʃlɑs]「城」
(nhg. Schloss [ʃlɔs], ohg. sloʒ, mlg. slot/slōt (Pfeifer 2005: 1216))
lux. kachen [ˈkɑxən]「料理する」
(nhg. kochen [ˈkɔxən], ohg. kohhōn, mlg. kōken (Pfeifer 2005: 685))
(Gilles 1999: 113)

Gilles(1999: 114)は，この低舌化が閉音節や母音間の無声摩擦音が後続する場合に起こるとしている。同無声摩擦音は，ゲルマン語第2系列の無声閉鎖音が，第二次子音推移により無声摩擦音となったものと考えられる。ゲルマン語第二系列の音に由来しない子音の前で低舌化が起きている以下のような例もあるが，数は多くない。そのため，このような例は他の語彙からの類推の可能性がある。

lux. dach [dɑx]「だが，やはり」
(nhg. doch [dɔx], osax. thŏh, mlg., dutch. doch, engl. though(Pfeifer 2005: 234))

(3)u > *ʏ[5] > i (>ë), o > *œ > ë/æ ――前舌化，非円唇化，低舌化

前舌化 u > *ʏ と非円唇化 *ʏ > i を起こし，さらに ë へと低舌化(及び中舌化)を起こした音もある。

lux. Kinnek [kinək]「王」

5) *ʏ, *œ は，現在の形式と古高ドイツ語などの古い形式から想定した中間形式である。

（nhg. König [ˈkøːnɪç]，ohg. kuning，mhg. künic/künec（Pfeifer 2005: 705））

lux. Bréck [bʀek]「橋」

（nhg. Brücke [ˈbʀʏkə]，ohg. brugga，mhg. brucke（Pfeifer 2005: 174））

lux. Méck [mek]「蚊」

（nhg. Mücke [ˈmʏkə]，ohg. mugga，mhg. mucke（Pfeifer 2005: 894））

lux. fénkelen [ˈfeŋkələn]「きらめく」

（nhg. funkeln [ˈfʊŋkəln]，mhg. vunken（< ohg. funko（nhg. Funke「火花」）（Pfeifer 2005: 384）））

また，o > *œ > ë へと前舌化と非円唇化（及び中舌化）を起こしたものや，そこからさらに æ へと低舌化を起こした例もある。

lux. Drëps [dʀëps]「滴」

（nhg. Tropfen [ˈtʀɔpfən]，ohg. tropho，mhg. tropfe（Pfeifer 2005: 1465））

lux. Fräsch [fʀæʃ]「カエル」

（nhg. Frosch [fʀɔʃ]，ohg. frosc，mhg. vrosch（Pfeifer 2005: 379））

(III)　非円唇化の例と混同されやすい例

現在の標準ドイツ語で前舌円唇母音，ルクセンブルク語で非円唇母音として共時的に観察される例の全てが非円唇化の例ではないため，注意が必要である。以下で挙げる語彙は，15 世紀頃に標準ドイツ語で起こった mhg. ẹ > œ/ø: への円唇化が，ルクセンブルク語では起こらなかった例である（Bruch 1954: 102）。これらはドイツ語における円唇化の例であって，ルクセンブルク語における非円唇化の例ではない。

lux. Häll [hæl]「地獄」

（nhg. Hölle [ˈhœlə]，ohg. hella，mhg. helle/hellia（Pfeifer 2005: 552））

lux. Läffel [ˈlæfəl]「スプーン」
（nhg. Löffel [ˈlœfəl], ohg. leffil, mhg. leffel（Pfeifer 2005: 808））
lux. läschen [ˈlæʃən]「消す」
（nhg. löschen [ˈlœʃən], ohg. irlescan, mhg. leschen（Pfeifer 2005: 812））
lux. zwielef [ˈtswɪələf]「12」
（nhg. zwölf [ˈtsvœlf], ohg. zwelif, osax. zwalif, mhg. zwelf/zwolf（Pfeifer 2005: 1633））
lux. schwieren [ˈʃwɪəʀən]「誓う」
（nhg. schwören [ˈʃvø:ʀən], ohg. swer(i)en, mhg. swern（Pfeifer 2005: 1265））
lux. Léiw [ˈlɛɪf]「ライオン」
（nhg. Löwe [ˈlø:və], lat. leō, ohg. lēo, mhg. lewe（Pfeifer 2005: 814））
lux. gewinnen [gəˈvinən]「慣れる」
（nhg. gewöhnen [gəˈvø:nən], ohg. gewinnen, mhg. gewenen（Pfeifer 2005: 447））

（Bruch 1954: 102）

以上がルクセンブルク語における短母音の音質に関わる通時的変化の概観とその例である。しかしながら，これらの変化の分析は，先行研究において十分に進んでいるとは言い難い。例えば，前舌母音の変化 i > e > ë 及び i > ɑ について，ルクセンブルク語の母音体系の中から前舌狭母音 /i/ が失われたわけではないため（4.1 参照），どのような環境でこれらの変化（特に i > e > ë）が起きたのか，詳細に分析する必要がある。また，現在 /i/ として残っている母音には，少なくとも以下で扱う中部フランケン高低アクセントの中で母音の短縮化を引き起こす TA1 を有する母音が含まれている（6.1.3 参照）。高低アクセントという自律分節的な現象との関連も踏まえつつ，同現象を観察することが今後の課題と言える。

6.1.2　長母音に関わる通時的変化
——長音化(lengthning)と二重母音化(diphthongization)

ルクセンブルク語では，開音節や閉音節における特定の子音(群)(-ht/-hs/-r(C))の前で，短母音の長音化が起きている。この節では，まず開音節と閉音節それぞれの場合での長音化の例を挙げ，次いで，もと長母音の古い二重母音化の現象と，短母音から長音化した音が起こした新しい二重母音化の例を挙げる。

(I)　長音化の例

ここでは長音化の例を挙げるが，以下で詳述するように，長音化した音の中には，現在のルクセンブルク語中央方言で，さらに二重母音化したものがある。そのため，現在の中央方言で長母音(単母音)の形で残っていない例については，可能な限り13世紀末の資料『フィアンデンのヨランダ』から抜粋した古い形式や，中央方言に比べて古い形式を残す傾向にある東方言や北方言の形式を合わせて示すこととする。

(1)開音節

(i)wg. a > lux. a:

Bruch(1954: 71)によると，この変化はlux. f, s, x[6](< wg. p, t, k)の前で起こったとのことである。したがって，第二次子音推移で無声閉鎖音から無声摩擦音へと推移した子音の前で起こる長音化と考えられる。

lux. Af [a:f]「サル」(nhg. Affe [ˈafə], osax. apo)
lux. Gaass [ga:s]「道」(nhg. Gasse [ˈgasə], onorse. gata)
lux. maachen [ˈma:xən]「する，作る」

---

6) lux. /ɕ/ の異音。低舌の母音 /ɑ/，もしくは /a:/ の前で，異音の軟口蓋摩擦音 [x] として現れる(4章参照)。

(nhg. machen [ˈmaxən], osax. makon) (Bruch 1954: 71)

この他に，lux. Waasser [ˈva:sɐ](nhg. Wasser, engl. water)「水」なども同様の例と考えられる。ただし，子音推移が起きておらず閉鎖音として現れる唇音の前でも，長音化が起きているように見える語彙もある(lux. Apel [ˈa:pəl](nhg. Apfel, engl. apple))。

(ii) wg. ë > mlux. e:(> clux. ie)

Bruch(1954)では，『フィアンデンのヨランダ』で使用されている言語を指して，中期ルクセンブルク語(nhg. Mittelluxemburgisch: mlux.)としている。この時期までに起こったと考えられる変化が長音化 wg. ë > mlux. e: であるが，長音化された同音は，中央方言ではさらに二重母音化を起こしている(mlux. e: > clux. ie)。しかし，東方言においては，二重母音化が起きる前の長母音の形式が保たれているため，以下では東方言の例も示す。

elux. "ˈfe:dər"[7]「羽，羽毛」(clux. Fieder [ˈfɪədɐ])
(nhg. Feder [ˈfe:dɐ], ohg. fëdara)
elux. "ˈfre:sən"「(動物などが)食べる」(clux. friessen [ˈfʀɪəsən])
(nhg. fressen [ˈfʀɛsən], dutch. vreten)
elux. "ˈʃte:çən"「刺す」(clux. stiechen [ˈʃtɪəɕən])
(nhg. stechen [ˈʃtɛçən], osax. stëkan)
elux. "ˈve:dər"「天気」(clux. Wieder [ˈvɪədɐ])
(nhg. Wetter [ˈvɛtɐ], osax. wëdar) (Bruch 1954: 72)

この長音化も，やはり lux. f, s, x(< wg. p, t, k)の前で起こるとされている

7) 現代ルクセンブルク語中央方言については，筆者が現行の正書法に従って綴っているが，東方言や北方言の発音については正書法がなく，また実際の音も不明であるため，Bruch(1954)で記述されている通りに抜き出して記述する。

(Bruch 1954: 72)。したがって，wg. a の場合と同様，第二次子音推移で無声摩擦音へと変化した音の前で起こると考えられる。

上の例の中では，有声歯茎閉鎖音 [d] に先行する例(lux. Fieder，lux. Wieder)が，Bruch(1954: 72)での説明とは別の音韻環境で長音化を起こしている例だが，同音韻環境における変化について，Bruch(1954)では説明されていない。

(iii) wg. o (a) > mlux. oː (> clux. ue)

wg. o (a) は，lux. f, s, x (< wg. p, t, k)の前以外の音韻環境で長音化を起こしたとされている(Bruch 1954: 72)。ただし，中央方言では clux. ue へと二重母音化を起こすため，古い長母音を残す東方言の例を示している。

elux. "ˈboːdəm"「地面」
(clux. Buedem [ˈbuədəm]，nhg. Boden [ˈboːdən]，ohg. bodam)
elux. "ˈloːvən"「褒める」
(clux. luewen [ˈlʊəvən]，nhg. loben [ˈloːbən]，ohg. lobôn)
elux. "voːl"「よく」
(clux. wuel [vʊəl]，nhg. wohl [voːl]，ohg. wola)　(Bruch 1954: 72)

(iv) wg. i と wg. u については，長音化が観察されるのは西方言(アーロン方言(arl.))や東方言(エヒタナハ方言(echtn.))だけであり，中央方言では観察されない(Bruch 1954: 73-74)。中央方言でのこれらの母音は，低舌化を起こすものが多い。中央方言で狭母音として保たれた音を有する語彙でも，長音化は起きていない。

arl./echtn. "ˈkiːdəl"「上着」(clux. Kiddel [ˈkidəl]，nhg. Kittel [ˈkɪtəl]，mhg. kitel, kittel (Pfeifer 2005: 658))
arl./echtn. "ˈʃtiːvəl"「ブーツ」(clux. Stiwwel [ˈʃtivəl]，nhg. Stiefel [ˈʃtiːfəl]，mhg. stival, stivāl, stivel (Pfeifer 2005: 1361))

(Bruch 1954: 74)

(2)閉音節

閉音節では，特定の子音(連続)の前(-ht，-hs，-r，-r+C)で短母音が長音化を起こす。以下では，各音について例を示す。

(i)wg. a > a: (> clux. ue)

長音化された音は，部分的に二重母音化を起こすため，単母音の形式が残っていない例では北方言の形を挙げる。

-ht: nlux. “na:çt”「夜」(clux. Nuecht [nʊəɕt]，nhg. Nacht [naxt])

-hs: nlux. “ˈva:sən”「育つ」(clux. wuessen [ˈvʊəsən]，nhg. wachsen [ˈvaksən])

-r: clux. war [va:ɐ̯]「いた(過去形)」(nhg. war [va:ɐ̯])

-r+C: clux. Gaart [ga:ɐ̯t]「庭」(nhg. Garten [ˈgaɐ̯tən]) (Bruch 1954: 75)

(ii)wg. ë > e: (> clux. ie)

長音化された音は，基本的に二重母音化を起こす。単母音の形が失われたこれらの例については，東方言の形を示す。

-ht: elux. “kne:çt”「召使」(clux. Kniecht [knɪəɕt]，nhg. Knecht [knɛçt])

-hs: elux. “ˈve:sələn”「取り替える」(clux. wiesselen [ˈvɪəsələn]，nhg. wechseln [ˈvɛksəln])

-r: elux. “be:ə(r)”「クマ」(clux. Bier [bi:ɐ̯]，nhg. Bär [bɛ:ɐ̯])

-r+C: clux. gär [gɛ:ɐ̯]「好んで(〜する)」(nhg. gern [gɛɐ̯n])

(Bruch 1954: 75)

(iii)wg. o > o: (> clux. ue)

この音も基本的に二重母音化を起こす音であるため，可能な限り古い単母音の形式が残る東方言の形を挙げる。

-ht: clux. Duechter [ˈdʊəɕtɐ]「娘」(nhg. Tochter [ˈtɔxtɐ])

-hs: clux. Uess [ʊəs]「牛」(nhg. Ochs [ɔks])

-r: elux. "bo:ə(r)"[8]「錐」(clux. Buer [ˈbu:ɐ̯], nhg. Bohrer [ˈbo:ʀɐ])

-r+C: elux. "do:ə(r)f"[9]「村」(clux. Duerf [dʊəf], nhg. Dorf [dɔɐ̯f])

(Bruch 1954: 76)

(iv) wg. i(及び wg. u のウムラウト [ʏ]) > i:

-ht: clux. Gewiicht [gəˈvi:ɕt]「重さ」(nhg. Gewicht [gəˈvɪçt][10])

-hs: clux. Fiisschen [ˈfi:sɕən]「子ギツネ」(nhg. Füchslein[11] [ˈfʏkslaɪn])

(clux. Fuuss [fu:s]「キツネ」, nhg. Fuchs [fʊks])

-r: clux. Bir [bi:ɐ̯]「ナシ」(nhg. Birne [ˈbɪɐ̯nə])

-r+C: clux. Kiischt [ki:ʃt]「サクランボ」(nhg. Kirsche [ˈkɪɐ̯ʃə])

(Bruch 1954: 76)

(v) wg. u > u:

-ht: clux. Fruucht [fʀu:xt]「果物」(nhg. Frucht [fʀʊxt])

-hs: clux. luusseg [ˈlu:səɕ]「山猫のような」(nhg. luchsig [ˈlʊksɪç])

-r: clux. "tu:(ə)r"[12]「塔」

---

8) 原典での記載通り。実際には強勢の記号を付した"ˈbo:ə(r)"が意図されていると考えられる。

9) 原典での記載通り。実際には強勢の記号を付した"ˈdo:ə(r)f"が意図されていると考えられる。

10) lux. Flicht [flɪɕt](nhg. Pflicht)は，長音化する音韻環境(ohg. phliht (Pfeifer2005: 998))にあるにもかかわらず短母音のままであるため，ドイツ語からの外来語と考えられる。他に外来語と考えられるのは，lux. wichteg [ˈvɪɕtəɕ](nhg. wichtig, mhg. wihtec (Pfeifer1993: 1563))「重要な」, lux. wichsen [ˈvɪksən](nhg. wichsen)「靴を磨く」など。

11) 原典での記載通り。ただし，ルクセンブルク語の語形と対比させるなら，nhg. Füchschen という形式の方が適当と考えられる。

12) Bruch(1954)ではこの語形が挙げられているが，現代ルクセンブルク語では lux. Tuerm [tʊəm] という語形の方が一般的である。これは，一度長音化した母音が二重母音化した例([u:] > [uə])と考えられる。

(nhg. Turm [tʊɐ̯m], ohg. turri/turra (Pfeifer 2005: 1476-1477))
-r+C: clux. kuerz [kʊəts][13]「短い」(nhg. kurz [kʊɐ̯ts])
(Bruch 1954: 76)

(II) もと長母音の二重母音化――古い二重母音(/ɛɪ/, /ëʊ/)

以下では，もと長母音だった2つの母音 wg. ê² と wg. ô の二重母音化の例を挙げる。

(1) wg. ê² > éi [ɛɪ]

長母音 wg. ê² は，今日の歯茎閉鎖音(wg. d/þ)，軟口蓋摩擦音(wg. g/h, k)，歯茎側音 [l]，及び鼻音 [n]，[m] の前以外で，lux. éi へと二重母音化を起こした(Bruch 1954: 96)。

lux. Déier [ˈdɛɪɐ]「動物」(nhg. *Tier*, anglsax. dêor)
lux. déif [dɛɪf]「深い」(nhg. *tief*, anglsax. dêop)
lux. féier [ˈfɛɪɐ]「4」(nhg. *vier*, anglsax. fêower)
lux. léif [lɛɪf]「親愛なる」(nhg. *lieb*, anglsax. lêof)
lux. zéien [ˈtsɛɪən]「引く」(nhg. *ziehen*, mlg. tên) (Bruch 1954: 96)

今日の歯茎閉鎖音(wg. d/þ)，軟口蓋摩擦音(wg. g/h, k)，歯茎側音 [l]，及び鼻音 [n]，[m] の前では，lux. i へと短母音化(shortning)及び高舌化を起こした(Bruch 1954: 95)。

lux. Krich [kʀɪɕ]「戦争」(nhg. Krieg, ohg. krieg, ie. *gᵘerī̌ (Pfeifer 2005: 734))
lux. Zill [tsɪl]「煉瓦」(nhg. Ziegel, ohg. ziegal, osax. tēgala, lat. tēgula (Pfeifer 2005: 1607)) (Bruch 1954: 95)[14]

13) これは，長音化に次いで lux. ue へと二重母音化を起こした例と考えられる。

(2) wg. ô > ou [ëʊ]

長母音 wg. ô も，今日の歯茎閉鎖音（wg. d/þ），軟口蓋摩擦音（wg. g/h, k），歯茎側音 [l]，及び鼻音 [n]，[m] の前で lux. u へと短母音化及び高舌化を起こしたが（lux. Brudder [ˈbʀudɐ]（nhg. *Bruder* [ˈbʀu:dɐ]）「（男）兄弟」[15]），それ以外の場合，長母音 wg. ô は，lux. ou [ëʊ] へと二重母音化を起こした（Bruch 1954: 95）。

lux. Bouf [bëʊf]「少年」（nhg. *Junge*（♦ nhg. Bube），osax. Bôvo）
lux. Bous [bëʊs]「贖罪」（nhg. *Buße*，osax. bôt(a)）
lux. Fouss [fëʊs]「足」（nhg. *Fuß*，osax. fôt）
lux. Kou [këʊ]「牛」（nhg. *Kuh*，osax. kô）
lux. Plou [plëʊ]「犂」（nhg. *Pflug*，osax. plôg）　（Bruch 1954: 95）

ウムラウトがある場合は，非円唇化した音 lux. éi として現れる。

lux. bléien [ˈblɛɪən]「咲く」（nhg. *blühen*，osax. blôian）
lux. dréif [dʀɛɪf]「濁った」（nhg. *trüb(e)*，osax. drôbi）
lux. fréi [fʀɛɪ]「早い」（nhg. *früh*，osax. vrô(ch)）
lux. réieren [ˈʀɛɪʀən]「かき混ぜる」（nhg. *rühren*，osax. hrôrian）
（Bruch 1954: 95）
lux. schéin [ʃɛɪn]「美しい」（elux. "[ʃi:n]"，nhg. schön，ohg. scōni，mhg. schœn(e)（Pfeifer 2005: 1236））

14）ただし，これらの音韻環境の例は2種類の高低アクセントのうち，音の短縮化を引き起こすTA1を伴う語彙である場合が多い（6. 1. 3参照）。上で示されているような，純粋に分節的なレベルでの音韻環境で短母音化を起こしたのか，自律分節的な高低アクセントの影響で短母音化したのか，判断するのは難しい。

15）この例も，やはり2種類の高低アクセントのうち，音の短縮化を引き起こすTA1を伴う語彙と考えられる（6. 1. 3参照）。

lux. héieren [ˈhɛɪʀən]「聞く」(elux. “[hi:ʀən]”, nhg. hören, ohg. hōren, mhg. hœren (Pfeifer 2005: 556)) (Gilles 1999: 174)

下の２つの例については，Gilles(1999: 174)によると，ルクセンブルク語東方言でそれぞれ elux. “[ʃi:n]”; elux. “[hi:ʀən]” として残っているとのことである。したがって，前舌化(及び高舌化)が二重母音化に先行して起きたと推測することができる。

この他に，長母音では，以下の例のように前舌円唇狭母音の非円唇化が起きているような例も観察されるが，その過程については詳しく分析されていない。しかし，上の lux. schéin(nhg. *schön*)，lux. héieren(nhg. *hören*)について東方言の例が示しているように，非円唇化を起こした長母音の [i:] が，<éi> [ɛɪ] へと二重母音化を起こすのであれば，長母音 y: についても，y: > i: > ɛɪ という非円唇化と二重母音化の過程を想定することができる。

lux. midd [mɪt][16]「疲れた」(nhg. müde, mhg. müede (Pfeifer 2005: 894))

lux. Geméis [gəˈmɛɪs]「野菜」
(nhg. Gemüse [gəˈmy:zə], mhg. gemüese(Pfeifer 2005: 422))

(1)，(2)の二重母音化は，借用語においても観察される。

lux. Bréif [bʀɛɪf]「手紙」(nhg. Brief, osax. brêf, lat. brevis (Pfeifer 2005: 170))

lux. Schoul [ʃëʊl]「学校」(nhg. Schule, anglsax. scôl, lat. schola (Pfeifer 2005: 1247))

16) この例において，母音の短縮化が起きているのは，ライン高低アクセントの TA1 の影響である(6.1.3 参照)。

(III)　長音化した母音の二重母音化――新しい二重母音(/ɪə/，/ʊə/)

ルクセンブルク語には，もともと長母音だった音が起こした二重母音化だけではなく，長音化を起こした短母音((I)参照)の中で，wg. ë と wg. o であった母音が起こした新しい二重母音化もある(「割れ」nhg. „Brechung“(breaking)(Bruch 1954: 78-88))。

短母音 e (wg. ë (及び a，o ウムラウト)) > eː > iˑə (lux. /ɪə/)
短母音 o (wg. o (及び o (< a))) > oː > uˑə (lux. /ʊə/)

(Bruch 1954: 78)

(I)の例から明らかなように，長音化を起こしたもと広母音 a の中にも二重母音化を起こしたものがあるが(lux. Nuecht「夜」(nhg. Nacht)など)，これについて Bruch(1954)では説明されていない。以下では Bruch(1954)で言及されている上の2つの半狭音について扱うこととする。

Bruch(1954)は，正書法について書かれたアントワーヌ・マイヤーやエドモン・ド・ラ・フォンテーヌの文献(2.1)で記述されている19世紀のルクセンブルク語の発音をもとに，二重母音化の通時的な進行過程について分析を加えている。本書でも，ルクセンブルク語の綴りと発音について簡単にまとめられている Meyer(1829)の冒頭部分を引用する。

> “Den *ïe* gëtt wéi de franzéischen *ie*, am Wuert *lièvre*, ausgespracht; den *oie* sprécht mer aus grad wéi d'franzéischt substantif *une oie*.”
> 「*ïe* は，フランス語の単語 *lièvre*「ノウサギ」における *ie* のように発音される；*oie* は，ちょうどフランス語の名詞 *une oie*「一羽のガチョウ」の音に当たる。」
> (Meyer 2004: 89)[17]

17) Meyer(2004)は，Meyer(1829)のオリジナルのテキストを現行の1999年正書法で書き改められたテキストと並べて示してあり，理解しやすい。本書では，現行の正書法で書かれた部分を引用している。

現在のルクセンブルク語中央方言における二重母音は，全て前半部に音節主音がある降り二重母音である(4.1.2参照)。しかしながら，Meyer(1829)によると，ルクセンブルク語の現行の正書法で <ie> と綴られる音(Meyer(1829)では，<ïe> として綴られている)が，当時はフランス語で <ie> と綴られる音のように発音されていたとのことである。したがって，この二重母音は，19世紀初頭では昇り二重母音 [ɪ̯ɛ] もしくは [jɛ] として発音されていたことがわかる。また，現在の正書法で <ue> と綴られる音(Meyer(1829)では，<oie>)についても，やはりフランス語の <oi(e)>[18]のように発音されていたとのことである。したがって，こちらも昇り二重母音の [ʊ̯a]([ʊ̯ɑ]) もしくは [wa]([wɑ])のように発音されていたことがわかる。Gilles(1999)の調査によると，この昇り二重母音は，ルクセンブルク内部の方言(特に北方言と東方言)において残っているようである(Gilles 1999: 134-135参照)：

nlux. W[ɪ̯ɛ]der[19]「天気」(clux. Wieder [ˈvɪə̯dɐ], nhg. *Wetter*)
nlux. [ʊ̯ɛ]wen/[ʊ̯ɑ]wen; elux. [ʊ̯o]wen「ストーブ」(clux. Uewen [ˈʊə̯vən], nhg. *Ofen*)

どちらの二重母音も，初めは割れ(breaking)を起こした昇り二重母音であったと考えられるが，次いで音節主音の位置が前半部にずれ，現在の中央方言のような降り二重母音へと移行したと考えられる。この移行はしかし，2つの二重母音が同時期に起こした変化ではなく，現在の /ʊə/ の方が先行して起こしたものと推測される。1906年に出版された『ルクセンブルク方言辞典』(WLM)では，lux. Iesel [ˈɪəzəl](nhg. *Esel*)「ロバ」が，頭文字 "E"

18) フランス語では，<oi> という綴りのみで昇り二重母音 [ʊ̯a] を表すが，上の引用部では，ルクセンブルク語の <oie> とちょうど同じ綴りのフランス語の語彙 fr. oie「ガチョウ」があるため，引き合いに出されている。

19) Gilles(1999: 134)の調査によると，二重母音 /ɪə/ に関して，東方言では，より古い長母音の形式 [eː] の方が優勢のようである(elux. W[eː]der)。

で始まる見出し語 “ⁱEsel” として掲載されているのに対し，lux. Uewen [ˈʊə̯vən]「ストーブ」は，頭文字 “U” で始まる見出し語 “Uᵉwen” として掲載されている。この辞典が編纂された時点では，二重母音の強勢が置かれる位置の移動は，まだ /ʊə/ しか起こっていなかったと考えることができる。ルクセンブルク語東方言で，中央方言の /ɪə/ にあたる音の方が，より古い長母音の形式 [eː] として残る傾向にある（注 19 参照）ということを考えても，/ʊə/ の変化に対して /ɪə/ の変化は全体的に遅れをとっていると考えることができる。

Bruch（1954: 80）によると，昇り二重母音の強勢の位置の移動，すなわち降り二重母音への変化は，ルクセンブルク語化した外来語でも観察されるとのことである。

lux. “pi·əs” < fr. pièce [pjɛs]「硬貨」
lux. “ɑˈvu·ər” < fr. à revoir[20)] [a ʁəvwaʁ]「さようなら」（Bruch 1954: 80）

しかし，今日のルクセンブルク語において，「硬貨」の意味では lux. Mënz という語彙を使う場合が圧倒的に多く，また別れの挨拶も，ルクセンブルク語辞典 *Luxdico* のシリーズに載っているのは，後舌母音が脱落した lux. Awar [ɑˈvaːɐ̯] という形式である。強勢の位置の移動が，今日使用される語彙でも観察できるかを確認するためには，別の例を探す必要がある。

強勢の位置の移動は，上述のように比較的新しい変化と考えられるのに対して，二重母音化の現象自体はかなり早い時期に起こったと考えられている

20) Bruch（1954: 80）によると，ルクセンブルク語における上記の別れの挨拶は，フランス語で一般的な挨拶として用いられる fr. au revoir [o ʁəvwaʁ]「さようなら」という形式ではなく（fr. au は，前置詞 fr. à と定冠詞 fr. le（m.sg.）の融合形），定冠詞を欠いた形式 fr. à revoir に由来するとのことである。ドイツ語の nhg. auf Wiedersehen もまた冠詞のない形式（nhg. *auf dem Wiedersehen）であるため，Bruch（1954）の推測が正しければ，ルクセンブルク語の形式は，ドイツ語の形式をフランス語に逐語訳したものに由来している可能性がある。

(Bruch 1954: 85-88)。Bruch(1954)では，ルクセンブルク語との類似点が多いためにルクセンブルクからの移民説がある，ルーマニアのトランシルバニア地方ジーベンビュルゲンにおける方言(nhg. Siebenbürgisch(-Sächsisch))でも，同様の二重母音化，すなわちwg. ëとwg. o，さらにwg. aが，開音節もしくは同一音節内部の-r/-h(+C)の前で二重母音化を起こしていることを指摘している。また，それを根拠に，移民が起きたと想定されている時期よりも前，遅くとも12世紀には，この二重母音化が起きていたと推測している。以下の例は，ルクセンブルク語とジーベンビュルゲン方言の両方で起きていると考えられる二重母音化の例である。

lux. iessen – sbbg. [ˈiəsə](Weber 2010: 68) (nhg. *essen*)「食べる」
lux. briechen – sbbg. [ˈbriəçə](Weber 2010: 67) (nhg. *brechen*)「折る」
lux. Nues – sbbg. [nuəs](Weber 2010: 71) (nhg. *Nase*)「鼻」

ただし，ルクセンブルク語では起きていない二重母音化が，ジーベンビュルゲン方言で起きている例もいくつかある[21]。Bruch(1954: 86)では，二重母音化の現象は，移民の際，「生きたまま」すなわち共時的な現象として持ち込まれたとされており，ジーベンビュルゲン方言でも独自の発展を遂げたと考えられている。

lux. Gaart [gaːɐ̯t] – sbbg. "ˈguːərtən" (nhg. *Garten*)「庭」
lux. Feld [fæl(ː)t] – sbbg. "fiːəlt" (nhg. *Feld*)「畑」
lux. Wee [veː] – sbbg. "viːəç" (nhg. *Weg*)「道」 (Bruch 1954: 86)

しかし，wg. oの二重母音化については，ルクセンブルク語では広く観察

21) 以下で挙げられているのは，ルクセンブルク語中央方言で二重母音化が起きていない例である。他の方言では，ジーベンビュルゲン方言と同じ変化が起きていると考えられるものもある(slux. [ˈgu̯aɐ̯tən]「庭」(2011年録音資料より))。

されるが，ジーベンビュルゲン方言では起きていないようである。また，その前に経るべき長母音化も起きていないように見える。

lux. Uebst [ʊəpst] – sbbg. [ˈopəs](Weber 2010: 57) (nhg. *Obst*)「果物」
lux. Buedem [ˈbʊədəm] – sbbg. [bon](Weber 2010: 57) (nhg. *Boden*)「地面」

現ルクセンブルク領にあたる地域からジーベンビュルゲンへと向かった民族移動の仮説には，異論も多い。本書で行った観察の中では，特に，強勢の位置の移動などにおいて lux. /ɪə/ よりも進んだ変化を遂げている lux. /ʊə/ について，ジーベンビュルゲン方言ではその二重母音化すら起きていないように見えるのは疑問である。同現象は離れた地域で別々に起きた可能性もある。

6.1.3　中部フランケン高低アクセントとそれに伴う現象

6.1.1と6.1.2では，分節的(segmental)な領域で起きた母音の変化について扱った。この節では，ルクセンブルク語における自律分節的(autosegmental)な領域で起こる現象，すなわち，この言語が属する中部フランケン方言において観察される高低アクセントについて概観し(I)，同アクセントの影響で通時的に起きた母音の短縮化(II)や新たな二重母音の成立(III)，子音の長音化(IV)などの現象を扱うこととする。

(I)　中部フランケン高低アクセント(nhg. Mittelfränkischer Tonakzent)

高低アクセントを有する今日のゲルマン語としては，特にスカンジナビア半島の北ゲルマン語であるノルウェー語とスウェーデン語が有名であり，先行研究も豊富である。しかし，ライン川流域のリプアリア方言(Ripuarian)(ケルン方言など)やルクセンブルク語が属するモーゼルフランケン方言(Moselle Franconian)の大部分もまた，高低アクセントを有する，あるいは有していた地域である(Frings 1916; Schmidt 1986; Auer et al. 2002b; Vaan 2006)。この地域における高低アクセントは，「中部フランケン高低アクセント」(nhg.

Mittelfränkischer Tonakzent/Mittelfränkische Akzentuierung)，もしくは，「ライン高低アクセント」(nhg. Rheinischer Tonakzent/Rheinische Akzentuierung)と呼ばれる。

この高低アクセントは，ピッチの急降下を示す「高低アクセント1」(TA1)と，より緩やかなピッチの降下とそれに次ぐピッチの上昇を示す「高低アクセント2」(TA2)という2種類アクセントの対立がある(Auer et al. 2002: 1)。

TA1は，急激なピッチの下降を示す特徴から，伝統的に「鋭アクセント」(nhg. „Schärfung")もしくは「突アクセント」(nhg. „Stoßton")との呼称や，音の短縮化を引き起こすため「短縮アクセント」(nhg. „Korreption"(correption))との呼び方がある。このアクセントは，ピッチだけでなく，音の強度(intensity)の急降下と，その母音が声門の狭めを伴う場合がある(nhg. „Kehlkopfvocal"(Frings 1916: 6))という点で，デンマーク語のstødを想起させる現象でもある(Gilles 1999: 75 fn.; Basbøl 2005)。

TA2は，緩やかなピッチの変化を示し，長音化を引き起こすため，「緩アクセント」(nhg. „Trägheitsakzent")もしくは「引きずりアクセント」(nhg. „Schleifton")との名称がある。一度ピッチが下降した後，再び上昇するという動きを示すため，「囲みアクセント」(nhg. „Zirkumflexion")や「二頂点アクセント」(nhg. „zweigipfliger Akzent")と呼ばれることもある(Gilles 1999: 75)。

Vaan(2006)の前書きによると，これら2種類のアクセントについての様々な呼称を，TA1とTA2という用語に整理したのがSchmidt(1986)だとのことである。本書でも，これ以降はSchmidt(1986)の用語を用いて記述する(各アクセントのピッチの動きのプロトタイプについては，図6-1参照)。

中部フランケン高低アクセントは，強勢を伴う音節で起こる点でスカンジナビアの北ゲルマン語と共通している。このアクセントは，2モーラ(mora)分の長さの母音(長母音もしくは二重母音)を核として有する音節か，1モーラの母音(短母音)に鳴音(sonorant)([m]，[n]，[ŋ]，[l]，[r])が後続するときにのみ観察される(Gilles 2002: 268; Schmidt 2002: 204)。

TA1とTA2のどちらが現れるのかを決める条件は地域ごとに異なっている。大きく分けて，「規則A」(nhg. Regel A)によってアクセントが決まる地

図6-1　TA1とTA2のプロトタイプ

出所）Schmidt 2002: 204.

域と，「規則B」(nhg. Regel B)によって決まる地域がある。ただし，「規則A」に従う地域の方が，圧倒的に広い領域を占めており，「規則B」に従う地域は非常に限られている(口絵7)[22)]。

「規則A」では，mhg. ê, ô, œ; ie, uo, üe; â, æ にあたる音，すなわち2モーラ目に半狭母音から広母音までの比較的広い母音を有する音節は，常にTA1を伴う。これに対して，mhg. î, û, iu; ei, ou, öü にあたる音，すなわち2モーラ目に狭母音を有する音節，及び長音化したもと短母音を有する音節，そして短母音＋鳴音の組み合わせを有する音節は，後続する音韻環境によって，伴うアクセントが異なる。これらの音を有する音節に，有声子音を音節開始部とする音節が後続する場合(あいまい母音の語末音消去の後，語末となり無声化した場合を含む)はTA1を，それ以外の場合はTA2を伴う。「規則B」では，これがちょうど逆になる(両規則についてはGilles(1999: 77); Schmidt/Künzel(2006: 137)参照)。

以下で，それぞれの規則をまとめる。

22)「経験的に観察される高低アクセントの境界」と「再構築された高低アクセントの境界」の線よりも西側のゲルマン語地域では，「「規則B」(フンスリュック地方)」，「「規則B」(ヴェスターラント地方(ラーン河下流))」とされる地域を除いて，「規則A」に従う地域に属している。

(中部フランケン高低アクセント　規則 A)

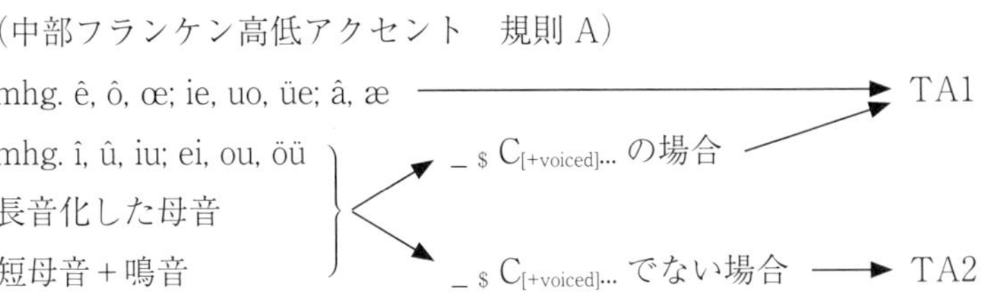

(中部フランケン高低アクセント　規則 B)

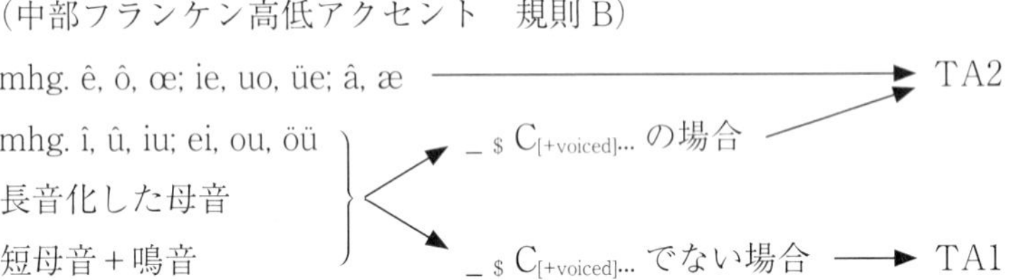

以下は,「規則 A」に従う地域であるアイフェル(Eifel)地方の街マイエン(Meyen)方言からの例と,「規則 B」に従う地域であるフンスリュック地方のモァバッハ(Morbach)方言からの例である。同じ語彙について，両地域で

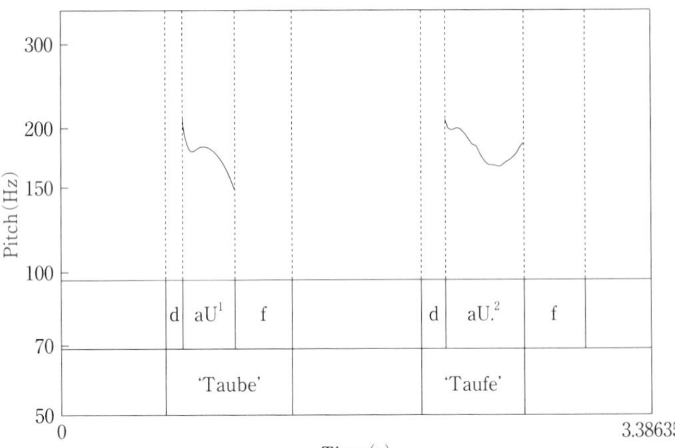

図 6-2　中部フランケン高低アクセントのミニマルペア([dɑʊ¹f] vs. [dɑʊ²f](nhg. *Taube* (mhg. tûbe)「ハト」 vs. nhg. *Taufe* (mhg. toufe)「洗礼」))

出所) Gilles 2002: 267.

アクセントが入れ替わっていることが確認できる。

規則 A（アイフェル地方のマイエン方言の例）
(Schmidt/Künzel 2006: 137)

TA1		TA2	
/ʀɛɪ¹f/	nhg. *Reibe*, mhg. rîbe「下ろし金」	/ʀɛɪ²f/	nhg. *Reif*, mhg. rîf「霜」
/maː¹t/	nhg. *Made*, mhg. made「ウジ」	/maː²t/	nhg. *Markt*, mhg. market「市」

規則 B（フンスリュック地方のモァバッハ方言の例）
(Schmidt/Künzel 2006: 137)

TA2		TA1	
/ʀɛɪ²f/	nhg. *Reibe*, mhg. rîbe「下ろし金」	/ʀɛɪ¹f/	nhg. *Reif*, mhg. rîf「霜」
/maː²t/	nhg. *Made*, mhg. made「ウジ」	/maː¹t/	nhg. *Markt*, mhg. market「市」

ルクセンブルクは，「規則 A」の地域に属する。図 6–2 は，ルクセンブルク語と同様，「規則 A」の地域に属するモーゼルフランケン方言における高低アクセントのミニマルペアである (Gilles 2002: 267)。

その他のモーゼルフランケン方言北部（「規則 A」の地域）における高低アクセントのミニマルペアの例は以下である (Gilles 2002: 266)[23]。

23）中高ドイツ語と和訳は筆者が付したもの。

TA1		TA2	
/ʀɛɪ^{1}f/	nhg. *Reibe* (mhg. rîbe)「下ろし金」	/ʀɛɪ^{2}f/	nhg. *Reif* (mhg. rîf)「霜」
/bɛː^{1}n/	nhg. *Beine* (mhg. beine)「脚(pl.)」	/bɛː^{2}n/	nhg. *Bein* (mhg. bein)「脚(sg.)」
/ʃtɛː^{1}n/	nhg. *Steine* (mhg. steine)「石(pl.)」	/ʃtɛː^{2}n/	nhg. *Stein* (mhg. stein)「石(sg.)」
/bʀɑʊ^{1}t/	nhg. *braut* (mhg. briuwen (inf.))「醸造する(3.sg.)」	/bʀɑʊ^{2}t/	nhg. *Braut* (mhg. brût)「花嫁」
/aː^{1}ʀm/	nhg. *Arme* (mhg. arme)「腕(pl.)」	/aː^{2}ʀm/	nhg. *Arm* (mhg. arm)「腕(sg.)」
/hɛɐ^{1}t/	nhg. *Herde* (mhg. her[d]e)「かまど(pl.)」	/hɛɐ^{2}t/	nhg. *Herd* (mhg. hert)「かまど(sg.)」

Gilles(1999: 78)，Gilles(2006: 269-273)によると，TA1を有する語において「高低」，TA2を有する語で「高低高」とピッチが移行する本来の高低アクセント特徴は，今日のルクセンブルク語ではほとんど失われているとのことである。しかし，2011年の録音調査の資料の中で，話者1(ルクセンブルク市出身の生え抜きの中央方言話者20代)の資料の中で，この高低アクセントを示していると考えられる例がいくつか見つかった。

口絵8の例では，lux. haut [hɑut](nhg. *heute*, mhg. hiute (Pfeifer 2005: 538))「今日」がTA1を有する語である[24]。二重母音 /ɑʊ/ の後半で，青色の線で

24) mhg. hiuteでは，二重母音に後続する音節の開始部が無声子音[t]であるため，一見TA1が付与されるための「規則A」の条件を満たしていないように見える。しかし，ルクセンブルク語における同語彙は，語中に有声の音節開始部[d]を有する形式だったと考えられる。lux. hautは，もとは2語からなる要素であった(ohg. *hiu tagu「この日」(Pfeifer 2005: 538))。ohg. tagu (nhg. Tag)「日」は，ルクセンブルク語では有声音から始まるlux. Dag [daːx]であるため，中高ドイツ語でmhg. hiuteとされて

示されたピッチと黄色の線で示された音の強度の急降下が確認される。さらに興味深いのは，この母音が声門閉鎖音を伴っているということである（実線の楕円で示している縦に線の入った部分）。また，この発音では，二重母音の後ろの無声歯茎閉鎖音 /t/ も，声門閉鎖音として発音されている（破線の楕円で示した部分）。

口絵9の例では，lux. Schäin [ʃæɪn]（nhg. Schein，mhg. schīn（Pfeifer 2005: 1189））「光」が，TA2を伴う語彙である。図中，実線で囲んだピッチを示す青線が，一度下降し，再度上昇して山を2つ作るTA2の動きを示している。ただし，後続する音が鳴音（歯茎鼻音）[n] であるため，アクセントの移行は後ろの子音に持ちこされている。

このように，口絵8と口絵9で挙げた話者1の例では，2つの高低アクセントが保たれているように見える。しかし，同一の話者の発音であっても，本来，高低アクセントを有するはずの全ての語彙において，2つのアクセントの対立が観察されるわけではない。また，この話者以外の9人の母語話者の発音では，明らかな高低アクセントはほとんど観察されなかった。しかし，20代という比較的若い年代に属する話者1が，高低アクセントを部分的に残していることは注目に値する。2011年のデータからは観察できなかったが，より高い年齢層でこのアクセントが残っている可能性を考慮し，2012年に80代のルクセンブルク語母語話者を対象に，新たに録音調査を行った。

2012年の録音調査の協力者は80代の男性2人と女性1人の合計3人である。そのうち1人の男性は東方言の話者であるため，本書で分析の対象とするのは，残りの男女1人ずつの中央方言話者のデータである。80代以上を対象にして高齢の協力者を募ったため，多くの人数は集められなかったが，2011年の調査協力者のうち最高齢の70代の話者の録音データで，すでに高低アクセントが失われていたため，それ以上の年齢層で調査を行う必要があった。

いる語は，現ルクセンブルク領にあたる地域では，*hiude という形式だったと考えられる。

録音は，移動が困難な話者もいたため，大学などの施設を使用することは控え，話者の自宅など，調査協力者にとって無理のない環境で行うことを優先させた。録音調査では，ドイツ語の例文のルクセンブルク語訳をお願いした。例文作成の際には，Engelmann (1910b) で挙げられている TA1 及び TA2 を有する語彙をそれぞれ使用した。調査協力者には，ドイツ語の例文を見せて，口頭でルクセンブルク語訳をしてもらう形式をとった。また，調査時の会話は終始ルクセンブルク語で行った。

調査の結果，男性の話者の発音では，高低アクセントは全く観察されなかった。女性の話者の発音でも，一部にしか高低アクセントは残っていなかった。以下では，その女性の話者の発音を示す。

口絵 10 の例では，単数の lux. Kand (mhg. kint) が TA2 を，複数の lux. Kanner が，緩やかではあるが TA1 を示している。ただし，どちらの語彙においても，ピッチの動きはアクセントを伴う音節末尾の鳴音 [n] で起きている。

しかし，口絵 11 では特に TA1 がほとんど失われている。lux. Bam (mhg. boum, wg. *bauma- m (*Kluge* 2011: 97–98)) は，本来 a- 語幹の男性名詞であるため，中高ドイツ語では，主格でゼロ語尾，与格で屈折語尾 mhg. -e を伴う (Paul 2007: 189–193)。主格 mhg. boum では，狭母音で終わる二重母音の音節で語が終わっている，すなわち TA2 を伴う音韻環境にある。与格 mhg. boume では，母音で始まる屈折語尾が後続するため，二重母音 mhg. ou に有声子音 [m] で始まる音節が後続する音韻環境となる。本来 TA1 を伴う音韻環境にあるはずだが，口絵 11 では，ほとんどピッチの動きが観察されない。また，TA2 を伴う主格の動きと若干似た動きさえ観察される。

口絵 12 では，高低アクセントが全く観察されない。lux. Bierg (mhg. berc, germ. *berga-) も，lux. Bam と同様，a- 語幹の名詞である。そのため，与格では屈折語尾 mhg. -e を伴い音節境界が移動することで，TA1 を伴う形式となる。口絵 12 では，ピッチはかなり低い位置から始まり，若干の上昇を見せるという，むしろ TA1 とは逆の動きを示している。

2012 年の調査結果から，80 代の話者の間でも，2 つの高低アクセントの対立がほとんど失われていることが明らかとなった。今日のルクセンブルク語には，中部フランケン高低アクセントの名残しか残っておらず，本来の弁別的な特徴は，すでに失われていると考えられる。

ピッチの高低という自律分節的な本来の特徴は失われているものの，この高低アクセントは，音の短縮化や長音化など分節的な領域にも影響を与える現象である。さらに，母音の音質についても，現在のルクセンブルク語で観察される 2 種類の二重母音の成立に関わっていると考えられる。そのため，ルクセンブルク語における中部フランケン高低アクセントは，同言語の通時的な音韻変化を理解する上で欠かすことのできない重要な現象だと言える。以下では，母音の短縮化と新しい二重母音の成立及び子音の長音化について，それぞれ扱うこととする。

(II)　TA1 を伴う母音の短縮化

TA1 は，ルクセンブルク語における通時的な母音の短縮化に関わっている。以下では，TA1 によって短縮化を起こした母音を有する語彙例を示す。

lux. flitt [flɪt]「飛ぶ(3.sg.)」(nhg. fliegt，mhg. vlieget (Pfeifer 2005: 354-355))

lux. fidderen [ˈfidəʀən]「餌をやる」(nhg. füttern，mhg. vuotern (Pfeifer 2005: 388))

lux. midd [mɪt]「疲れた」(nhg. müde，mhg. müede (Pfeifer 2005: 894))

lux. Bludd [blʊt]「血」(nhg. Blut，mhg. bluot (Pfeifer 2005: 152))

lux. Brudder [ˈbʀudɐ]「兄弟」(nhg. Bruder，mhg. bruoder (Pfeifer 2005: 175))

lux. gutt [gʊt]「良い」(nhg. gut，mhg. guot (Pfeifer 2005: 488))

(Gilles 2002: 275)

また，lux. fidderen，lux. midd などの例では，非円唇化も起きている(6.1.1 参照)。

ルクセンブルク語におけるTA1は，母音の短縮化に加えて，以下の２つの軟口蓋化を引き起こす。

まず，TA1を伴う音節の末尾が，歯茎鼻音[n]である場合，母音の短縮化に加えて，この鼻音が軟口蓋化を起こして軟口蓋鼻音[ŋ]となる。

lux. Steng [ʃtæŋ] [25]「石(pl.)」(nhg. Steine, mhg. steine) [26]
lux. keng [kæŋ]「(否定冠詞)(f./pl.)」(nhg. keine, mhg. keine)
lux. mengen [ˈmæŋən]「思う，考える」(nhg. meinen, mhg. meinen)
(Gilles 2002: 276) [27]

２つ目の軟口蓋化は，ルクセンブルク語北方言でしか観察されない現象であるが，ここで簡単に触れておく。この現象は，「軟口蓋閉鎖音[k](もしくは母音間で[g])の挿入」と呼ばれるものである(「kの挿入」の地理的な分布については，図1-6参照)。

nlux. “[flikt]” [28]「飛ぶ(3.sg.)」(clux. flitt)
nlux. “[bʀugdəʀ]”「兄弟」(clux. Brudder)　(Gilles 1999: 214)

TA1は，既述のように，声門の狭めや閉鎖を伴うアクセントでもある。したがって，ここで観察される軟口蓋音は，もともと声門閉鎖もしくは声門の狭めとして現れていた音が，軟口蓋化を起こしたものである可能性が高い。

---

25) Gilles(2002)では，lux. Stengの発音記号を[ʃteŋ]としているが，これは誤りである。本書で[æ]として記述している音を，Gilles(2002)では[ɛ]と記述しているため，少なくとも[ʃtɛŋ]とすべきである。

26) 上のlux. Steng，lux. kengの例では，本来語末にあったはずのあいまい母音が脱落している(apocope, 6. 1. 4参照)。

27) 発音記号と日本語訳は筆者。lux. mengenのドイツ語訳について，Gilles(2002: 276)では語の意味を重視してnhg. glaubenとしているが，同語源の語彙はnhg. meinenである。

28) 発音記号は，Gilles(1999)のままである。

この軟口蓋音挿入，あるいは軟口蓋化の現象は，ルクセンブルク語だけでなく，同じく中部フランケン高低アクセントを有するリプアリア方言に属するケルン方言でも観察される(nhg. „kölnische Gutturalisierung“[29] Gilles 1999: 212)。また，同様の高低アクセントが声門閉鎖音(狭め)を伴う(stød)デンマーク語にも，同様の軟口蓋音の挿入が起こる方言があるようである(Liberman 2006: 79)。これらの言語で観察される音節末尾での声門閉鎖音や軟口蓋閉鎖音が，高低アクセントによって引き起こされているという推測は十分可能だと考えられる。中央方言で観察される鼻音の軟口蓋化も，この声門閉鎖音との同化の一種と考えることができる。

(III)　TA2に伴う現象—— 2種類の二重母音の成立

Gilles(1999: 185)は，ルクセンブルク語では，初めに，古高ドイツ語の狭長母音 ohg. î, û が低舌化を起こし，それが二重母音化を起こすことで2つの二重母音 lux. “/ɑɪ/”，lux. “/ɑʊ/”が成立したとしている。二重母音は2モーラ分の長さを有するため，中部フランケン高低アクセントを伴う音である。ただし，いずれも2モーラ目は狭母音であるため，後続する音韻環境によって，TA1もしくはTA2を伴っていたと考えられる。そのうち，TA2を伴う二重母音の前半部が，同アクセントの影響で長音化を起こした。

以下では，Gilles(1999: 185)で挙げられている，2つの二重母音 lux. “/ɑɪ/”，lux. “/ɑʊ/” におけるそれぞれの高低アクセントの例を示す。ただし，中高ドイツ語訳と和訳は筆者によるものである。

29)　例えば，köl. Lück (nhg. *Leute*)「人々」(Saint-Exupéry 2008: 9)など。ケルン方言は，ルクセンブルク語と同様，「規則A」に従う地域である。この語彙は，ルクセンブルク中央方言では lux. Leit [lɑɪt] であり，やはりTA1を伴う語彙である。中高ドイツ語では mhg. liute であるため，一見TA2を伴う語のように見えるが，osax. liudi, germ. *liudi-, ie. *leudh- であり(Pfeifer 2005: 795-796)，ルクセンブルク語やケルン方言では二重母音に後続する子音は有声音として発音されていたと考えられる。

TA1	TA2
lux. Weit [vɑit] [30] (nhg. *Weite*, mhg. wīte[31])「広さ」	lux. wäit [vɛːit] (nhg. *weit*, mhg. wīt)「広い」
lux. Freideg [fʀɑidɪɕ] [32] (nhg. *Freitag*, mhg. vrītac[33])「金曜日」	lux. fräi [fɛːi] (nhg. *frei*, mhg. vrī)「自由な」
lux. Leit [lɑit] (nhg. *Leute*, mhg. liute[34])「人々」	lux. läit [lɛːit] (nhg. *liegt*, mhg. liget[36])「横になっている (3.sg.)」
lux. haut [hɑut] (nhg. *heute*, mhg. hiute[35])「今日」	lux. Haut [hɑːut] (nhg. *Haut*, mhg. hūt)「肌」
lux. Auer [ɑuɐ] (nhg. *Uhr*, mhg. (h)ōr(e))「時間」	lux. Haus [hɑːus] (nhg. *Haus*, mhg. hūs)「家」

(Gilles 1999: 185)

---

30) この表の中の発音記号は，全て Gilles (1999) のものをそのまま引用している。しかし，二重母音の中の前舌音 [i]，[ɛː] については，そこまで開口度は低くなく，それぞれ [ɪ]，[æ(ː)] と記述するのが適当だと考えられる。

31) 中高ドイツ語では mhg. wīte であるため，TA2 を伴う音韻環境に見えるが，名詞化されたこの派生語のもとの形容詞 mhg. wīt は，osax. wīd，germ. *wīda- である。ルクセンブルク語もこれらと同様有声音 [d] を有していたと考えられる。同じ形容詞から派生していると考えられる副詞は lux. weider [ˈvɑɪdɐ̯] (nhg. *weiter*) で，やはり有声音が現れている。

32) "[fʀɑidəɕ]" の誤りだと考えられる。

33) 後半の形態素 mhg. -tac「日」は，ルクセンブルク語では lux. Dag であり，有声音で始まる要素である。したがって，上の複合語でも有声音が現れていたと考えられるため，TA2 ではなく，TA1 が現れる音韻環境にあったと考えられる。

34) 注 29 参照。

35) 注 24 参照。

36) 中高ドイツ語において短母音を有する語彙であるため (mhg. ligen)，本来，二重母音を有さないと考えられる語彙である。また，長音化を起こす音韻環境にもない。しかし，ルクセンブルク語では，語頭以外の有声軟口蓋音は，摩擦音として発音されることが多い (4.2.4，6.2.2 参照)。lux. *[lij̯ən] と発音されていたと考えられる形式において，硬口蓋摩擦音 [j] が徐々に半母音，母音へと再解釈が進んだとすれば，前舌狭母音の長母音を有する語彙として再解釈された形式，lux. *[liːən] が想定できる。3 人

ルクセンブルク語における低舌母音は，短母音が後舌の[ɑ]であり，長母音が前舌寄りの[a:]([a̟:])である(4.1.1参照)。そのため，高低アクセントの影響でピッチと長短の違いに加えて，音質的にもそれぞれ2種類の二重母音が生じたと考えられる。

上で引用したGilles(1999: 185)の例では，TA2を伴う二重母音について，まず前舌に向かうものが“[ɛ:i]”とされているが，筆者の観察では，前半部の音がここまで高舌化することはない。後半部も，少し中舌寄りの[a:ɪ]もしくは[æ(:)ɪ]とすべきであろう。後舌に向かう二重母音については“[ɑ:u]”として記述されているが，前半部の母音は，前舌に向かう場合と同様，前舌化されていると考えられる。また，後半部も音も少し中舌寄りの[a:ɪ]もしくは[æ(:)ʊ]とすべきである(4.1参照)。

中部フランケン高低アクセントの弁別性がまだ保たれているのであれば，現在のルクセンブルク語でもこれらの二重母音はアクセントによって相補分布を示す異音と考えられる。その場合，音素は後舌から始まる2つの二重母音/ɑɪ/，/ɑʊ/であると考えられる。しかし，(I)で記述したように，このアクセントは現在では失われていると考えられる。このアクセントの対立が失われると，2種類の二重母音の間の相補分布の関係が崩れるため，前舌母音から始まる新たな二重母音/æ(:)ɪ/，/æ(:)ʊ/が成立すると考えられる。現在のルクセンブルク語は，すでにこの段階に達していると考えて良い。TA2を伴う二重母音前半部の長音は，今日でも散見されるが，これは名残として残っているだけで，高低アクセントの衰退に伴って，将来的には徐々に失われていくと推測される。いずれにせよ，ルクセンブルク語において3モーラの核を有する音節が生じる可能性は低いと考えられる。そのため，本書では，本来の/ɑɪ/，/ɑʊ/という2つの二重母音から，かつての高低アクセントの影響で，それぞれ2種類の二重母音/ɑɪ/, /æɪ/; /ɑʊ/, /æʊ/に分かれる変化が起きたと考える。

称単数では，lux. *[li:t]という形式であったと考えられるため，これはTA2が現れる音韻環境だと考えられる。

(IV)　TA2 を伴う母音に後続する子音(鳴音)の長音化

TA2は，長音化を引き起こす高低アクセントである。TA2を伴う母音に後続する子音が鳴音の場合，長音化が子音に引き継がれる。Bruch(1954: 78)には，ルクセンブルクの南西地域の方言において，この中間的な段階，すなわち後続する子音が鼻音である場合に，TA2を伴う母音が鼻音化する例が観察されるとの報告がある(“kɑ̃:nt”(nhg. *Kind*)「子供」)。

以下では，TA2を伴う母音に後続する子音が長音化されたルクセンブルク語中央方言における例を挙げる。

wg. a:　lux. “bɑn:”「魔力」(nhg. *Bann*)，lux. “dɑl:”「谷」(nhg. *Tal*)，
lux. “fɑl:”「落下」(nhg. *Fall*)，lux. “mɑn:”「男」(nhg. *Mann*)，
lux. “ʃɑl:”「音」(nhg. *Schall*)，lux. “ʃtɑl:”「家畜小屋」(nhg. *Stall*)，
lux. “zɑl:”「広間」(nhg. *Saal*)；
lux. “brɑn:t”「火事」(nhg. *Brand*)，lux. “dɑm:p”「蒸気」(nhg. *Dampf*)，
lux. “fɑl:ʃ”「間違った」(nhg. *falsch*)，
lux. “gəˈʃtɑŋ:k”「悪臭」(nhg. *Gestank*)

ohg. e:　lux. “ˈdɛm:pən”[37]「湯気を出す」(nhg. *dampfen*)，
lux. “ˈfɛŋ:kən”「捕らえる」(nhg. *fangen*)，
lux. “pɛl:s”「毛皮」(nhg. *Pelz*)

wg. ë:　lux. “hɛl:”「明るい」(nhg. *hell*)；
lux. “fɛl:t”「畑」(nhg. *Feld*)

wg. i:　lux. “ʃpil:”「遊び」(nhg. *Spiel*)；

---

37) Bruch(1954)において[ɛ]とされている音は，本書では[æ]として記述しているものである。以下同様。

lux. "bil:t"「絵」(nhg. *Bild*), lux. "ˈdreŋ:kən"「飲む」(nhg. *trinken*),
lux. "kɑn:t"「子供」(nhg. *Kind*), lux. "ʃəl:t"[38]「看板」(nhg. *Schild*)

wg. o: lux. "fol:"「酔った」(nhg. *fol*);
lux. "gol:t"「金」(nhg. *Gold*), lux. "hol:(t)s"「木材」(nhg. *Holz*),
lux. "mən:(t)s"「硬貨」(nhg. *Münze*)

wg. u: lux. "zon:"[39]「息子」(nhg. *Sohn*);
lux. "bol:(t)s"「脈」(nhg. *Puls*),
lux. "ˈdom:pəç"[40]「カビ臭い」(nhg. *dumpfig*),
lux. "droŋ:k"「飲み物」(nhg. *Trunk*), lux. "hon:t"「犬」(nhg. *Hund*)
(Bruch 1954: 77-78)

これらの長音化した子音は，"Schwebelaut"(「浮遊音」)と呼ばれ，歯茎鼻音 [n:] の場合は「n 規則」を免れることがある(5.1 参照)。

ただし，Bruch(1954)執筆当時のルクセンブルク語でも，すでにこの規則の混濁が観察されると報告されており，本来 TA2 を伴わないはずの語彙で長音化や，逆に，本来 TA2 を伴うため長音化が期待される語彙において短い音のままである例が観察されている。

(TA2 を伴わないにもかかわらず長音化が観察される例)
lux. "ɑˈbrəl:"「4 月」(nhg. April, mhg. abrerelle (Pfeifer 2005: 53)),

38) 強勢を伴う中舌音は，本書では [ë] として記述している。以下同様。

39) Bruch(1954: 77)でも指摘されているが，lux. "zon:" は古い形式であり，今日では廃れている。現在のルクセンブルク語において，「息子」という意味で一般的に使用されるのは lux. Jong [jɔŋ] である(標準ドイツ語における nhg. *Junge* は「少年」の意味)。

40) 今日のルクセンブルク語では，無声硬口蓋摩擦音 [ç] は観察されず，全て舌端化を起こした歯茎・硬口蓋摩擦音 [ɕ] になっている(6.2.3 参照)。

lux. “brəl:”「眼鏡」(nhg. Brille)，lux. “gəˈfɑl:”「落ちた」(nhg. gefallen)，
lux. “ʃtəl:”「静かな」(nhg. still，mhg. stille (Pfeifer 2005: 1364))

(Bruch 1954: 77)

(本来 TA2 を伴うにもかかわらず長音化が観察されない例)

lux. “ɑl”「全ての」(nhg. all)[41]，
lux. “kɑn”[42]「～できる(1.sg.ind.pres.)」(nhg. kann)，
lux. “ɑn”「～の中に/へ」(nhg. in)，lux. “ʃtil”「柄」(nhg. Stiel)

(Bruch 1954: 77)

また，-ns- という子音連続においては，長音化はほとんど観察されないとのことである(Bruch 1954: 78)。

lux. “gɛns”「ガチョウ」(nhg. Gans)，
lux. “lɛns”「レンズ」(nhg. Linse，mhg. lins(e) (Pfeifer 2005: 804-805))，
lux. “ons”/“on:s”[43]「我々に/を(pers.pron.)」(nhg. uns)，
ただし，lux. “ons”/*“on:s”「我々の(所有冠詞)」(nhg. unser)

6.1.4　あいまい母音

この節では，語末でのあいまい母音の脱落(apocope)とそれに関わる現象，及び語中でのあいまい母音の挿入(epenthesis)について記述する。

---

41) この例については，後続する歯茎音が同化を起こした lux. al [a:l](nhg. *alt*)「古い」(TA2 を伴う)と混同しないためだと考えられる。

42) ただし，筆者の観察では，上の話法の助動詞の語末の [n] は，しばしば n 消去を免れることがある。その場合，長音化は起きていると考えられる。したがって，この助動詞での長音化は任意であると考えられる。

43) ただし，歯茎摩擦音 [s] の前で鼻音 [n] が保たれるこの形式は，ルクセンブルク市方言である。中央方言では lux. eis [ɑɪs] という形式が優勢である。下の所有冠詞も同様に，中央方言では lux. eis という形式が優勢である。

(1)　語末でのあいまい母音の脱落(apocope)

ルクセンブルク語における語末のあいまい母音は，ほぼ全ての場合において完全に脱落している。

lux. Strooss [ʃtʀoːs]「道」(nhg. Straße [ʃtʀaːsə])
lux. Geméis [gəˈmɛɪs]「野菜」(nhg. Gemüse [gəˈmyːzə])
lux. Mass [mɑs]「大量」(nhg. Masse [ˈmasə])
lux. schued [ʃʊət]「残念な」(nhg. schade [ˈʃaːdə])
lux. A [aː]「目」(nhg. Auge [ˈaʊgə])
lux. Bir [biːɐ̯]「ナシ」(nhg. Birne [ˈbɪɐ̯nə])
lux. Dänn [dæn]「モミの木」(nhg. Tanne [ˈtanə])
lux. Damm [dɑm]「婦人」(nhg. Dame [ˈdaːmə])
lux. Päif [pæɪf]「パイプ」(nhg. Pfeife [ˈpfaɪfə])

他言語から語彙を借用する際に起こる語末でのあいまい母音の脱落は，現在でも観察されるため，共時的な現象としても考えられる。しかし，以下で示すように，ルクセンブルク語では語末のあいまい母音を欠く新たな屈折の体系を発展させているため，この現象はある程度前から存在したと推測することができる。

あいまい母音は，音韻的には強勢を伴わない弱い要素だが，形態論においては重要な情報を担うことの多い要素である。標準ドイツ語では，名詞の複数形形成語尾としてあいまい母音を伴う語が多いが，ルクセンブルク語においては語末でのあいまい母音が許容されないため，標準ドイツ語とは異なる複数形の形成方法をとる語が多い。

lux. Bréif(sg.) – Bréiwer(pl.) vs. nhg. Brief(sg.) – Briefe(pl.)「手紙」
lux. Bierg(sg.) – Bierger(pl.) vs. nhg. Berg(sg.) – Berge(pl.)「山」
lux. Cours(sg.) – Coursen(pl.)
vs. nhg. Kurs(sg.) – Kurse(pl.)「コース，講座」

この他に，標準ドイツ語では見られない語幹の母音のウムラウトが観察される語彙もある。しかし，「ウムラウト」が起きたと考えられる形式は，語末のあいまい母音の脱落ではなく，語間の <g> の影響で生じた可能性がある。

lux. Dag(sg.)– Deeg(pl.) vs. nhg. Tag(sg.)– Tage(pl.)「日」

Engelmann(1910b) によると，lux. Dag(nhg. Tag，mhg. tac (Pfeifer 2005: 1406-1407))は高低アクセントを伴わず，lux. Deeg(nhg. Tage，mhg. tage[44])はTA2を伴う語であったとされている。しかし，mhg. tac における語幹の母音は短母音であるため，高低アクセントを伴うことができない。また，複数形の mhg. tage における語幹の母音も短母音であるため，本来，高低アクセントを伴うことができない母音である。新高ドイツ語の時代に，開音節における母音の長音化が起きるが(Schmidt 2007: 363)，長音化された音 [aː] は，本，来常に TA1 を伴う音である。

この説明として考えられるのは，摩擦音として発音されていたと考えられる語中の子音 <g> が(4.2.4，6.2.2 参照)，軟音化を起こして母音に影響を与えた可能性である。現在のルクセンブルク語の複数の形式 lux. Deeg [deːɕ] において前舌母音 [eː] が現れているため，<g> で綴られる子音は硬口蓋で調音されていた可能性がある([ʝ])。歯茎・硬口蓋摩擦音 [ɕ] が現れる現在の形式から，同音は，子音としても維持されたと考えられる。しかし，この音が軟音化した半母音 [j] との重子音となった形式を仮定すれば(lux. *[dajj̯ən])，この半母音がさらに軟音化を起こして母音化する可能性も想定しうる(> lux. *[daij̯ən])。二重母音 *ai は，有声子音から始まる音節に先行する場合，TA2 を伴う母音である。現在では軟音化の影響で脱落しているが，同様に語中に <g> があったと考えられる語彙 lux. Won(nhg. *Wagen*)「車」，lux. Mo(nhg.

44) mhg. tac(germ. *daga-)は，a- 語幹の語である。そのため，中高ドイツ語における複数形形成語尾は mhg. -e である。

Magen)「胃」も，複数形は lux. Ween，lux. Mee であり，母音の交替が起きている。しかし，lux. Numm (nhg. *Name* (sg.)) – lux. Nimm (nhg. *Namen* (pl.))「名前」など，<g> の有無に関係なく，標準ドイツ語では観察されない複数形の形成方法をとる語彙もある点は興味深い。

ルクセンブルク語における語末のあいまい母音の脱落を，同言語が標準ドイツ語とは異なる名詞の複数形形成方法を発展させる一因としてみなすのは可能であろう。しかし，名詞の形態変化の全体像を把握するには，他の要因も合わせてさらに考察を深める必要がある。

形容詞の単数女性や複数の屈折語尾では，標準ドイツ語があいまい母音を伴う主格と対格の場合に，ルクセンブルク語はゼロ語尾を伴う形式となる。

lux. déi grouss Fra vs. nhg. die große Frau「大柄な女性 (f.)」
lux. eng al[45] Damm vs. nhg. eine alte Dame「年老いた婦人 (f.)」
lux. Gutt Nuecht! vs. nhg. Gute Nacht!「良い夜を (f.)。(おやすみなさい。)」
lux. séiss Kanner vs. nhg. süße Kinder「かわいらしい子供たち (pl.)」

形容詞の語末が [n] の場合には「n 規則」が働くため，語幹であっても語末の [n] が脱落する (lux. schéi_ Fra (nhg. *schöne Frau*)「美しい女性 (f.)」)。また，語末が有声閉鎖音や摩擦音であれば無声化する (5.3.1 参照)。

語末でのあいまい母音の脱落は広く観察されるが，「n 規則」により語末の [n] が脱落した後に残ったあいまい母音は，基本的に脱落しない。そのため，1 人称単数/複数もしくは 3 人称複数の動詞や名詞類の屈折語尾 lux. -en において，語末の [n] が「n 規則」により脱落した場合にのみ，二次的に「語末」や「形態素末」となったあいまい母音が脱落せずに発音される。

45) ルクセンブルク語の形容詞 lux. al (nhg. *alt*) では，語末の歯茎閉鎖音が同化している。詳細については，6.2.1 参照。

lux. Dat maache_ mer zesummen.
「私たちはそれを一緒にやる(1.pl.)。」

lux. schéine_ Mantel「素敵なマント(m.nom./acc.)」

lux. Ech géing haut e puer Lëtzebuergeschcoursë_ besichen.
「私は今日，ルクセンブルク語講座(pl.)をいくつか訪問する。」

これに対して，補文標識の屈折では，1人称複数と3人称複数の屈折語尾 lux. -en が，パラダイムから失われる傾向にある(西出 2010)。2013年に行った調査では，補文標識が1人称複数もしくは3人称複数の主語と一致する以下の例文の文法性を，105人の母語話者に5段階で判断してもらった(5が「自然」，1は「不自然」)。補文標識の屈折語尾 lux. -en が現れる例文が「自然」だと答えた話者は，1人称複数と3人称複数の場合でそれぞれ35%と19%しかおらず，「不自然」だとする回答もそれぞれ10%ほど得られた(図6-3，図6-4参照)。

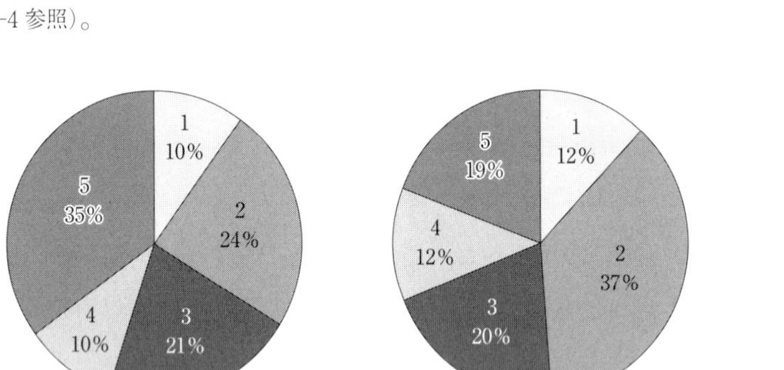

図6-3 "... datt e mir..."(1人称複数における屈折)

図6-4 "... datt e si..."(3人称複数における屈折)

lux. Ech freeë mech drop, **datt e** mir eis muer erëm gesinn.
(I please myself that-up COMP 1.pl. we us tomorrow again see)
「明日再会するのを楽しみにしています。」

lux. 't ass schéin, **datt e** si muer heihinner kommen.

(*it is　nice　COMP 3.pl. they tomorrow　here-toward　come*)

「明日彼らがここに来るのは素敵だ。」

1/3 人称複数の補文標識の屈折語尾 lux. -en が失われつつある理由の一つに，語末の [n] の脱落に伴ってあいまい母音の脱落も起きている可能性が挙げられる。

(II)　語中でのあいまい母音の挿入 (epenthesis) と脱落 (syncope)

以下では，語中におけるあいまい母音の振る舞いについて観察する。語彙によっては共時的に揺れが観察されるものもあるが，多くは，すでにあいまい母音の挿入 (epenthesis) や脱落 (syncope) が起こった形式で語彙化されたものであるため，これらの現象は通時的な変化を扱う本章で扱うこととする。

ルクセンブルク語では，語末でのあいまい母音の脱落が広く観察される一方，語中では鳴音 ([n]，[l]，[r]) とそれに続く子音の間でのあいまい母音の挿入が観察される。

lux. hall**e**f [ˈhɑləf]「半分の」
(nhg. halb，ohg. halb，mhg. halp (Pfeifer 2005: 497))
lux. Woll**e**f [ˈvɔləf]「オオカミ」
(nhg. Wolf，ohg., mhg. wolf (Pfeifer 2005: 1578))
lux. Voll**e**k [ˈfɔlək]「民衆」
(nhg. Volk，ohg. folc，mhg. volc (Pfeifer 2005: 1521))
lux. höll**e**fen [ˈhëləfən]「助ける」
(nhg. helfen，ohg. helfan，mhg. helfen (Pfeifer 2005: 528))
lux. fënn**e**f [fënəf]「5 (数詞)」
(nhg. fünf，ohg. fimf/finf，mhg. vinf/vünf (Pfeifer 2005: 384))

また，鳴音の後ろにもとからあいまい母音がある場合は，それが保たれる。

lux. erënner**e**n [ɐˈʀënəʀən]「思い出す」
(nhg. erinnern, ohg. giinnaren, mhg. geinnern (Pfeifer 2005: 294))
lux. handel**e**n [ˈhɑndələn]「扱う」
(nhg. handeln, ohg. hantalōn, mhg. handeln (Pfeifer 2005: 504))

いずれにせよ，ルクセンブルク語は音節末尾での「鳴音＋C」という子音連続を避ける傾向にあると考えられる。鳴音と子音の間にもともと母音があった語ではその音の脱落(syncope)を起こさずに保ち，もともと母音がなかった語では鳴音の後ろにあいまい母音を挿入している(epenthesis)。

一方，今日のルクセンブルク語において観察される共時的な現象ではあるが，語中であいまい母音の脱落が観察される場合もある。これは，名詞類の屈折においてあいまい母音が複数現れる以下のような場合に，allegro の速さの会話で語幹のあいまい母音が脱落(syncope)する現象である。

lux. Fënst**e**r [ˈfënstɐ]「窓(sg.)」(nhg. *Fenster*)
vs. lux. Fënst(e)ren [ˈfënst(ɐ)ʀən]「窓(pl.)」(nhg. *Fenstern*)
lux. mont**e**r [ˈmɔntɐ]「元気な(f.)」(nhg. *munter*)
vs. lux. mont(e)ren [ˈmɔnt(ɐ)ʀən]「元気な(m.)」(nhg. *muntern*)

標準ドイツ語もルクセンブルク語も，強勢を伴わないあいまい母音を有する音節が続くのを避ける傾向にあると言えるが，屈折語尾 lux. -en について，そのあいまい母音を脱落させる傾向にある標準ドイツ語に対し，ルクセンブルク語は語幹のあいまい母音を脱落させる傾向にあると言える。上で挙げたルクセンブルク語の例で屈折語尾のあいまい母音が保たれることについて，鳴音(流音 [ʀ])の後ろに位置していることを理由の一つとして挙げることもできるが，標準ドイツ語の語末の [n] が音節形成子音となるのに対し([n̩])，ルクセンブルク語では語末の [n] が脱落することが多い(「n 規則」)ことも関係していると考えられる(5.1 参照)。

一方で，以下の動詞の屈折では，無声歯茎閉鎖音の屈折語尾 lux. -t の前で標準ドイツ語において起こるあいまい母音の挿入が，ルクセンブルク語では起こらない。

lux. zeechenen「描く(1.sg., 1./3.pl.)」
(nhg. zeichnen, ohg. zeihhanen, mhg. zeichen(en) (Pfeifer 2005: 1596))
vs. lux. zeechent「描く(3.sg.)」(nhg. zeichnet)
lux. ootmen「呼吸する(1.sg., 1./3.pl.)」
(nhg. atmen, ohg. ātamōn, mhg. ātemen/œtemen (Pfeifer 2005: 68))
vs. lux. otemt「呼吸する(3.sg.)」(nhg. atmet)

1人称単数，1/3人称複数および不定詞で，もとの語幹の母音があいまい母音として保たれる例では，語幹のあいまい母音は屈折の際にも保たれる(lux. zeech**e**nen)。また，lux. ootmen の例では，1人称単数，1/3人称複数および不定詞ではもとの非強勢の語幹の母音が脱落しているにもかかわらず(lux. *ot(e)men)，3人称単数の屈折では再度現れている(lux. ot**e**mt)。これは，名詞類の屈折(lux. Fënster – Fënst(e)ren)の例と同様，あいまい母音を有する音節が連続する場合，すなわち動詞が屈折語尾 lux. -en を伴う場合に語幹のあいまい母音が脱落する例と言える。ただし，名詞の例では脱落した形式がまだ語彙化されておらず，自由変種として現れるのに対し，動詞の lux. ootmen では，脱落した形式が語彙化されており，屈折の際にのみ古いあいまい母音が残されていると考えられる。

ここまで挙げてきたあいまい母音に関わる現象は，以下の3つのルクセンブルク語の特徴に起因すると考えられる。

① 音節末尾における子音連続「鳴音 +C」を避ける。
② 屈折語尾 lux. -en のあいまい母音を保つ(「n 規則」(5.1参照)の影響)。
③ ①，②に違反しない範囲で，あいまい母音を有する音節の連続を可能な限り避ける。

6.2　子音に関わる音韻変化

この節では，鳴音に子音が後続する場合に起こる同化の現象(6.2.1)と，子音の軟音化(6.2.2)，そして硬口蓋摩擦音の舌端化の現象(6.2.3)を扱う。

6.2.1　鳴音と同化

まず，この項では鳴音(sonorant)とそれに続く子音との間で起こる同化の現象を扱う。以下で，同化現象が起きる音韻環境とその例を挙げる。

(I)　鳴音の後ろでの歯茎閉鎖音の同化[46] (Bruch 1954: 8–15)

(1)/n/ + 歯茎閉鎖音 > /n/：

lux. aner [ˈaːnɐ]「異なる」(nhg. ander [ˈandɐ][47])
lux. ënnen [ˈënən]「下に」(nhg. unten [ˈʊntən])
lux. hanner [ˈhɑnɐ]「～の後ろに」(nhg. hinter [ˈhɪntɐ])
lux. an [ɑn]「そして」(nhg. und [ʊnt])　　（以上，Bruch 1954: 9）
lux. bannen [ˈbɑnən]「結ぶ」(nhg. binden [ˈbɪndən])
lux. besonnesch [bəˈzɔnəʃ]「特に」(nhg. besonders [bəˈzɔndɐs])

(2)/l/ + 歯茎閉鎖音 > /l/：

lux. bal [baːl]「ほとんど」[48] (nhg. bald [balt]「すぐに」)
（Bruch 1954: 11）
lux. wëll [vël]「野生の」(nhg. wild [vɪlt])
lux. mellen [ˈmælən]「報告する」(nhg. melden [ˈmɛldən])

---

46) Bruch(1954)では，ザリ族の特徴として記述されている。

47) Bruch(1954: 9)では，“andern”とされているが，対応するルクセンブルク語として挙げられているのが“ˈa:nər”であるため，“ander”の間違いだと考えられる。

48) 現代の標準ドイツ語とルクセンブルク語の間では意味にずれがあるが，Bruch(1954)では，同じ語源の語彙として扱われている。

(3)/r/[49] + 歯茎閉鎖音 > /r/：

lux. Véirel [ˈfɛɪʀəl]「4分の1」(nhg. Viertel [ˈfɪɐ̯təl])　(Bruch 1954: 11)

(4)/m/ + 歯茎閉鎖音 > /m/：

lux. friem [fʀɪəm]「なじみのない」(nhg. fremd [fʀɛmt])

lux. Hiem [hɪəm]「シャツ」(nhg. Hemd [hɛmt])　(Bruch 1954: 11)

また，鳴音に後続する歯茎閉鎖音が語末で保たれていても，その後ろに母音から始まる屈折語尾が続く場合に，同化が起きる場合がある。

lux. Ka**nd** [kɑnt]，Ka**nn**er [ˈkɑnɐ]「子供(sg./pl.)」
(nhg. Kind [kɪnt]，Kinder [ˈkɪndɐ])
lux. Mo**nd** [mɔnt]，Më**nn**er [ˈmënɐ]「口(sg./pl.)」
(nhg. Mund [mʊnt]，Münder [ˈmʏndɐ])
lux. Bi**ld** [bɪlt]，Bi**ll**er [ˈbilɐ]「絵(sg./pl.)」
(nhg. Bild [bɪlt]，Bilder [ˈbɪldɐ])

ルクセンブルク語においては，語末のあいまい母音が通時的に脱落を起こしている(6.1.4参照)。しかし，現在は語末のあいまい母音が脱落してしまっている形式であっても，同化が起きた形式が観察されるものがある。そのため，この同化の現象は，あいまい母音の脱落の前に起こったと推測される。

lux. Ha**nd** [hɑnt]，Hä**nn** [hæn]「手(sg./pl.)」
(nhg. Hand [hant]，Hände [ˈhɛndə])
lux. Frë**nd** [fʀënt]，Frë**nn** [fʀën]「友人(m.sg./pl.)」

---

49) ここでは通時的な音変化を問題にしているため，現代ルクセンブルク語音韻における口蓋垂ふるえ音 /ʀ/ ではなく，歯茎ふるえ音 /r/ として記述している。

(nhg. Freund [fʀɔʏnt], Freunde [ˈfʀɔʏndə])
ただし，lux. Frëndin [ˈfʀëndɪn], Frëndinnen [ˈfʀëndɪnən]「友人(f.sg./pl.)」

また，同化が起きた結果，先行する母音が代償延長(compensatory lengthning)を起こしたと考えられる例も散見される(lux. aner [ˈa:nɐ]「異なる」(nhg. ander [ˈandɐ]))。

(II) 摩擦音の前での n/ŋ の脱落[50] (Bruch 1954: 15–20)

/n/ + 摩擦音 > 摩擦音：

lux. fofzeng [ˈfɔftseŋ]「15(数詞)」(nhg. fünfzehn [ˈfʏnftse:n])
lux. fofzeg [ˈfɔftsəɕ]「50(数詞)」[51] (nhg. fünfzig [ˈfʏnftsɪç])
lux. Joffer [ˈʑɔfɐ]「未婚の女性」(nhg. Jungfrau [ˈjʊŋfʀaʊ])
lux. lues [lʊəs]「ゆっくり」(nhg. langsam [ˈlaŋzam])
lux. soss [zɔs]「その他に」(nhg. sonst [zɔnst])
lux. eis [ɑɪs]「我々に/を」(nhg. uns [ʊns]) (Bruch 1954: 16–17)

(III) 子音連続 /rs/ の硬口蓋化[52] (Bruch 1954: 20–25)

/rs/ > /ʃ/:

lux. Bii**sch**t [bi:ʃt]「ブラシ」(nhg. Bürste [ˈbʏɐ̯stə])
lux. ane**sch**t [ˈa:nəʃt]「異なる」(nhg. anders [ˈandɐs])
lux. Duu**sch**t [du:ʃt]「(喉の)渇き」(nhg. Durst [dʊɐ̯st])

この他，オランダ南部の方言に多い名詞の女性形形成語尾 -erse(fr.

---

50) 北海ゲルマンの特徴と考えられる。

51) ただし，lux. fënnef [ˈfënəf]「5(数詞)」(nhg. fünf [ˈfʏnf])では，歯茎鼻音 [n] と摩擦音 [f] の間にあいまい母音が挿入されているため，脱落が起きない。

52) ロートリンゲン(nhg. Lothringen)とブルゴーニュ(nhg. Burgund)の間で観察される現象として記述されている。

-(er)esse)が，ルクセンブルク語ではやはり硬口蓋化を起こした形式として観察される(*-ers > -əʃ)(Bruch 1954: 21)。

lux. Bäcke**sch** [ˈbækəʃ]「パン屋(f.)」
　< lux. Bäcker [ˈbækɐ]「パン屋(m.)」　　(Bruch 1954: 21)
lux. Dokte**sch** [ˈdɔktəʃ]「医者(f.)」
　< lux. Dokter [ˈdɔktɐ]「医者(m.)」
lux. Ministe**sch** [miˈnɪstəʃ]「大臣(f.)」
　< lux. Minister [miˈnɪstɐ]「大臣(m.)」

また，形容詞の最上級でも硬口蓋化が観察される(Bruch 1954: 21)。

lux. éi**sch**t [ɛɪʃt]「一番の」(nhg. erst [ɛɐ̯st])
lux. vii**sch**t [fiːʃt]「一番前の」(nhg. vorderst [ˈfɔɐ̯dɐst])
lux. ënne**sch**t [ˈënəʃt]「一番下の」(nhg. unterst [ˈʊntɐst])
lux. hanne**sch**t[53] [ˈhɑnəʃt]「一番後ろの」(nhg. hinterst [ˈhɪntɐst])

Bruch(1954: 21)では，最上級の例として，さらに lux. mee**sch**t [meːʃt]「最も多い」(nhg. *meist*)，lux. be**sch**t [bæʃt]「最も良い」(nhg. *best*)，lux. le**sch**t [læʃt]「最後の」(nhg. *letzt*)などを挙げているが，これには -r- が関与していないため，ここで扱っているものとは別の現象と考えられる。

ルクセンブルクでは，南方言から北部にかけて，歯茎閉鎖音の前での s の硬口蓋化(nhg. s-Palatalisierung)の現象が進行しつつある(Gilles 1999: 195-207)。/rs/ > /ʃ/ の同化の現象は，この一種として考えられる。Gilles(1999)では，この現象を順行異化(nhg. progressive Dissimilation)の現象であるとしており[54]，やはり -rs という子音連続から [ʃ] への変化とは分けて考えるべきであ

53) Bruch(1954: 21)では，“ˈhənəʃt” とされているが，“ˈhɑnəʃt” の間違いであろう。
54) Gilles(1999)は順行異化としているが，2つ続く歯茎音のうち，先行する音の調音

ると主張している(Gilles 1999: 196)。また同文献では，sの硬口蓋化の現象を„Alemannismus“「アレマン方言化」(Gilles 1999: 195)としてとらえている(Beck(1910)も参照)。アレマン方言は，アルザス方言やスイスドイツ語などが分類される上部ドイツ語の西側に位置する言語変種のグループであり，sの硬口蓋化という現象に関して，ルクセンブルク語は南方言を中心に上部ドイツ語と共通する特徴を有していると考えられる。

以下では，sの硬口蓋化について，簡単に言及する。Gilles(1999: 197)では，Bruchによる方言地図(地図番号45番)をもとに，sの硬口蓋化の進行の度合いで①から④までの方言地域を区分けしている(図6-5)。この区分によると，同変化の進行状況は以下のようにまとめられる(Gilles 1999: 199)。

本書で扱っている中央方言は，「地域②」に該当する地域であるため，sの硬口蓋化が比較的進行している地域と言える。以下では，中央方言で硬口蓋化が起きているそれぞれの場合の例を挙げる。

語彙素の先頭：clux. **S**tad [ʃta:t]「街」(nhg. *Stadt*)
lux. näischt：clux. näi**sch**t [næɪʃt]「なにもない」(nhg. *nichts*)
語彙素の内部：clux. Lo**sch**t [lɔʃt]「(何かをしたい)気持ち」(nhg. *Lust*)
最上級：clux. be**sch**t [bæʃt]「最も良い」(nhg. *best*)

Bruch(1954: 25-30)では，「n規則」における語末の[n]の脱落も同化の現象として扱っているが，そもそも，同化が起こりやすい環境と考えられる，同一の調音位置の子音[t]，[d]の前で脱落が起きないため，別の現象と考えるべきである。また，他の同化現象が通時的な現象であり，現在のルクセンブルク語では同化がすでに起きた形式が基底の形式となっていると考えられるのに対し，「n規則」はまだ共時的な現象であると考えられる。したがって，本書では「n規則」は共時的な音韻記述を扱う章の中で記述している(5.1参照)。

位置が，後続する音の調音位置と別の位置に変わっているため，逆行異化(regressive dissimilation)ではないかと考えられる。

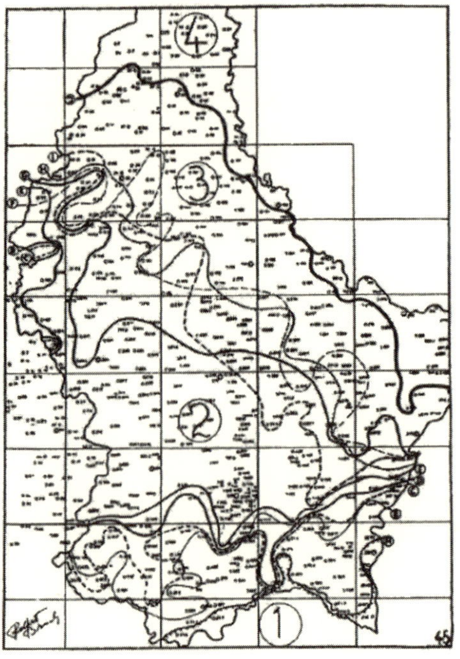

図 6-5　ルクセンブルク内部方言における s の硬口蓋化

出所）Gilles 1999: 197.

表 6-1　Bruch(1953)の方言地図における s の硬口蓋化の分布

	地域①	地域②	地域③	地域④
語彙素の先頭	St[1)]	ʃt	ʃt	ʃt
lux. näischt「なにもない」	ʃt	ʃt	ʃt	st
語彙素の内部	ʃt	ʃt	st	st
最上級	ʃt	ʃt	st	st
動詞 2.sg.	ʃt	s(t)	s(t)	s(t)
形態素境界を越えるもの	ʃt	st	st	st

注 1）原典で “St” として記述されているが，“ʃt” の誤りではないかと考えられる。

出所）Gilles 1999: 199. ただし，これは Bruch の調査をまとめたもので，Gilles(1999) ではさらに独自の調査を行い，上の表に修正を加えている(Gilles 1999: 206)。しかし，中央方言の記述を目的とする本書では，細かい方言差についての記述は割愛する。

6.2.2　軟音化(lenition)

軟音化(lenition)には，非重子音化(degemination)，無気化(deaspiration)，有声化(voicing)，摩擦音化(spirantization)，叩き音化(flapping)，非口腔音化(debuccalization)，わたり音化(gliding)，脱落(loss)など，様々なプロセスがある(Gurevich 2011: 1559-1563)。Bruch(1954)は，ルクセンブルク語で観察される軟音化が摩擦音化と脱落のプロセスであるとしている。本項では，脱落のプロセスは，Bruch(1954)の指摘の通り，明らかに軟音化の現象として考えられるのに対し，摩擦音化として挙げられているプロセスについては問題があることを指摘する。

(I)　唇音(Bruch 1954: 31-33)

まず，唇音の脱落の例を挙げる。

(1)*/b/ の脱落

lux. ginn [gɪn]「与える」(nhg. geben [ˈgeːbən])

lux. hunn [hʊn]「持っている」(nhg. haben [ˈhaːbən])　　(Bruch 1954: 32)

上で挙げた例は，縮約(contraction)の例として考えることもできるが，*/b/ と同じゲルマン語第 3 系列の有声軟口蓋音 *g も広く脱落することから，有声子音の脱落の現象が起きていると考えることもできる。唇音の脱落によって，母音連続(hiatus)の音韻環境が生じ，その結果，2 音節の語が 1 音節の語になったと考えられるため，縮約は唇音の脱落に伴う二次的な現象と考えられる。

上記の脱落の例に対して，Bruch(1954: 31)で摩擦音化の例として挙げられている語彙には，問題がある。

(2)[b] > [v]：

nösl. [ˈnaːvəl]「へそ」(clux. Nuebel [ˈnʊəbəl]，nhg. Nabel [ˈnaːbəl]) lux. iwwer [ˈivɐ]「～の上方で/に」(nhg. über [ˈy:bɐ])

これらの語彙は，英語では engl. navel，engl. over であり，問題の唇音はゲルマン語第3系列の有声子音に由来する音である[55]。もとは摩擦音であったこの系列の有声音は，上部ドイツ語を中心に閉鎖音化を起こす。しかし，ルクセンブルク語が属する中部ドイツ語でも，同様の変化が起こったのかどうか，判断するのは難しい。もし英語やオランダ語，低地ドイツ語などの北部の西ゲルマン語と同様，この閉鎖音化の現象自体がそもそも起きていないのだとすれば，上の例は摩擦音化，すなわち軟音化の例ではなく，閉鎖音化，すなわち硬音化(fortition)が起きていない例として記述されなければならない。上部ドイツ語と同様に，一旦閉鎖音化を起こした後，再び摩擦音化を起こした可能性も否定できないが，Bruch(1954)では，それを主張できる証拠は示されておらず，あいまいな記述に留められている。

Bruch(1954: 32-33)は，wg. f > v の有声化の現象にも触れている。しかし，以下の例は，Bruch 自身が指摘しているように，硬音(無声音)の [f] が有声音に軟音化したのではなく，もともと有声音だったものが無声化せず，有声のまま保たれた例と考えるべきである(Bruch 1954: 33)。

(3)一見 “wg. f > v” に見える例(無声化が起きていない例)

lux. Bréif [bʀɛɪf]，Bréiwen [ˈbʀɛɪvən][56]「手紙(sg./pl.)」(nhg. Brief [bʀi:f],

---

55) ゲルマン語子音推移の後，無声摩擦音となった第1系列の子音が，強勢を伴う音節に後続する場合を除いて母音間で有声化を起こし(ヴェアナーの法則(nhg. Verner'sches Gesetz))，第3系列の有声音に統合されるが，ここではそれも合わせた有声音を指している。

56) Bruch(1954: 33)で挙げられているのは，“ˈbʀɛɪvən” という形式だが，現在のルクセンブルク語中央方言では，lux. Bréif「手紙」の複数形は，lux. Bréiwer [ˈbʀɛɪvɐ] という形式が優勢である。この語彙の複数形形成語尾の違いが，Bruch の時代のルクセンブルク語との世代差によるものなのか，それとも Bertrang(1921)や Palgen(1931, 1954)によって記述されるアーロン(Arlon)方言やエヒタナハ(Echternach)方言(東方言)，ヴィルツ(Wiltz)方言(北方言)の特徴による方言差なのか，Bruch(1954)の記述

Briefe [ˈbʀiːfə], vlat. breve)

lux. Grof [gʀoːf], Growen [ˈgʀoːvən]「伯爵(sg./pl.)」(nhg. Graf [gʀaːf], Grafen [ˈgʀaːfən], mlat. gravius)

lux. Schwiewel [ˈʃvɪəvəl]「硫黄」(nhg. Schwefel [ˈʃveːfəl], ohg. sweval, swebal, swebul)

lux. Stiwwel [ˈʃtivəl]「ブーツ」(nhg. Stiefel [ˈʃtiːfəl], vlat. aestivale)

lux. Däiwel [ˈdæɪvəl]「悪魔」(nhg. Teufel [ˈtɔʏfəl], lat. diabolus)

ただし，lux. déif [dɛɪf]「深い(f.sg.)」(nhg. *tiefe*) vs. lux. déiwen [ˈdɛɪvən]「深い(m.sg.)」(nhg. *tiefer/tiefen*)(nhg. *tief*, engl. *deep*, onorse. *djūpr*, germ. **deupa*-, ie. **dheub*- (Pfeifer 2005: 1431))など，中にはやはり有声化を起こした可能性のある語彙も散見される(5.3.1 参照)。

(II) 歯茎音(Bruch 1954: 33-34)

歯茎音の軟音化(音の脱落も含む)は，ルクセンブルク語においてはほとんど観察されない。そもそも歯茎音が摩擦音(歯間摩擦音 [ð]/[θ])として残っているのは，西ゲルマン語ではかなり北部の英語などの言語においてのみであり，他の大部分の地域では閉鎖音化を起こしている。Bruch(1954: 33)では，ドイツ語の nhg. bedeuten「意味する」に対して，ルクセンブルク語における変種 lux. „bəˈdɑiən“ という母音間の歯茎音が脱落した形式を例として挙げている。しかし，同文献でも指摘されているように，ルクセンブルク語において優勢な形式は lux. bedeiten [bəˈdɑɪtən] という，歯茎音が脱落せず無声閉鎖音の [t] として現れる形式である。本書で扱う中央方言では，少なくとも後者の形式しか観察されない。

(III) 軟口蓋音(Bruch 1954: 34-40)

音の脱落は，有声軟口蓋音でも観察される(4.2.4 も参照)。

からは，判断できない。

(1)*/g/ の脱落

(i)母音間での */g/ の脱落

*-agə-: lux. Nol [noːl]「釘」(nhg. Nagel [ˈnaːgəl])

*-egə-: lux. Reen [ʀeːn]「雨」(nhg. Regen [ˈʀeːgən])

*-ogə-: lux. geflunn [gəˈflun]「飛んだ(p.p.)」

(nhg. geflogen [gəˈfloːgən]) (Bruch 1954: 34)

(ii)語末での */g/ の脱落

*-eg: lux. Wee [veː][57]「道」(nhg. Weg [veːk])

*-ôg: lux. Plou [plëʊ]「犂」(nhg. Pflug [pfluːk])

*-aig: lux. "deː"[58] [deː]「生地」(nhg. Teig [taɪk]) (Bruch 1954: 34)

Bruch(1954)では，*/g/ が脱落する形式の他に，北方言の例として，硬口蓋化した摩擦音として現れる形式が挙げられている。

clux. Mo [moː] vs. nösl. "mɔːç"「胃」(nhg. Magen [ˈmaːgən])

clux. moer [ˈmoːɐ] vs. nösl. "ˈmɔːjər"「やせた」(nhg. mager [ˈmaːgɐ])

(Bruch 1954: 35)

しかし，上の摩擦音が現れる例では，唇音の場合と同様，摩擦音化が起きているというよりも閉鎖音化が起きていない可能性がある。Bruch(1954)では，この点については明確な記述がなされていない。

(2)*/k/ の軟音化

/g/ の例に比べて稀ではあるが，/k/ の脱落の例もある。

57) これに対して，lux. wech [væɕ]「なくなった」(nhg. weg [vɛk])。

58) Bruch(1954: 34)で挙げられているのはこの形式だが，中央方言では，/g/ が脱落せずに残った形式 lux. Deeg [deːɕ] が優勢である。

lux. maachen [ˈma:xən]/maan [ma:n]「する，作る」
(nhg. machen [ˈmaxən], engl. *make*) (Bruch 1954: 37)

今日の中央方言では，上記の語彙に関して，軟口蓋音が残ったlux. maachen [ˈma:xən]という形式が優勢だが，その自由変種として，母音間の無声軟口蓋音が脱落した形式lux. maan [ma:n]も許容される。

Bruch(1954: 46-48)では，語末や形態素末の子音が，母音で始まる要素の前で有声化する現象(5.3.1参照)も軟音化の現象とし，上記の現象と同じ章で扱っているが，本書でも取り上げた(I)から(III)の軟音化が通時的な現象であり，すでに軟音化が起きた状態で語彙として定着していると考えられるのに対し，母音で始まる要素の前での子音の有声化は共時的な現象と考えられるため，区別して扱うべきである。

6.2.3 舌端化(coronalization)

最後に，現在も進行中と考えられる舌端化の現象を取り上げる。ルクセンブルク語には，後部歯茎と硬口蓋の間の位置で調音される歯茎・硬口蓋摩擦音がある([ɕ], [ʑ])。これは硬口蓋摩擦音([ç], [ʝ])が，舌端化(coronalization)を起こした音であると考えられる。舌端化についての代表的な先行研究の一つとして，Herrgen(1986)がある。以下では，同文献の記述を踏まえながらルクセンブルク語での現象について考察を加える。

Herrgen(1986)は，西中部ドイツ語で観察される無声音の舌端化[ç] > [ɕ]と，それによって引き起こされる過剰修正(nhg. Hyperkorrektion)の現象について扱った文献である。過剰修正とは，「言語変化の結果生じた「正しくない」語形を，「正しい」と考える元の規範的な形に引き戻そうとするあまり，もともと正しい形をも直してしまい，かえって間違った形を作り出すこと」である(亀井他(編)1996: 15)。Herrgen(1986: 165)では，[ç]が舌端化を起こした[ɕ][59]が，さらに[ʃ]に近づき，両者の弁別がなされなくなると，その結果，過剰修正が起こるとし，その例としてnhg. menschlich「人間の」の3通りの発音[mɛnʃlɪʃ]/[mɛnɕlɪɕ]/[mɛnçlɪç]を挙げている。[ç]と[ʃ]の弁別があいまいになることで，さらに後部歯茎音/ʃ/も硬口蓋化(palatalization)を起こす場合があり，その結果，舌端化を起こした/ç/と弁別がされなくなった形式が[mɛnɕlɪɕ]である。これを「正しい」形に戻そうとして，nhg. -lichの[ç]を後部歯茎音*[ʃ]に過剰修正してしまったのが[mɛnʃlɪʃ]の例，逆に，nhg. mensch-の[ʃ]を硬口蓋音*[ç]に直してしまったのが[mɛnçlɪç]の例である。Bruch(1954: 23)の記述によると，ルクセンブルク語でも同様の現象があり，特に南部で過剰修正が起こった形式が書かれた看板をよく見かけるとのことである(lux. "fre**ch**e Botter"(現行の正書法では"frë**sch**e Botter"(nhg. *frische Butter*[60])「新鮮なバター」)(Bruch 1954: 23)。ルクセンブルク語では，無声音だけでなく，有声音も硬口蓋音[ʝ]から歯茎・硬口蓋音[ʑ]へと舌端化を起こしていると考えられる(4.2.4参照)。

歯茎・硬口蓋摩擦音が，もとは硬口蓋摩擦音であったことは，地名や固有名詞など古い発音が残りやすい限られた語彙において，有声硬口蓋摩擦音[ʝ]が観察されることからも確認できる(lux. Lintgen [ˈlɪntʝən]「リンチェン(地名)」，lux. Lëtzebuergesch [ˈlëtsəbʊəʝəʃ](nhg. *Luxemburgisch*)「ルクセンブルク語」)。ここで，現在のルクセンブルク語で無声硬口蓋摩擦音[ç]が全く観察されなくなっているのに対し，有声音については上述のように限られた語彙において硬口蓋音[ʝ]が残っているという点に着目したい。また，語頭で現れる<j>の発音に関しては，さらに多くの揺れが観察される(lux. jonk [ʝɔŋk](nhg. *jung*)「若い」，Joffer [ˈʑɔfɐ](nhg. *Jungfrau*)「未婚の女性」)。これらの観察から，ルクセンブルク語では，舌端化の現象は無声音の方が先に進行している(*[ç] > [ɕ]，[ʝ] > [ʑ])と考えられる。

---

59) Herrgen(1986)では，歯茎・硬口蓋摩擦音を発音記号[ʃ]を用いて表記しているが，これは本書で[ɕ]と表記する音と同じ音であるため，本書では混乱を防ぐため[ɕ]として記述する。

60) ドイツ語のnhg. Butterは女性名詞だが，ルクセンブルク語におけるlux. Botter「バター」は男性名詞であるため，逐語訳するとnhg. frischer Butterとなる。

歯茎・硬口蓋摩擦音[ɕ]，[ʑ]は，フランス語にない硬口蓋摩擦音[ç]，[j]よりも前方の，後部歯茎摩擦音[ʃ]，[ʒ]に近づいた音である。そのため，舌端化の背景として，ルクセンブルク語とフランス語との言語接触の影響が念頭に浮かんでも不思議はない。

Herrgen(1986: 111-135)では，しかしながら，舌端化の現象は，第一に言語内的に動機づけられるべきだとしている。同文献では，言語内的な動機のうち，音声学的な動機として，[ç]と[ʃ]の聴覚音声学的な類似性と，調音の単純化の2点を挙げている。後者は，[ç]よりも調音が容易な[ʃ]に向かう変化を指す。また，生成音韻論の有標性理論(nhg. Markiertheitstheorie)と照らし合わせても，[ʃ]の方が無標であるため，無標化の現象としても理解できるとしている。音韻論的には，舌端化は[ç]と[ʃ]の弁別を解消することから，音素の削減に寄与しており(/x/，/ç/，/ʃ/ > /x/，/ʃ/)，また，[ç]が/ʃ/に統合されることで，/x/の異音がなくなる点でも(/x/ → {[x], [ç]}; /ʃ/ → [ʃ] > /x/ → [x]; /ʃ/ → [ʃ])，音韻体系の簡素化に寄与する現象だとされている。

これに対し，言語外的な要因は，この現象の定着の際に関与する間接的な要因でしかないとされている。ここで関係するものとして，方言内部での規範やプレステージが挙げられている。Herrgen(1986: 79ff.)では，舌端化はドイツ各地で散在して起きていることも示唆されており，言語外的な要因としてロマンス語との接触の影響を挙げるのは説得力が弱いとしている(Herrgen 1986: 126)。ルクセンブルク語の場合，フランス語圏と地理的に隣接していること，歴史的にも長期にわたって多言語状況が続いていることを考慮すれば，言語接触による影響の可能性を完全に否定することはできない。しかし，本書でも，それはあくまで二次的な可能性の一つとしてとどめ，言語内的な現象としての分析を優先させて記述する。

次に，舌端化に伴って現在の音韻体系で生じている問題と，この現象がさらに進行した場合に，ルクセンブルク語の音韻体系に与えうる影響について考察する。

ドイツ語のnhg. „ach-Laut“ [x]とnhg. „ich-Laut“ [ç]は，自然類([−vocal], [+dorsal]，[+continuant])を形成し，音韻環境によって相補分布が観察され

るため，異音の例として挙げられることが多い。これに対して，ルクセンブルク語における硬口蓋音 [ç]，[j]([+dorsal]) の舌端化は，軟口蓋音との異音の関係という問題に関して大きな問題をはらんでいる。舌端化を起こした歯茎・硬口蓋音の /ɕ/，/ʑ/([+coronal]) が，むしろ後部歯茎の位置で調音される別の音素 /ʃ/，/ʒ/([+coronal]) との距離が近いにもかかわらず，軟口蓋摩擦音 [x]，[ɣ]([+dorsal]) を異音として有する現在の音韻体系は，非常に無理のかかった状態と言える。舌端化を起こした音 [ɕ]，[ʑ] と後部歯茎音 [ʃ]，[ʒ] との弁別はかろうじて保たれているが (lux. Fleeg [fleːɕ](nhg. *Pflege*)「世話」，lux. Fleesch [fleːʃ](nhg. *Fleisch*)「肉」)，舌端化が観察される地域の傾向に漏れず，ルクセンブルク語でも歯茎・硬口蓋音の /ɕ/，/ʑ/ と後部歯茎音 /ʃ/，/ʒ/ との弁別があいまいになりつつある。先に挙げた過剰修正の例は，これを顕著に表している。

筆者の録音資料からは，特に歯茎・硬口蓋摩擦音に歯茎音が後続する場合に，前者が後部歯茎音に近い音 (lux. Gewiicht [ɡəˈviːʃt](本来は [ɡəˈviːɕt])(nhg. *Gewicht*)「重さ」) として発音される傾向があることがわかる。現在のルクセンブルク語正書法は，後部歯茎音 [ʃ] <sch> と歯茎・硬口蓋音 [ɕ] <ch> を書き分ける他，綴り <g> は，本来，後部歯茎音を示すことはない。もしこの正書法が母語話者の間に定着していれば，その影響で音韻変化が抑制される可能性も考えられるが，この正書法はほとんど定着していない (2.1 参照)。

ここで，無声音 [ɕ] が後部歯茎音 [ʃ] に向かってさらに舌端化を起こす傾向を示している一方で，有声音の変化 ([j] > [ʑ]) は無声音に対して遅れをとっている。有声歯茎・硬口蓋摩擦音 [ʑ] は，むしろ硬口蓋音 [j] と混同される，あるいはこれと連続的な関係にある音と考えられるのである。現在のルクセンブルク語の音韻体系において，有声音と無声音の変化の進展の間に，このようなずれがあるために，軟口蓋音から歯茎・硬口蓋摩擦音までの調音位置の連続性がかろうじて保たれていると考えることができる。軟口蓋摩擦音 [x]，[ɣ] と歯茎・硬口蓋摩擦音 [ɕ]，[ʑ] の間の異音の関係はこの連続性によって保たれていると考えられる。

しかし，有声歯茎・硬口蓋音への舌端化が完了して，硬口蓋での発音が全く観察されなくなり(*[j] > [ʑ])，調音位置がさらに後部歯茎音 [ʒ] に近づけば，現在の歯茎・硬口蓋摩擦音 [ʑ]，[ɕ] と後部歯茎音 [ʒ]，[ʃ] が，有声と無声それぞれ一つずつの音素 /ʒ/，/ʃ/ に統合され，軟口蓋音 [ɣ]，[x] との異音の関係が解消される可能性が高い。[ʒ]，[ʃ] と [ɣ]，[x] は，調音位置の距離が遠いだけでなく，後部歯茎音 /ʃ/ は後舌母音の後ろでも現れることができるため(lux. Loscht [lɔʃt](nhg. *Lust*)「～したい気持ち」)，異音の関係も崩れる可能性がある。例えば，後部歯茎音 /ʃ/ と歯茎・硬口蓋音 /ɕ/ との弁別がなされなくなった場合，軟口蓋摩擦音 [x] との相補分布が成り立たなくなる。

以下では，現在のルクセンブルク語における軟口蓋から後部歯茎までの調音位置の摩擦音の音素とその異音の体系をまとめる(4.2.4 参照)。

(1)現在のルクセンブルク語における軟口蓋から後部歯茎までの調音位置の摩擦音

/ʑ/：全ての位置。/ʑ/ → [ɣ] / {[−consonantal], [+low]/[+back]} ____

　　語末で無声化 [ɕ]，[x]。

/ɕ/：全ての位置。/ɕ/ → [x] / {[−consonantal], [+low]/[+back]} ____

/ʃ/：全ての位置。

/ʒ/：全ての位置。

舌端化が進行した場合，上の体系は次のように変化すると考えられる。

(2)舌端化完了後(*[ç] > *[ɕ] > [ʃ]；*[j] > *[ʑ] > [ʒ])に想定される体系

/ɣ/：語頭以外。ただし，広母音と後舌母音の後ろのみ。語末で無声化 [x]。

/x/：語頭以外。ただし，広母音と後舌母音の後ろのみ。

/ʒ/：全ての位置。語末で無声化 [ʃ]。

/ʃ/：全ての位置。

これは，Herrgen(1986)で想定されている舌端化の通時的な発展過程と照らし合わせても，矛盾のない仮定である。

（舌端化の通時的発展過程（Herrgen 1986: 123））

初期段階　/x/ → {[x], [ç]};　/ʃ/ → [ʃ]
第1段階　/x/ → {[x], [ʃ]};　/ʃ/ → [ʃ]
第2段階　/x/ → [x];　/ʃ/ → [ʃ]

Herrgen（1986）では，既述のように，舌端化を体系の簡素化に寄与する現象として考えている。軟口蓋音 /x/ の舌端で調音される異音が，別の音素である後部歯茎音 /ʃ/ に統合されることによって，異音が減る，すなわち各音素が適用すべき音韻規則が減少した簡略な体系が導かれるのである。

ルクセンブルク語の舌端化の現象も，最終的には「第2段階」の状態，すなわち(2)の状態を目指して進行していると仮定すれば，(1)での記述のように軟口蓋摩擦音 [x]，[ɣ] の全てを歯茎・硬口蓋摩擦音 [ɕ]，[ʑ] の異音としてしまうのは，一見，行き過ぎた記述のように見える。一度，音素としての立場を失った軟口蓋摩擦音 [x]，[ɣ] が，最終的には，再び音素に戻る（/x/，/ɣ/）通時的変化を想定することになるからである。しかし，Herrgen（1986）で扱われていない <j>，<g> で綴られる有声音の共時データも合わせて，現代ルクセンブルク語の共時的な現象を観察すれば，軟口蓋摩擦音 /x/，[ɣ] を音素とすることで体系が非常に複雑化することは，4.2.4 で示した通りである。現時点でのルクセンブルク語の音韻体系の共時的な記述としては，(1)で示した体系とするのが最も適当だと考えられる。

以下で，ルクセンブルク語がたどると想定される舌端化の過程を Herrgen（1986）に倣ってまとめる。

〈無声音〉

初期段階　/x/ → {[x], [ç]};　/ʃ/ → [ʃ]
第1段階　/x/ → {[x], [ɕ]};　/ʃ/ → [ʃ]
現段階　/ɕ/ → {[x], [ɕ]};　/ʃ/ → [ʃ]
第2段階　/x/ → [x];　/ʃ/ → [ʃ]

〈有声音〉

初期段階	/ɣ/	→	{[ɣ], [ʝ]};	/ʒ/	→	[ʒ]
第 1 段階	/ɣ/	→	{[ɣ], [ʑ]};	/ʒ/	→	[ʒ]
現段階	/ʑ/	→	{[ɣ], [ʑ]};	/ʒ/	→	[ʒ]
第 2 段階	/ɣ/	→	[ɣ];	/ʒ/	→	[ʒ]

付録　ルクセンブルク語の形態

本書はルクセンブルク語の音韻記述を目的としているが，本文中で挙げている例の中には，同言語の形態論についての知識があった方が理解が容易になるものも多いため，以下で概観する。

1. 定　冠　詞

名詞の文法性は，男性，女性，中性の３つで，数は単数と複数を区別する。格については，主格と対格が同形式である。属格の形式は，慣用句など限られた表現にしか残っていないため，格の体系からはすでに失われていると考えられる。

	男性	女性	中性	複数
主格/対格	den(/en)	d'	d'	d'
与格	dem(/em)	der	dem(/em)	den

定冠詞は，強勢を伴わない。

男性対格の定冠詞については，限られた用法において弱形 lux. en が観察されることがある(lux. en Dënschdeg「火曜日に」)。男性/中性与格の定冠詞も弱形を有するが，現れる位置は前置詞の後ろに限られる(lux. mat em「それと共に」)。単数女性/中性の主格/対格と複数の定冠詞には，母音を有さない接語形しかない。

2. 不定冠詞

不定冠詞のパラダイムは以下である。複数の不定冠詞はゼロ形式となるため，以下の表では省略している。

	男性	女性	中性
主格/対格	een/en	eng	een/en
与格	engem	enger	engem

ただし，男性と中性の主格/対格で観察される強勢を伴いうる形式 lux. een [e:n] は数詞であると考えることもできる。

ルクセンブルク語では，「2」まで文法性を区別する（lux. zwéin（m.），zwou（f.），zwee（n.））。ただし，男性の形式 lux. zwéin は失われつつあり，中性と同形式となることが多い（lux. zwee）。また，「2」では格の区別がない。

男性の形式 lux. een（/*en）（nom./acc.）と lux. engem（dat.）は，不定代名詞「人は」として使用される（nhg. man）。不定代名詞としての lux. een は，主格/対格であいまい母音を有する弱形 lux. *en を持たない。しかし，lux. een は音韻的に弱い要素であると考えられ，CP 主要部（左枠[1)]）に前接（enclitic）してしか現れることができない。したがって，不定代名詞 lux. een が観察されるのは，主節における定動詞の後ろか，従属節における補文標識の後ろに限られ，前域[2)]に現れることはできない。

3. 指示冠詞，関係代名詞

指示冠詞と関係代名詞は同じ形式であるため，ここでまとめて扱う。これ

1） 一般的に「枠構造」と呼ばれる語順に関する概念において用いられる用語。「枠構造」は，西ゲルマン語において観察される語順である。

2） やはり「枠構造」の概念。「前域」は，生成文法において left periphery と呼ばれる領域に属すると考えられる。

らの形式は，全て強勢を伴う形式である。

	男性	女性	中性	複数
主格/対格	deen	déi	dat	déi
与格	deem	där/deer	deem	deenen

指示冠詞は，指示性を強める場合に用いられるが，その他に，名詞が形容詞で修飾される際に，義務的に現れる。この場合，原則として定冠詞が現れることはない(lux. deen neien Auto/*den neien Auto「新しい車」)。しかし，まだ複合語の段階に達していなくても，頻度の高い形容詞と名詞の組み合わせが定冠詞を伴う場合もある(lux. d'kaalt Waasser[3)]「冷水」)。

関係節は，中央方言では上の表で示した指示代名詞と同じ形式の関係代名詞のみによって導かれるが(lux. dee Bouf, deen do spillt「そこで遊んでいる少年」)，南方言では，補文標識 lux. wou とともに導かれることが多い(lux. dee Bouf, dee wou do spillt「そこで遊んでいる少年」)。また，南方言では，補文標識のみで関係節を導くことがあるが(lux. dee Bouf, wou do spillt「そこで遊んでいる少年」)，その場合は原則として主格か対格の場合に限られる。与格の場合は，許容度が大きく落ちて非文となる(lux. dee Bouf, deem (wou) ech d'Buch ginn hunn/*dee Bouf, wou ech d'Buch ginn hunn「私がその本をあげた少年」)。

標準ドイツ語の nhg. dieser「この」にあたる冠詞もルクセンブルク語には存在するため(lux. dësen)，以下で示すが，この形式は非常に周辺的で，あまり用いられない。

3) nhg. kalt, engl. cold「冷たい」は，ルクセンブルク語では鳴音の同化を起こしている語彙であり(6.2.1 参照)，無語尾の述語用法での形式は lux. kal である。上の例における lux. kaalt の語末の歯茎音 [t] は，中性の屈折語尾と考えられるため，“kaalt Waasser”は，まだ複合語にはなっていないと考えられる。

	男性	女性	中性	複数
主格/対格	dësen	dës	dëst	dës
与格	dësem	dëser	dësem	dësen

今日のルクセンブルク語においては，上記の形式ではなく，上で挙げた関係代名詞と同形式の指示冠詞と副詞 lux. hei (engl. here)「ここで」で名詞を挟む分析的な形式が用いられることが多い(lux. deen Auto hei「この車」)。また，この表現は，副詞 lux. do (engl. there)「そこで/あそこで」を用いた形式と対で使用されうる(lux. deen Auto do「あの車」)。上記の表現の他に副詞 lux. hei と lux. do に由来する形容詞(lux. heit-, lux. dot-)を用いた形式もある(lux. deen heiten Auto「この車」/lux. deen doten Auto「あの車」)。標準ドイツ語における nhg. jener「あの」に相当する形式は，ルクセンブルク語にはない。

4. 人称代名詞

<table>
<tr><td></td><td colspan="3">単数</td><td>複数</td></tr>
<tr><td>1 人称</td><td colspan="3">(主/対) ech
(与) mir/mer</td><td>(主) mir/mer
(与/対) eis</td></tr>
<tr><td>2 人称</td><td colspan="3">(主/対) du/de/d'
(与) dir/der</td><td>(主) dir/der
(与/対) iech</td></tr>
<tr><td rowspan="2">3 人称</td><td>男性</td><td>女性</td><td>中性</td><td rowspan="2">(主/対) si/se/s'
(与) hinnen/en</td></tr>
<tr><td>(主/対)
hien/en
(与)
him/em</td><td>(主/対)
si/se/s'; hatt/et/'t
(与)
hir/er; him/em</td><td>(主/対)
et/'t
(与)
him/em</td></tr>
</table>

ルクセンブルク語の人称代名詞には，あいまい母音以外の母音を有し，強勢を伴うことができる基本形と，あいまい母音を有し，強勢を伴うことがで

きない弱形，母音を有さない接語形がある。ただし，全ての代名詞がこれら3つの形式を有するわけではない。

親称と敬称は，2人称単数/複数と3人称単数女性において区別する。いずれの場合も，基本的にはファーストネームで呼びかける人物を指す際に親称を用い，それ以外の人物を指す際に敬称を用いる[4)]。2人称単数における親称は lux. du/de/d'，敬称は lux. Dir/Der である。敬称の形式は，2人称複数の形式と同一であり，これを主語とする文における定動詞は，2人称複数の際の屈折をする。2人称複数では，親称代名詞を全て小文字書きするのに対し（lux. dir/der），敬称では語頭を大文字書きする（lux. Dir/Der）。3人称単数女性でも親称と敬称の区別があることは，この言語の興味深い特徴の一つである。敬称は lux. si/se/s' で，標準ドイツ語などにおける女性の人称代名詞と同じ形式に由来すると考えられる。それに対して，親称は lux. hatt/et/'t であり，その形式は中性の人称代名詞に由来するものであると考えられる。これには，ルクセンブルク語における女性のファーストネームが中性名詞であることが関係している可能性がある[5)]。

3人称単数女性親称/中性の接語形 lux. 't は，語頭でも小文字書きされる。

5. 所有冠詞

以下で，それぞれの人称の所有冠詞を挙げる。各表において「女性」としているのは，単数女性敬称の形式である。「中性」としているのは，中性と女性親称の形式である。

---

4) ただし，職場の同僚などを指す際には，ファーストネームで呼び合う間柄であっても人称代名詞は敬称を用いることが多い。

5) ルクセンブルク語では，人名の前にも定冠詞をつけるため，定冠詞の形式によって，女性のファーストネームが中性名詞であることがわかる。

・1 人称単数

	男性	女性	中性	複数
主格/対格	mäin	meng	mäin	meng
与格	mengem	menger	mengem	mengen

・2 人称単数親称

	男性	女性	中性	複数
主格/対格	däin	deng	däin	deng
与格	dengem	denger	dengem	dengen

・3 人称単数男性/女性親称/中性

	男性	女性	中性	複数
主格/対格	säin	seng	säin	seng
与格	sengem	senger	sengem	sengen

・3 人称単数女性敬称

	男性	女性	中性	複数
主格/対格	hiren	hir	hiert	hir
与格	hirem	hirer	hirem	hiren

・1 人称複数

	男性	女性	中性	複数
主格/対格	eisen	eis	eist	eis
与格	eisem	eiser	eisem	eisen

・2 人称複数/2 人称敬称（敬称の場合は，語頭を大文字書きにする）

	男性	女性	中性	複数
主格/対格	ären	är	äert	är
与格	ärem	ärer	ärem	ären

・3 人称複数

	男性	女性	中性	複数
主格/対格	hiren	hir	hiert	hir
与格	hirem	hirer	hirem	hiren

1 人称単数と 2 人称単数親称の所有冠詞は，不定冠詞と同様の屈折をする。それ以外の形式の人称の所有冠詞は，指示冠詞と同様の変化をする。そのため，前者の人称の所有冠詞では単数男性と単数中性の形式が同じ（ゼロ語尾を伴う形式）になるのに対し，後者の人称の所有冠詞では，単数男性が屈折語尾 lux. -en を伴う形式，単数中性が lux. -t を伴う形式となる。

6. 形　容　詞

標準ドイツ語と同様，述語用法の際には，形容詞は屈折せず，付加語用法のときにのみ屈折する。以下では，冠詞類を伴わない場合の変化と冠詞類を伴う場合の変化の表を示す。

・冠詞類を伴わない場合（lux. nei「新しい」）

	男性	女性	中性	複数
主格/対格	neien Auto	nei Täsch	neit Buch	nei Autoen
与格	neiem Auto	neier Täsch	neiem Buch	neien Autoen

※ lux. Auto「車(m.)」，lux. Täsch「バッグ(f.)」，lux. Buch「本(n.)」

・冠詞類を伴う場合(lux. nei「新しい」)

	男性	女性	中性	複数
主格/対格	deen neien Auto	déi nei Täsch	dat neit Buch	déi nei Autoen
与格	deem neien Auto	deer neier Täsch	deem neien Buch	deenen neien Autoen

3. で示したように，形容詞を伴う名詞句は，原則として定冠詞と共起することがない(lux. deen neien Auto/*den neien Auto「新しい車」)。したがって，特定のものを指す場合には，指示冠詞を用いる。

標準ドイツ語では，定冠詞を伴う形容詞の変化は，「弱変化」と呼ばれ，冠詞を伴わない場合の「強変化」や不定冠詞を伴う場合の「混合変化」と異なる屈折体系を示す。ルクセンブルク語では，まず「強変化」と「混合変化」の違いがないため，形容詞を伴う名詞句が不定冠詞に後続する場合も，形容詞は上の指示冠詞を伴う場合の屈折と同じ屈折語尾を示す(lux. dat/en neit Buch「その/ある新しい本」)。ルクセンブルク語の形容詞の屈折において弱変化の語尾をとるのは，男性/中性与格の場合のみである(lux. deem/engem adj.-en)。この弱変化語尾があるために，無冠詞の場合の屈折体系と冠詞がある場合の屈折体系の違いがかろうじて観察されるが，それ以外の性・数・格では，冠詞の有無による違いは観察されない。

・比較級と最上級

ルクセンブルク語における比較級は，不変化詞 lux. méi を用いて分析的に表現される。述語用法の際には，屈折は起こらない。付加語用法の際には，形容詞の部分が上で示した屈折語尾を伴う(lux. Hien ass méi grouss wéi si「彼は彼女よりも大きい」，lux. dee/e méi grousse Mann wéi si「彼女よりも大きな男性」)。

最上級は，形容詞の語幹に接辞 lux. -st を付す統合的な形式を用いる。述語用法では，lux. am adj.-sten という表現を用いる(lux. Hien ass am gréissten「彼は一番大きい」)。付加語用法では，常に指示冠詞を伴い，lux. -st の後ろに屈折語尾を付す(lux. dee gréisste Mann)。ただし，単数中性の際に揺れがあり，ゼロ語尾となる場合と(lux. dat neist Buch)，屈折語尾を伴う場合があるようである(lux. dat neiste Buch)。

7. 定　動　詞

・直説法現在

lux. wunnen「住む」の現在人称変化

	単数	複数
1人称	wunn-en	wunn-en
2人称	wunn-s	wunn-t
3人称	wunn-t	wunn-en

表中では，語幹と屈折語尾の間をハイフンで区切っている。

標準ドイツ語において語幹が母音交替を示す動詞については，ルクセンブルク語でもこれを示すことが多い(lux. ech fueren(1.sg.)– du fiers(2.sg.)– hie fiert(3.sg.); nhg. ich fahre(1.sg.)– du fährst(2.sg.)– er fährt(3.sg.)「(乗り物で)移動する/運転する」)。

しかし，標準ドイツ語では母音交替を起こさない動詞でも，ルクセンブルク語では交替を起こす語彙が多く，本来の強変化と弱変化の区別が共時的には非常にあいまいになっている(lux. ech soen(1.sg.)– du sees(2.sg.)– hie seet(3.sg.) vs. nhg. ich sage(1.sg.)– du sagst(2.sg.)– er sagt(3.sg.)「言う」)。

・直説法過去

ルクセンブルク語における動詞の過去形は，助動詞として使用される語彙や使用頻度の高い語彙など，限られたものにしか残っていない。また，たいていの場合，過去形を残す動詞は母音交替を起こす動詞であるが，既述のように，ルクセンブルク語では弱変化動詞に由来する動詞も母音交替を起こす場合が多いため，過去形が残されている語彙が必ずしも強変化動詞というわけではない。

lux. goen「行く」の過去人称変化

	単数	複数
1 人称	goung	goung-en
2 人称	goung-s	goung-t
3 人称	goung	goung-en

lux. maachen「する/作る」の過去人称変化

	単数	複数
1 人称	mouch	mouch-en
2 人称	mouch-s	mouch-t
3 人称	mouch	mouch-en

・過去分詞

過去分詞の形成の仕方に関しても，標準ドイツ語と同様の強変化の形成の仕方をするものと(lux. ge-hal-en (nhg. gehalten)「持った」)，弱変化の形成の仕方をするものがある(lux. ge-dréck-t (nhg. gedrückt)「押した」)。しかしそれに加えて，標準ドイツ語と異なる形成の仕方をするものもある(lux. ge-dronk (nhg. getrunken)「飲んだ」，lux. ge-maach (nhg. gemacht)「した/作った」，lux. komm (nhg. gekommen)「来た」，lux. kaaf-t (nhg. gekauft)「買った」)。

・接続法

現代のルクセンブルク語には，いわゆる接続法 I 式(接続法現在)はない。接続法 II 式(接続法過去)は，観察されるが，やはり全ての動詞がこの形式を有しているわけではない。過去形を有する動詞の中にも，接続法の形式を有さない動詞がある。例えば，lux. froen「質問する」は過去形の形式を有するが(lux. frot(1.sg.))，接続法の形はない。接続法の語幹の母音は，<éi>/ɛɪ/ であることが多い。中には，過去形が失われているにもかかわらず，接続法の形式が残っている語彙もある(lux. schéif (lux. schlofen「寝る」の接続法))。

lux. gesinn「見る」の接続法人称変化

	単数	複数
1 人称	geséich	geséich-en
2 人称	geséich-s	geséich-t
3 人称	geséich	geséich-en

lux. sinn「いる/ある」の接続法人称変化

	単数	複数
1 人称	wier	wier-en
2 人称	wier-s	wier-t
3 人称	wier	wier-en

8. 助　動　詞

・完了の助動詞

ここでは「完了の助動詞」としているが，7. で述べたように，ルクセンブルク語の過去形はほとんど失われているため，過去時制は助動詞を用いて分析的に表現される場合がほとんどである。過去形が，助動詞を除く全ての動詞において失われれば，完了のアスペクトも失われると考えられる。その場合に，ここで挙げる形式は，もっぱら過去時制を表現する「複合過去」として記述されるべきである。標準ドイツ語では，書き言葉において過去形が使用されることが多いが，そもそも書き言葉としての使用が定着しているとは言い難いルクセンブルク語では，過去形が用いられる文脈は非常に限られていると言える。

ルクセンブルク語における完了の助動詞は，lux. sinn (engl. be) と lux. hunn (engl. have) の 2 種類である。これらの助動詞と過去分詞によって，完了（あるいは過去形が失われている動詞の場合は過去時制も）が表現される。原則として，移動や状態変化などを表す動詞と共起する場合は lux. sinn を (lux.

Ech sinn ukomm「私は到着した」), それ以外の場合は lux. hunn を用いる (lux. Ech hunn dat giess「私はそれを食べた」)。

以下では, 助動詞 lux. sinn と lux. hunn の現在人称変化を示す。

lux. sinn の現在人称変化

	単数	複数
1 人称	sinn	sinn
2 人称	bass	sidd
3 人称	ass	sinn

lux. hunn の現在人称変化

	単数	複数
1 人称	hunn	hunn
2 人称	hues	hutt
3 人称	huet	hunn

・受け身の助動詞

ルクセンブルク語における受動態(動作受動)は, 助動詞 lux. ginn (engl. give)を用いて表現される(lux. D'Bicher gi verkaaft「(それらの)本が売られる」)。受動態を表現する際に,「与える」という意味の助動詞を用いるのは, 興味深い特徴である。状態受動を表す際には, lux. sinn を助動詞として用いる(lux. D'Bicher si verkaaft「それらの本が売られている」)。標準ドイツ語において用いられる nhg. werden と同語源の語彙は, lux. wäerten だが, これはもっぱら推量を表現する際に用いられる助動詞で, 使用頻度は非常に低い。推量の意味を表現する際には, 以下で挙げる話法の助動詞が用いられる場合が多い。

以下では, 受け身の助動詞 lux. ginn の現在人称変化を示す。

lux. ginn の現在人称変化

	単数	複数
1 人称	ginn	ginn
2 人称	gëss	gitt
3 人称	gëtt	ginn

・話法の助動詞

ルクセンブルク語が有する話法の助動詞は次の 5 つである：lux. däerfen (nhg. dürfen)「～してよい」, lux. kënnen (nhg. können)「～できる」, lux. mussen (nhg. müssen)「～しなければならない」, lux. sollen (nhg. sollen)「～すべきである」, lux. wëllen (nhg. wollen)「～したい」。標準ドイツ語にある nhg. mögen「～かもしれない」に相当する助動詞はない。

以下では，それぞれの助動詞の人称変化を示す。

不定詞	**däerfen**	**kënnen**	**mussen**	**sollen**	**wëllen**
1.sg.	däerf	kann	muss	soll	wëll
2.sg.	däerf-s	kann-s	muss	soll-s	wëll-s
3.sg.	däerf	kann	muss	soll	wëll-(t)
1.pl.	däerf-en	kënn-en	muss-en	soll-en	wëll-en
2.pl.	däerf-t	kënn-t	muss-t	soll-t	wëll-t
3.pl.	däerf-en	kënn-en	muss-en	soll-en	wëll-en

標準ドイツ語と異なり，lux. kënnen 以外の助動詞において，単数と複数の語幹は同一である。lux. wëllen の 3 人称単数において，本来の希求法の屈折語尾 lux. -t が残っているのが興味深い。

・lux. brauchen「～する必要がある」

最後に，lux. brauchen「～する必要がある」について言及する。この動詞は，本来，助動詞ではなく，他動詞として用いられたり (lux. Brauchs du e Bräll?「眼鏡がいるの？」), もしくは ze- 不定詞句(engl. to- 不定詞句)を伴って用いられる動詞である(lux. Brauchs de dat elo ze maachen?「それは今やらなきゃいけないの？」)。

しかし，その屈折は，話法の助動詞と同様の，過去現在動詞(preterite-present)のような体系，すなわち 1/3 人称単数の際にゼロ語尾を伴う特徴を示しており，興味深い。ただし，他の話法の助動詞と異なり，lux. brauchen が不定詞標識 lux. ze を伴わない不定詞を支配することはない。以下で，現在人称変化を示す。

lux. brauchen「～する必要がある」の現在人称変化

	単数	複数
1 人称	brauch	brauch-en
2 人称	brauch-s	brauch-t
3 人称	brauch	brauch-en

参考文献

(録音用資料)

Graf, Nico (2010^{3}): *Dat seet een net – Commentairen.* Sandweiler: ultimomondo.

Staudt, Vanessa (2007): *Ech si kee béise Wollef.* Lëtzebuerg: Editions Guy Binsfeld.

(参考文献)

Atten, Alain (2010): *De Sproochmates.* Esch-sur-Alzette: Editions Schortgen.

Auer, Peter/Gilles, Peter/Spiekermann, Helmut (Hrsg.) (2002a): *Silbenschnitt und Tonakzente.* Tübingen: Max Niemeyer Verlag.

Auer, Peter/Gilles, Peter/Spiekermann, Helmut (2002b): "Introduction: Syllable cut and tonal accents. Two 'exceptional prosodies' of Germanic and some thoughts on their mutual relationship." In: Auer/Gilles/Spiekermann (Hrsg.) (2002), 1-10.

Backes, Michèle (2000): *Yolanda von Vianden und die religiöse Frauenbewegung ihrer Zeit.* Luxemburg: Institut grand-ducal Section de linguistique, d'éthnologie et d'onomastique.

Basbøl, Hans (2005): *The Phonology of Danish.* Oxford/New York: Oxford University Press.

Beck, Esajas (1910): „Der Wandel von inlautendem s + C > š + C im Alemannischen." In: *Geschichte der deutschen Sprache und Literatur* 36, 229-230.

Beckers, Hartmut (1989): „Die mittelfränkischen Rheinlande als literarische Landschaft 1150 bis 1450." In: Tervooren, Helmut/Beckers, Hartmut (Hrsg.) *Literatur und Sprache im rheinischmaasländischen Raum zwischen 1150 und 1450.* Berlin (*Zeitschrift für deutsche Philologie* 108, Sonderheft), 19-49.

Bellmann, Günter et al. (1994-2002): *Mittelrheinischer Sprachatlas.* 5 Bde. Tübingen: Niemeyer.

Berg, Guy (2001): *Man mohte schrîven wal ein bůch.* Luxemburg: Institut grand-ducal Section de linguistique, d'éthnologie et d'onomastique.

Berg, Guy (2006): „Abschied vom Dialekt. Zur lëtzebuergeschsprachigen belletristischen Gegenwartsliteratur." In: Moulin/Nübling (2006), 341-356.

Bergmann, Rolf/Pauly, Peter/Moulin, Claudine (2007^{7}): *Alt- und Mittelhochdeutsch.* Göttingen: Vandenhoeck & Ruprecht.

Bertrang, Alfred (1921): *Grammatik der Areler Mundart*, Brüssel.

Blevins, Juliette (1995): "6 The Syllable in Phonological Theory." In: Goldsmith (1995), 206–244.

Booij, Geert (1995): *Phonology of Dutch*. Oxford: Clarendon Press.

Braun, Josy (2009^{16}): *Eis Sprooch richteg schreiwen*. Bartreng: rapidpress.

Braun, Josy/Joanns-Schlechter, Marianne/Kauffmann-Frantz, Josée/Losch, Henri/Magnette-Barthel, Geneviève en collaboration avec Projet Moien (2005a): *Grammaire de la langue luxembougeoise – Grammaire vun der lëtzebuerger Sprooch*. Mamer: Ministère de l'éducation nationale et de la formation professionnelle.

Braun, Josy/Joanns-Schlechter, Marianne/Kauffmann-Frantz, Josée/Losch, Henri/Magnette-Barthel, Geneviève en collaboration avec Projet Moien (2005b): *Les verbes luxembourgeois – D'lëtzebuerger Verben*. Luxembourg: Ministère de l'éducation nationale et d la formation professionnelle.

Bruch, Robert (1952): *Die Mundart des Nordöslings*. Luxembourg: Institut grand-ducal.

Bruch, Robert (1954): *Das Luxemburgische im westfränkischen Kreis*. Luxemburg: P. Linden/Hofbuchdrucker.

Bruch, Robert (1973^{3}): *Précis populaire de grammaire luxembourgeoise. Luxemburger Grammatik in volkstümlichem Abriss*. Luxembourg: Éditions de la section de linguistique de l'institut grand-ducal.

Bruder Hermann von Veldenz (2009): *Leben der Gräfin Yolanda von Vianden*. Textgetreue Edition des Codex Mariendalensis von Claudine Moulin. Luxemburg: Institut grand-ducal Section de linguistique, d'éthnologie et d'onomastique.

Christophory, Jul (1995): *English-Luxembourgish Dictionary*. Esch-sur-Alzette: Editions Schortgen.

Christophory, Jul (2008): *We speak Luxembourgish. Mir schwätze lëtzebuergesch. Nous parlons luxembourgeois*. Luxembourg: Éditions Paul Bauler.

Clements, G. N./Hume, Elizabeth, V. (1995): "7 The Internal Organization of Speech Sounds." In: Goldsmith (1995), 245–306.

Comes, Isidor Joseph (1998): *Isi Comes: 7 Erzielongen*. erausgesicht a virgestallt vum Roger Muller. Mersch: Éditions du Centre national de littérature.

Derrmann-Loutsch, Liette (2004^{2}): *Deutsch-Luxemburgisches Wörterbuch*. Luxembourg: Editions Saint-Paul.

Derrmann-Loutsch, Liette (2006): *Dictionnaire français-luxembourgeois*. Luxembourg: Editions Saint-Paul.

Digitaler Luxemburgischer Sprachatlas (http://www.luxsa.Info/) Claudine Moulin (Hrsg.) auf der Grundlage des Schmitt (Hrsg.) (1963), bearbeitet von Roland Kehrein, Alfred Lameli, Jost Nickel, Stefan Rabanus, gefördert von Fonds National de la Recherche Luxembourg, Luxembourg Forschungsfonds der Universität Trier. (2014. 10. 31)

D'Psalmen op Lëtzebuergesch (1996): Iwwersat vum Felix Molitor a vum Raymond Schaack, Actioun Lëtzebuergesch, Luxemburg: Sankt-Paulus Dréckerei.

Duchscher, André (1939): *Theaterstecker an eechternôcher Monndôrt.* Luxemburg: Luxemburger Verlagsanstalt.

Duden (2005^{6}): (Bd. 6) *Das Aussprachewörterbuch.* Mannheim: Duden.

Engelmann, René (1910a): *Der Vokalismus der Viandener Mundart.* Diekirch.

Engelmann, René (1910b): „Ein mittelfränkisches Akzentgesetz." In: *Beiträge zur Geschichte der deutschen Sprache und Literatur* 36, 382-394.

Evangeliar (2009): Aarbechtsgrupp "Iwwersetzung vun der Bibel op Lëtzebuergesch." Luxemburg: Editions Saint-Paul.

Fehlen, Fernand (2011): "Le statut du français sur le marché liguistique du Luxembourg. Le choix de la langue comme enjeu d'un champ scientifique en devenir." In: Gilles/Wagner (2011), 151-175.

Fontaine, Edmond de la (1855): *Versuch über die Orthographie der luxemburger deutschen Mundart.* Luxemburg: Bück.

Fontaine, Edmond de la (1856): *D'Kirmesgèscht.* Luxemburg: Bück.

Fontaine, Edmond de la (1982): *Dicks. Gesamtwierk.* Bd. III. Luxemburg: Éditions J.-P. Krippler-Muller.

Fontaine, Edmond de la (1989): *Luxemburger Sagen und Legenden.* Luxemburg: Editions Emile Borschette.

Fontaine, Edmond de la (1994): *Mumm Séis / Mutter Suse.* virgestallt vum Alain Atten. Luxemburg: Éditions du Centre d'études de la littérature luxembourgeoise.

Frings, Theodor (1916): *Die Rheinische Akzentuierung. Vorstudie zu einer Grammatik der rheinischen Mundarten.* Marburg: N. G. Elwert'sche Verlagsbuchhandlung.

Fröhlich, Harald/Hoffmann, Fernand (1997): „141. Luxemburg." In: Hans Goebel et al. (Hrsg.) *Handbücher zur Sprach- und Kommunikationswissenschaft. Kontaktlinguistik.* Vol. 2. Berlin/New York: Walter de Gruyter, 1158-1172.

Fuß, Eric (2005): *The Rise of Agreement.* Amsterdam/Philadelphia: John Benjamins Publishing Company.

Gangler, J.-F. (1847): *Lexicon der Luxemburger Umgangssprache*, Luxemburg.

Gilles, Peter (1999): *Dialektausgleich im Lëtzebuergeschen. Zur phonetisch- phonologischen Fokussierung einer Naitonalsprache.* Tübingen: Niemeyer.

Gilles, Peter (2002): „Einflüsse der Rheinischen Akzentuierung auf die segmentelle Ebene. Evidenz aus dem Luxemburgischen." In: Auer/Gilles/Spiekermann (2002a), 265-282.

Gilles, Peter (2006): „Phonologie der *n*-Tilgung im Moselfränkischen (‚Eifler Regel')." In: Moulin/Nübling (2006), 29-68.

Gilles, Peter (2011): „Mündlichkeit und Schriftlichkeit in der luxemburgischen Sprachgemeinschaft." In: Mein, Georg/Sieburg, Heinz (Hrsg.): *Medien des Wissens. Interdisziplinäre Aspekte von Medialität.* Bielefeld: Transcription Verlag, 43–64.

Gilles, Peter/Moulin, Claudine (2008): „Der digitale luxemburgische Sprachatlas (LuxSA). Stand und Perspektiven." In: Elspaß, Stephan/König, Werner (Hrsg.) *Sprachgeographie digital: die neue Generation der Sprachatlanten.* (Germanische Linguistik 190–191) Hildesheim et al.: Georg Olms Verlag, 133–147.

Gilles, Peter/Seela, Sebastian/Sieburg, Heinz/Wagner, Melanie (2010): „4. Sprachen und Identitäten." In: IPSE-Identités, Politiques, Sociétés, Espaces (Hg.) *Doing Identity in Luxemburg.* Bielefeld: transcript Verlag, 63–104.

Gilles, Peter/Trouvain, Jürgen (2013): "Luxembourgish." In: *Journal of the International Phonetic Association.* 43 (1), 67–74.

Gilles, Peter/Wagner, Malanie (Hrsg.) (2011): *Linguistische und soziolinguistische Bausteine der Luxemburgistik.* Frankfurt am Main: Peter Lang Internationaler Verlag der Wissenschaften.

Girnth, Heiko (2006): „Entwicklung der ‚Eifler Regel' im Moselfränkischen." In: Moulin/Nübling (2006), 69–86.

Glaser, Elvira/Moulin, Claudine (2009): „68. Echternacher Glossenhandschriften." In: Bergmann, Rolf/Stricker, Stefanie (Hrsg.) *Die althochdeutsche und altsächsische Glossographie. Ein Handbuch.* Bd. 2. Berlin/New York: Walter de Gruyter, 1257–1278.

Glück, Helmut (Hrsg.) (2005³): *Metzler Lexicon. Sprache.* Stuttgart/Weimar: Verlag J. B. Metzler.

Goergen, Max (1985a): *Max Goergen. Gesamtwierk.* Bd. 1. *Theaterstécker.* Luxemburg: Éditions J.-P. Krippler-Muller.

Goergen, Max (1985b): *Max Goergen. Gesamtwierk.* Bd. 2. *Prosa.* Luxemburg: Éditions J.-P. Krippler-Muller.

Goetzinger, Germaine/Muller, Roger/Sahl, Nicole/Weber, Josiane (2009): *Dicks.* Mersch: Centre national de littérature.

Goldsmith, John A. (ed.) (1995): *The Handbook of Phonological Theory.* Cambridge/Massachusetts: Blackwell.

Greyerz, Otto von/Bietenhard, Ruth (1997⁶): *Berndeutsches Wörterbuch.* Muri bei Bern: Cosmos Verlag.

Gurevich, Naomi (2011): "66 Lenition." In: van Oostendorp et al. (2011), 1559–1575.

Handbook (2011¹²) = *Handbook of the International Phonetic Association.* Cambridge: The International Phonetic Association.

Herrgen, Joachim (1986): *Koronalisierung und Hyperkorrektion.* Stuttgart: Franz Steiner Verlag.

Hoekstra, Eric/Smits, Caroline (red.) (1997): *Vervoegde Voegwoorden.* Amsterdam: P.J.

Merrtens-Institut.

Hoscheit, Jhemp (2005^{4}): *Perl oder Pica.* Esch-sur-Alzette: Editions Schortgen.

Hume, Elisabeth (2011) "4 Markedness." In: van Oostendorp et al. (2011), 79–106.

Huss, M. (1906) *Wörterbuch der luxemburgischen Mundart.* Luxemburg.

Iivonen, Antti (1989): *Regional German Vowel Studies.* Helsinki.

Infolux: http://Infolux.uni.lu/ (2014. 10. 31)

Jungandreas, Wolfgang (1962): „Der Lautwandel i > ɑ im Moselfränkischen." In: *Zeitschrift für Mundartforschung.* 142–146.

亀井孝他(編)(1996)：『言語学大辞典　術語編』三省堂.

Keiser-Besch, Denise (1976): "Étude descriptive et analytique du vocalisme luxembourgeois." In: *Bulletin linguistique, étymologique et toponymique.* Luxembourg: Insitut grand-ducal, Section de linguistique, de folklore et de toponymie, 91–100.

Keller, Rudolf E. (1961): *German Dialects.* Manchester: Manchester University Press.

Keller, Rudolf E. (1978): *The German Languages.* Cambridge: Cambridge University Press.

Kluge (2011^{25}) =Kluge. *Etymologisches Wörterbuch der deutschen Sprache.* Berlin/Boston: Walter de Gruyter.

König, Werner (1998^{12}): *dtv-Atlas Deutsche Sprache.* München: Deutscher Taschenbuch Verlag.

Koppen, Marjo van (2005): *One Probe – Two Goals: Aspects of agreement in Dutch dialects.* Utrecht: LOT.

Kraehenmann, Astrid (2011): "47 Initial Geminates." In: van Oostendorp et al. (2011), 1124–1146.

Krech, Eva-Maria/Stock, Eberhard/Hirschfeld, Ursula/Anders, Lutz Christian (2009): *Deutsches Ausspracheworterbuch.* Berlin: Walter de Gruyter.

Krier, Jean (2010): *Herzens Lust Spiele.* Leipzig: poetenladen.

Ladefoged, Peter/Johnson, Keith (2006^{6}): *A Course in Phonetics.* Canada, Wadsworth/Cengage Learning.

Lass, Roger (1998^{8}): *Phonology.* Cambridge: Cambridge University Press.

Legilux: http://www.legilux.public.lu/ (2014. 10. 31)

Lenz, Michel (1980): *Michel Lenz – Gesamtwierk.* Bd. 1. Luxemburg: Editions J.-P. Krippler-Muller.

Lenz, Michel (1981): *Michel Lenz – Gesamtwierk.* Bd. 2. Luxemburg: Editions J.-P. Krippler-Muller.

Lerchner, Gotthold (1971): *Zur II. Lautverschiebung im Rheinisch-Westmitteldeutschen.* Halle (Saale).

Les portals des statistiques – Grand-duché du Luxembourg, http://www.statistiques.public.

lu/fr/index.html/ (2014. 10. 31)

Lëtzebuerger Online Dictionnaire (LOD): http://www.lod.lu/lod/ (2014. 10. 31)

Liberman, Anatoly (2006): "Epenthetic Consonants and the Accentuation of Words with old closed vowels in Low German, Dutch, and Danish dialects." In: de Vaan (2006), 73-83.

Luxemburger Wörterbuch (LWB) (1950-77): Wörterbuchkommission (Hrsg.) auf Grund der Sammlungen, die seit 1925 von der Luxemburgischen Sprachgesellschaft und seit 1935 von der Sprachwissenschaftlichen Sektion des Großherzoglichen Instituts, Luxemburg: P. Linden.

Manderscheid, Roger (1988): *schacko klak*. Esch-sur-Alzette: éditions phi.

Manderscheid, Roger (1997): *Tschako klack*. aus dem Luxemburgischen übersetzt von Georges Hausemer, Blieskastel: Gollenstein Verlag.

Marti, Werner (1985): *Berndeutsch-Grammatik*. Bern: Francke Verlag.

Mayer, Jörg (2011): *Phonetische Analysen mit Praat - Ein Handbuch für Ein- und Umsteiger*, http://www.ims.uni-stuttgart.de/~jmayer/resources/praat_manual. pdf (2014. 10. 31)

Meineke, Eckhard/Schwerdt, Judith (2001): *Einführung in das Althochdeutsche*, Paderborn: Ferdinand Schöningh.

Meyer, Antoine (1829): *E' Schrek ob de' Lezeburger Parnassus*. Lëtzebuerg.

Meyer, Antoine (1854): *Règelbüchelchen vum Letzeburger Orthoegraf*. Liege.

Meyer, Antoine (2004): *E Schréck op de Lëtzebuerger Parnassus; Jong vum Schréck op de Lëtzebuerger Parnassus*. virgestallt a kommentéiert vum Roger Muller. Mersch: Éditions du Centre national de littérature.

Moulin, Claudine (Hrsg.) (2007): *Die Rechnungsbücher der Stadt Luxemburg. 1. 1388-1399*. Luxemburg: Publications du CLUDEM.

Moulin, Claudine (Hrsg.) (2008): *Die Rechnungsbücher der Stadt Luxemburg. 2. 1400-1430*. Luxemburg: Publications du CLUDEM.

Moulin, Claudine (Hrsg.) (2009): *Die Rechnungsbücher der Stadt Luxemburg. 3. 1444-1453*. Luxemburg: Publications du CLUDEM.

Moulin, Claudine (Hrsg.) (2010): *Die Rechnungsbücher der Stadt Luxemburg. 4. 1453-1460*. Luxemburg: Publications du CLUDEM.

Moulin, Claudine (Hrsg.) (2010): *Die Rechnungsbücher der Stadt Luxemburg. 5. 1460-1466*. Luxemburg: Publications du CLUDEM.

Moulin, Claudine (Hrsg.) (2012): *Die Rechnungsbücher der Stadt Luxemburg. 6. 1467-1473*. Luxemburg: Publications du CLUDEM.

Moulin, Claudine/Nübling, Damaris (Hrsg.) (2006): *Perspektiven einer linguistischen Luxemburgistik. Studien zu Diachronie und Synchronie*. Heidelberg: Universitätsverlag

Winter.

Muno, Claudine (2003): *Frigo*. Esch-sur-Alzette: op der lay.

Nespor, Marina/Vogel, Irene (2007): *Prosodic Phonology with a New Foreword*. Berlin/New York: Mouton de Gruyter.

Newton, Gerald (1996): "German, French, Lëtzebuergesch." In: Gerald Newton (ed.) (1996) *Luxembourg and Lëtzebuergesch*. Oxford: Clarendon Press, 39-65.

Newton, Gerald/Lösel, Franz (1999): *Yolanda von Vianden. Moselfränkischer Text aus dem späten 13. Jahrhundert mit Übertragung*. Luxemburg: Institut Grand-Ducal. Section de linguistique, d'éthnologie et d'onomastique.

Niebaum, Hermann/Macha, Jürgen (2006[2]): *Einführung in die Dialektologie des Deutschen*. 2., neubearbeitete Auflage. Tübingen: Niemeyer.

西出佳代(2010)：「ルクセンブルク語における補文標識の屈折」『ドイツ文学 140号 Bd. 8/Heft 2』日本独文学会，127-142.

Nishide, Kayo (2012): "Ziler a Bedeitunge vun der Linguistik vum Lëtzebuergeschen a Japan." In:『研究論集　第12号』北海道大学大学院文学研究科，137-155.

西出佳代(2013)：「ルクセンブルク語における有声軟口蓋音とその周辺の諸音素記述をめぐる問題」『Sprachwissenschaft Kyoto 第12号』京都ドイツ語学研究会，25-47.

Oostendorp, Marc van/Ewen, Colin J./Hume, Elizabeth/Rice, Keren (eds.) (2011): *The Blackwell Companion to Phonology*. 5 vols. Oxford et al.: Blackwell.

Palgen, Helene (1931): *Kurze Lautlehre der Mundart von Echternach*. Luxemburg.

Palgen, Helene (1954): „Vokalismus der Mundart von Knaphoscheid (Kanton Wiltz)." In: *Jahrbuch der luxemburgischen Sprachgesellschaft* 8, 3-18.

Paolo, Marianna Di/Yaeger-Dror, Malcah (eds.) (2011): *Sociophonetics - A Student's Guide*. USA/Canada: Routledge.

Parker, Steve (2011): "49 Sonority." In: van Oostendorp et al. (2011), 1160-1184.

Paul, Hermann (2007[25]): *Mittelhochdeutsche Grammatik*. Tübingen: Niemeyer.

Peters, Jörg (2006): "The Cologne Word Accent Revised." In: de Vaan (2006), 107-133.

Pfeifer, Wolfgang (2005[8]): *Etymologisches Wörterbuch des Deutschen*. München: Deutscher Taschenbuch Verlag.

Portante, Jean (1993): *Mrs Haroy ou la mémoire de la baleine*. Echternach: editions phi.

Portante, Jean (1999): *La mémoire de la baleine*. Bordeaux Cedex: Le Castor Astral.

Portante, Jean (2007): *Erinnerungen eines Wals*. übersetzt aus dem Französischen von Ute Lipka, Blieskastel: Gollenstein Verlag.

Portante, Jean (2008): *Mrs Haroy ou la mémoire de la baleine*. Echternach: editions phi.

Praat http://www.fon.hum.uva.nl/praat/ (2014. 10. 31)

Prince, Alan/Smolensky, Paul (2004): *Optimality Theory - Constraint Interaction in Generative Grammar*. Oxford: Blackwell.

Pustka, Elissa (2011): *Einführung in die Phonetik und Phonologie des Französischen*. Berlin: Erich Schmidt Verlag.

Rapp, Andrea (2006): „Frühe moselfränkische Urkunden in Luxemburg. Der Beitrag der Urkundensprache zur Erforschung der moselfränkischen Sprachgeschichte." In: Moulin/Nübling (2006), 279-303.

Rewenig, Guy (2010): *manderscheid. ein stillleben*. Sandweiler: ultimomondo.

Rodange, Méchel (2008^3): *Renert. De Fuuss am Frack an a Maansgréisst*. komplett Editioun mat historischen a politeschen Explikatioune vum Romain Hilgert. Lëtzebuerg: Editioun Guy Binsfeld.

Saint-Exupéry, Antoine de (2008^6): *Dä kleine Prinz*. Us dem Französische en et Kölsche üvverdrage vum Volker Gröbe un vum Alice Tiling-Herrwegen. Nidderau: Verlag M. Naumann.

Schanen, François (1980): *Recherche sur la syntaxe du luxembourgeois de Schengen: l'énoncé verbal*. Thèse pour le doctorat d'état présentée devant l'Université de Paris IV, le 30 mai 1980.

Schanen, François/Lulling, Jérôme (2003): *Introduction à l'orthographie luxembourgeoise. Description systématisée de l'orthographe officielle luxembourgeoise telle qu'exposée en annexe de l'arrêté ministériel du 10/10/1975 et modifiée par les révisions proposées en annexe du règlement grand-ducal du 30/07/1999*: http://www.cpll.lu/pdf/schanen_lulling_frans.pdf (2014. 10. 31)

Schanen, François/Lulling, Jérôme (2009): *Luxdico. Lëtzebuergesch-Franséisch, Français-Luxembourgeois*. Esch-sur-Alzette: Editions Schortgen.

Schanen, François/Lulling, Jérôme (2012): *Luxdico. Lëtzebuergesch-Englisch, English-Luxembourgish*. Esch-sur-Alzette: Editions Schortgen.

Schanen, François/Zimmer, Jacqui (2005): *1, 2, 3 Lëtzebuergesch Grammaire - 1 le groupe verbal*. Esch-sur-Alzette: Editions Schortgen.

Schanen, François/Zimmer, Jacqui (2006a): *1, 2, 3 Lëtzebuergesch Grammaire - 2 le groupe nominal*. Esch-sur-Alzette: Editions Schortgen.

Schanen, François/Zimmer, Jacqui (2006b): *1, 2, 3 Lëtzebuergesch Grammaire - 3 l'orthographie*. Esch-sur-Alzette: Editions Schortgen.

Schanen, François/Zimmer, Jacqui (2012): *Lëtzebuergesch Grammaire luxembourgeoise*. Esch-sur-Alzette: Editions Schortgen.

Schmidt, Jürgen Erich (1986): *Die mittelfränkischen Tonakzente* (Rheinische Akzentuierung), (Mainzer Studien zur Sprach- und Volksforschung 8), Stuttgart.

Schmidt, Jürgen Erich (2002): „Die Sprachhistorische Genese der mittelfränkischen Tonakzente." In: Auer/Gilles/Spiekermann (2002), 201-233.

Schmidt, Jürgen Erich/Künzel, Hermann J. (2006): „Das Rätsel löst sich: Phonetik und sprachhistorische Genese der Tonakzente im Regelumkehrgebiet (Regel B)." In: de Vaan (2006), 135-163.

Schmidt, Wilhelm (2007[10]): *Geschichte der deutschen Sprache. Ein Lehrbuch für das germanistische Studium.* Stuttgart: Hirzel Verlag.

Schmitt, Ludwig Erich (Hrsg.) (1963): *Luxemburgischer Sprachatlas, Laut- und Formenatlas* von Robert Bruch. Marburg: Elwert (*Deutscher Sprachatlas. Regionale Sprachatlanten 2*).

Schulte, Wolfgang (1993): *Die althochdeutsche Glossierung der Dialoge Gregors des Großen.* Göttingen: Vandenhoeck & Ruprecht.

Siebs, Theodor (Hrsg.) (1898): *Deutsche Bühnenaussprache.* Berlin: Walter de Gruyter.

Simmler, Franz (1983): „62. Konsonantenschwächung in den deutschen Dialekten." In: Werner Besch et al. (Hrsg.) *Handbücher zur Sprach- und Kommunikationswissenschaft. Dialektologie. Zweiter Halbband.* Berlin/New York, 1121-1129.

Statec (Le portail des statistiques. Grand-Duché de Luxembourg): http://www.statistiques.public.lu/fr/index.html (2014. 10. 31)

Styler, Will (2014 (last update)): *Using Praat for Linguistic Research,* http://savethevowels.org/praat/UsingPraatforLinguisticResearchLatest.pdf (2014. 10. 31)

Szczepaniak, Renata (2007): *Der phonologisch-typologische Wandel des Deutschen von einer Silben- zu einer Wortsprache.* Berlin/New York: Walter de Gruyter.

Szczepaniak, Renata (2009): *Grammatikalisierung im Deutschen. Eine Einführung.* Tübingen: Gunter Narr Verlag.

田原憲和(2013)：『ルクセンブルク語入門』大学書林.

田村建一(2010)：「V ルクセンブルク語の世界」『ニューエクスプレス ヨーロッパのおもしろ言語』白水社.

Tawada, Yoko (2008[6]): *Talisman.* Tübingen: Verlag Claudia Gehrke.

寺澤芳雄(編)(1999)：『英語語源辞典』研究社.

Thomas, Erik R. (2011): *Sociophonetics – An Introduction.* London: palgrave macmillan.

Thyes, Félix (1990): *Marc Bruno. Profil d'artiste.* Illustrations de Paul de Pidoll de Quintenbach. Réédition comportant six lettres en grande partie inédites de Félix Thyes, présentée et annotée par Frank Wilhelm. Luxembourg: Éditions du Centre d'études de la littérature luxembourgeoise.

Trausch, Gilbert (1992): *Histoire du Luxembourg.* Hatier.

Trausch, Gilbert et al. (2003): *Histoire du Luxembourg.* Toulouse Cedex: Éditions Privat.

UNESCO. *Endangered Languages.* http://www.unesco.org/new/en/culture/themes/endangered-languages/ (2014. 10. 31)

Vaan, Michiel de (Hrsg.) (2006): *Germanic Tone Accents. (Zeitschrift für Dialektologie und Linguistik. Beihefte)* Stuttgart: Franz Steiner Verlag.

Viëtor, Wilhelm (1885): *Die Aussprache der in dem Wörterbuchverzeichnis für die deutsche Rechtsschreibung zum Gebrauch in den preußischen Schulen enthaltenen Wörter.* Heilbronn: Henninger.

Viëtor, Wilhelm (1912): *Deutsches Aussprachewörterbuch.* Leipzig: Riesland.

Weber, Batty (1933a): *Batty Weber. Theater. I. – Schwänke.* Luxemburg: Verlag Linden & Hansen.

Weber, Batty (1933b): *Batty Weber. Theater. II. – Operetten.* Luxemburg: Verlag Linden & Hansen.

Weber, Batty (1933c): *Batty Weber. Theater. III. – Schauspiele.* Luxemburg: Verlag Linden & Hansen.

Weber, Elke (2010): *Die Mundart von Sächsisch-Regen in Nordsiebenbürgen.* Uhldingen/Bodensee: Buchproduktion Ebertin.

Weicker, Alexander (1998): *Fetzen.* vorgestellt und kommentiert von Gast Mannes. Mersch: Éditions du Centre national de littérature.

Weimann, Britta (2012): *Moselfränkisch. Der Konsonantismus anhand der frühesten Urkunden.* Wien/Köln/Weimar: Böhlau Verlag.

Weiß, Helmut (2005): „Syntax der Personalpronomen im Bairischen." In: Krämer-Neubert, Sabine/Wolf, Norbert Richard (Hrsg.) *Bayerische Dialektologie.* Heidelberg: Universität Verlag Winter, 179-188.

Welschbillig, Myriam/Schanen, François/Lulling, Jérôme (2008): *Luxdico. Lëtzebuergesch-Däitsch, Deutsch-Luxemburgisch.* Esch-sur-Alzette: Editions Schortgen.

Wenker, Georg (1877): *Das Rheinische Platt.* Düsseldorf.

Wenker, Georg (1878): *Sprach-Atlas der Rheinprovinz.* Marburg.

Wenker, Georg (1881): *Sprachatlas von Nord- und Mitteldeutschland. Lieferung 1.* Straßburg/ London.

Wiese, Richard (2000^2): *The Phonology of German.* Oxford: Oxford University Press.

Wörterbuch der luxemburgischen Mundart (WLM) (1906): Wörterbuch- kommission (Hrsg.) Luxemburg: Huss.

Wulf, C. de/Goossens, J./Taeldman, J. (2005): *Fonologische atlas van de Nederlandse dialecten. Deel IV. De consonanten.* Gent: Koninklijke academie voor Nederlandse taalen letterkunde.

Zimmer, Jacqui (2008): *9000 Wierder op Lëtzebuergesch.* Luxembourg: Editions Saint-Paul.

謝　辞

本書の執筆にあたって，多くの方にご助力やご助言をいただきました。この場で感謝を申し上げます。

まず，本書のもととなった学位申請論文の完成に向けてご指導いただいた北海道大学の清水誠先生に感謝致します。また，副査の山田貞三先生（北海道大学）と藤田健先生（北海道大学）にもお礼を申し上げます。

音響解析結果を散布図として示すためのマクロの使用を許諾していただきました，東京外国語大学の中川裕先生にお礼を申し上げます。

本研究に興味と理解を示し，2009-2011 年の間，また 2012 年の短期調査の際に，ルクセンブルク大学（Université du Luxembourg）へ受け入れてくださったペーター・ギレス先生（Prof. Dr. Peter Gilles）に感謝いたします。また，トリーア大学（Universität Trier）のクロディーヌ・ムラン先生（Prof. Dr. Claudine Moulin）にお礼を申し上げます。ムラン先生も本研究に関心を持ってくださり，数回にわたる面談の際に様々なご助言やコメントをくださいました。

また，ルクセンブルク滞在中に，多くの助言や文献の紹介，調査協力話者の紹介などをしてくださった，ルクセンブルク大学ルクセンブルク言語文学研究室（Laboratoire de linguistique et de littératures luxembourgeoises）の研究者の皆さまにもお礼を申し上げます。中でも，ルクセンブルク語の社会音韻論を研究する博士課程の院生で，音響解析ツールの紹介や操作方法などを教えてくださったフランツ・コンラート氏（Dr. Franz Conrad），チロル地方のドイツ語方言の研究者で，通時的な現象の分析について有意義な助言をくださり，また多くの文献を紹介してくださったクリスティアン・コルマン氏（Dr. Cristian Kollmann）に，お礼を申し上げます。

また，作業用のスペースと快適な研究環境を整えてくださった大公国研究所(Institut grand-ducal)と，その言語学・民族学・固有名詞学部門(Section de linguistique, d'éthnologie et d'onomastique)の責任者ラルフ・フィシトナー氏(Ralph Fichtner)，本研究や調査についてのご助言をくださった，同研究所の『ルクセンブルクオンライン辞書』(*Lëtzebuerger Online Dictionnaire*)作成チームの皆さまにお礼を申し上げます。

English-Luxembourgish Dictionary(Christophory 1995)やChristophory(2008)など，多くの外国人向けのルクセンブルク語辞書や教材を執筆されているジュール・クリストフォリー氏(Jul Christophory)，アクツィオウン・レッツェブェイェッシュ(Actioun Lëtzebuergesch)の代表者レックス・ロート氏(Lex Roth)，*Luxdico*の著者ジェローム・ルリング氏(Jérôme Lulling)及びミリアム・ヴェルシュビリシ氏(Myriam Welschbillig)にも大変お世話になり，多くのご助言をいただきました。お礼を申し上げます。

本研究に興味を示し，北海道大学まで取材に来てくださったラジオ・テレビ・ルクセンブルク(Radio Télévision Luxembourg)には，他にもDVDなどの視聴覚資料の提供をしていただいたり，また言語調査のアンケートをホームページに載せていただいたりと，大変お世話になりました。お礼を申し上げます。

また，プライバシー保護のため匿名にはなりますが，本研究のための調査に協力してくださった，全ての母語話者の方にお礼を申し上げます。

本書は，北海道大学大学院文学研究科より「一般図書刊行助成」を賜り，出版するに至りました。また，発刊にあたり，北海道大学出版会の今中智佳子氏に，細部にわたる丁寧な校正からレイアウトに至るまで多大なご尽力をいただきました。ここに厚くお礼申し上げます。

最後に，私の進路に理解を示し，研究の後押しをしてくれた両親に心より感謝いたします。

索　引

あ　行

か　行

さ　行

た　行

な　行

は　行

ま　行

ら　行

わ　行

アルファベット順

西出佳代(にしで かよ)

1984年，青森市生まれ，札幌市出身。北海道大学大学院文学研究科言語文学専攻博士後期課程修了。2013年から2015年まで北海学園大学，藤女子大学，小樽商科大学，室蘭工業大学非常勤講師。現在，神戸大学専任講師。専門，ドイツ語・ゲルマン語学。
主要論文：「ルクセンブルク語における補文標識の屈折」，日本独文学会(編)『ドイツ文学』第140号，2010年，pp. 127-142(第51回財団法人ドイツ語学文学振興会奨励賞受賞論文)

ルクセンブルク語の音韻記述

2015年11月30日　第1刷発行

著　者　　西出佳代
発行者　　櫻井義秀

発行所　北海道大学出版会
札幌市北区北9条西8丁目　北海道大学構内(〒060-0809)
Tel. 011(747)2308・Fax. 011(736)8605・http://www.hup.gr.jp/

㈱アイワード/石田製本㈱

ISBN978-4-8329-6814-1